JN137663

地域文化の沃土　頸城野往還

石塚正英

社会評論社

頸城野の汀をめざして釜山を飛び立つ水鳥たち

地域文化の沃土　頸城野往還　目次

はしがき …9
（ハングル）信濃・上野古代朝鮮文化の信濃川水系遡上という可能性 …13

I　頸城野からみた古代日韓比較文化誌 …17

第1章　古代交通路からうかがえる頸城文化の形成 …18
一、釜蓋・吹上（上越市南部の弥生）遺跡から推論できること …18
二、『頸城文化』所載論考から浮かび上がる古代交通路 …20
三、頸城と神済 …22
四、信濃・上野は頸城のヒンターランド …24
五、『頸城文化』掲載の関係記事 …26

第2章　信濃・上野古代朝鮮文化の信濃川水系遡上という可能性 …29
はじめに　北陸沿岸の再評価 …29

一、韓半島南部の前方後円墳と千曲川流域の積石塚　…30
二、巴形銅器と翡翠　…39
むすび　…42

第3章　**伝播する文化の諸問題**――朝鮮半島と日本列島の菩薩半跏思惟像　…50

はじめに　問題の所在　…50
一、七世紀の半島人と列島人　…53
二、近代からの逆読み　…58
三、「文化財」の成立　…62
むすび　アルカイック・スマイル　…65

第4章　**岡倉天心「アジアは一なり」のパトリ的な意味**　…72

はじめに　…72
一、文化に軸足をおく天心　…74
二、日清・日露戦争の評価　…77
三、パトリオット天心　…84
むすびに　…89

Ⅱ　頸城野学へのいざない　…97

第5章　野尻湖ナウマンゾウ発掘からすべてが始まる　…98

神仏虐待儀礼に晒された石仏…100　吉川区大乗寺址に残るラントゥは黙して語る…102　生活文化くびき野ストーン…104　そに鳥の青き御衣―奴奈川姫―…106　まれびとの活力くびき野をうるおす…108　森羅万象をつらぬく一木彫仏像…110　地震の大津波、関川を遡ったか?…112　越後高田の太子堂―大工職人の信仰心―…114　天然ガス噴出、世界一小さい泥火山…116　開府三百年記念写真「石垣の高田城」…118　裏日本ルネッサンス―直江津港―…120　春日山の歴史的および生活文化的景観…122　黒と白のせめぎあい―熊野修験と白山修験―…124　勝山城井戸跡にみる水資源の今日的意義…126　悪神敬して避ける―神さんかえってくんない―…128　風の三郎を退治する…130　「おが町」から「おおが町」へ―職人町今昔―…132　日本海を越えてきたシルクロード型獅子像…134　上越地方の子守唄…136　うまやとひるこ―清里区・牧区―…138　野口善吉と頸城自由民権志士…140　川上善兵衛の放射状道路建設…142　高麗八萬大蔵経とくびき野…144　頸城野郷土資料室関連の生活文化(一)…146　頸城野郷土資料室関連の生活文化(二)…148　東京の小川未明と大杉栄…150　最古の木彫仏像は「裏日本」から…152　勧進と瞽女と親鸞と…154　自然との共生は生活文化の問題…156　西横山のサイノカミ石祠―オオマラの陰でひっそりと―…158　相馬御風の農本的アナキズム…160　琴平神社の文字左右あべこべ社名塔…162　岡倉天心と三か所の天心六角堂…164　神輿の天辺は宝珠か鳳凰か…166　文明開化の写真師

―鹿野浪衛・末四郎兄弟―…168
北陸新幹線と「駅の駅」生活文化…170
自噴する天然ガスで生活する…172
満鉄中央試験所と丸澤常哉―日中友好の架け橋―…174
大隈重信の高田来訪―明治三四年―…176
多重塔心柱の伝統的制振技術…178
軍都高田の凱旋行進―第十三師団招致の意味―…180
くびき野に埋もれていた海獣葡萄鏡…182
渡来仏定義の基準―関山神社銅造菩薩立像―…184
関山神社の左右におわす脇侍的二神体…186
ほほゑみて　うつつごころ―會津八一―…188
郷土誌を企図する上越郷土研究会…190
くびき野を行き来する古代交通路…192
三途の川の子と鬼とお地蔵さん…194
「郷土」概念を提起する伊東多三郎…196
山田の中の一本足の案山子♪…198
岡倉天心の中の上越赤倉…200
西横山のオオマラ―郷土民俗の普遍性―…202
仏教美術史家平野団三の業績…204
猫又退治―妖怪伝説の里・上越市中ノ俣―…206
歴史研究の動機付け―渡邊慶一の実証主義―…208
三和区北代の石仏と街道祭り…210
小学校歌に燦然と輝く妙高山…212
学校開設の機運―羽峯・朴斎・八一―…214
愛の風あるいは東の風…216
道路元標と追分地蔵―元祖ナビゲーター―…218
夏目漱石の主治医・森成麟造…220
宗教家武田範之と黄葉学院…222
神輿の天辺は宝珠か鳳凰か―なっとく篇―…224
野尻湖のゾウ化石と先史遺跡群…226
くびき野の民俗行事・伝統建築美に注目…228
近世頸城農村の近代化を見通す…230

第6章　大鋸町ますや参上…232

人の「地産地消」をめざして―頸城野郷土資料室―…232
「あ、上越に来たな。」―くびき野ストーンの温かみ―…241
客人と文物交流のハブ拠点―東アジアの中の頸城野―…248

第7章　小川未明の愛郷心《パトリオフィル》――戦前・戦中・戦後の作家遍歴を踏まえて　…256
はじめに　…256
一、大杉栄との邂逅　…258
（一）若き未明の漢詩傾倒　…258　（二）東京の小川未明と大杉栄　…263
二、新日本童話の時代　…264
（一）時代思潮のうねり　…265　（二）政治的葛藤と文化的葛藤の差異　…270
三、愛郷心燃ゆる日々　…275
（一）未明における「憂国」の意味　…275　（二）術語「愛郷心（patriophil）」の提唱　…277
おわりに　…280

あとがき　…293

初出一覧　…297
NPO法人頸城野郷土資料室　設立趣旨書　…298

はしがき

北陸から北方の日本海沿岸一帯を、古くは高志ないし古志と称していた。『日本書紀』天智七年（六六八年）の箇所に、その一帯から「燃える土」と「燃える水」が近江大津宮に献上されたという記録がある。「三十八代天智天皇の七年 越の国より朝廷に燃土燃水を献上せり」。

その地には、早くから民間ルートを通じて東アジア大陸の諸文化が伝えられていた。例えば道教ないしそれに起因する民間信仰は、飛鳥の欽明天皇時代における仏教公伝（五三八年、ないし五五二年）よりもずっと早くから高志の一帯に浸透している。また、飛鳥時代には、高志のことを「蝦夷」とも称していたが、当時「蝦夷」とは倭＝朝廷に服従しない蛮族の意味があった。実情がわからないので脅威と畏怖の対象だったのだ。何を信仰しているのか、覚束なかったのだろう。

古代の日本は、国際的には、政治経済、そして生活文化のすべてにおいて日本海側が玄関だった。また、仏教世界でも、浄土は日本海の西にあったから、浄土に還る夕陽、すなわち没する太陽こそ偉大な神だった。能登あたりの海岸では、神社の鳥居は海に向かって建てられた。神は海の向こうから受け入れ、信徒もまた海の向こうからやってくるのだった。太陽の没する地は聖域に属していた。よって、「日出る処の天子 書を日没する処の天子に致す」は当時の日本（飛鳥王朝）が中国（隋王朝）に対して最大級の敬意を表していた傍証と考えられる。なお、親鸞は越後に流罪となって生活した時、居多の浜（現上越市）で日の丸を描いた。それは居多《こた》神社に現存するが、その日の丸は夕陽であったと推定できる。

さて、古代における日本と近隣諸地域との交流は、まずは民間の生活文化的な動機から開始して、その後国家間の政治経済的な動機が重きをなすに至った。その際、前者の交流は日本海沿岸の汀線航路（なぎさを結ぶ沿岸航路）を用いて行われ、後者の交流は飛鳥・奈良の国家的プロジェクトによる道路交通網を用いて行われた。その際、七〇一年大宝律令の後に整備され始めた五畿七道の一つ、畿内から東北方面を結ぶ東山道が重要となってくるものの、この二種の交通路のうち前者を軸に据えて古代の日韓交流を考察するのが、本書編集の第一の目的である。

ところで、古志・高志の域内にあって、現在の上越地方のことを、古代においては頸城、久比岐と称した。「くびき」と読む。現在でも、上越地方を頸城野と称している。その「くびき」の意味は、要衝の地としての「頸《くび》」と境目としての「城《き》・岐《き》」の合成とも理解できる。あるいは、『日本書紀』欽明天皇二三年七月の条に「韓国《からくに》の城の上に立ちて（柯羅倶爾能　基能陪儞陀致底）」とあり、これは「城」という語が独立して用いられた最も古い例なので、「城」は朝鮮半島に関係しているのかもしれない。

上越市三和《さんわ》区の「三和」という名称は、美守《ひだもり》・里五十公野《さといぎみの》・上杉の旧三ヶ村を合わせたところに由来する。その旧村名のうち、美守は、古代には夷守《ひなもり》と記した。九三四年（承平四年）頃成立の和名抄には、すでに「夷守」と称する郷に関する記述が存在している。その際、「夷《ひな》」とは、「鄙《ひな》」とも書き、都から遠い「ひなびた」ところ、辺境という意味である。したがって「夷守」とは、一見すると辺境を守る（人）の意味になる。具体的には蝦夷の攻撃から大和朝廷が国土を守るという意味、あるいはそこから転じて国府・国司の別名になるようである。

しかし、平野団三「古代頸城文化の内証」によれば、「夷守」とは蝦夷の里を意味する。頸城地方に大和朝廷の勢力が及んでもなおしばらく蝦夷は自民族の根拠地を確保しており、それを大和朝廷側は「夷守」とか「五十公《いぎみ》」とか称した。なお「五十公」は当初「夷君」と記したが、やがて時が経つにつれ「夷」が嫌われて「五君」「五十君」「五十公」などと改称された。また「守」は「かみ」とも読むので、「夷守」は「ひなのかみ」と読んで「夷君」ともども大和朝廷側が蝦夷の首長を遇するのに用いたと考えられる。とにかく、古代の頸城地方には大和朝廷に打ち負かされない文化をもった先住民がいたことになる。その先住民の一部に渡来人がいて、不自然なことはない。

ところで、二〇一七（平成二九）年秋、群馬県の古代碑文「上野三碑《こうずけさんぴ》」がユネスコの世界記憶遺産に選ばれた。これは古代日韓交流史に深くかかわる碑文である。七世紀から八世紀にかけてこれらの碑文を建立した人々は朝鮮半島系渡来人の子孫と考証されている。この三碑建立に関係した人々は、まえもって半島から上野の地に移住していた集団の末裔である。当初の住民は、飛鳥や奈良の中央政府の政策で移住してきたわけではない。彼らは、まえもって何らかの動機に裏付けられつつ、半島から北陸にまで航海した。二〇一七年に頻発した北朝鮮から北陸・東北沿岸への木造漁船漂着が傍証となろう。ダイレクトに、あるいは汀線航路を伝わって越後沿岸にたどり着き、現在の新潟市を河口とする信濃川・千曲川や、現在の上越市を河口とする関川から信濃や上野の奥地へと南下した。あるいは現在の三国峠（上・越県境）や関田峠、富倉峠（いずれも信・越県境）をたどって同じようなコースを移動した。そのような可能性を想定できる。上野三碑を建立した人々は東山道を通じて畿内と連携していたとして、これらを建立した人々の祖先は越後沿岸から幾山河を経て上野の地に住み着いた渡来人集団だった。そのような可能性を想定できる。

上野三碑はたしかに東山道（八世紀初頭以来の政治経済の道）を介した飛鳥・奈良王朝の内治外交政策に関係はするが、私が注目するのは、五世紀・六世紀には推定できる半島↓越後↓信濃川水系・関川水系・峠越え↓群馬という生活文化の道である。上野三碑は国家・政治的に意味がある前に、これを建立した人々が切り開いた民間移住の軌跡として重要なのだ。政治支配に彩られる日韓関係でなく、文化伝播の相互交流で意味をもつ上野三碑に注目するのである。

そのような歴史的・文化的背景を有する頸城野の今昔について縷々説明を施すことが、本書編集の第二の目的である。その際、本書第7章「小川未明の愛郷心」において初めて使用する術語「愛郷心(patriophil)」は一つのキーとなる。この語は、概念・術語とも私のオリジナルである。「パトリオフィル」の「パトリ」は郷土を、「フィル」は愛を意味する。二語を合わせて「郷土愛・愛郷心」となる。それは、中央の政治国家にでなく地域の生活文化にかかわる。

最後に、本書に含まれる諸研究のためのデスクとフィールドを提供してくれたNPO法人頸城野郷土資料室の創立一〇周年を記念することが、本書編集の第三の目的である。以上の解説でもって、本論へのいざないとする。

【概要】信濃・上野古代朝鮮文化の信濃川水系遡上という可能性

石塚正英

古来,人びとは,日本列島と朝鮮半島とをよく行き来していた.けっして偶然の波任せではなく,意識的に波を利用して,両地域の人びとは相互に往来していたのである.その歴史事象を,数次にわたる現地フィールド調査を踏まえて,信濃・上野古代朝鮮文化の信濃川・千曲川遡上・峠越えというテーマでまとめることが,現在の研究課題である.

私は,古代日韓交流時代には,半島南岸・東岸から海流に乗って日本海を横切り,能登,佐渡,越後地方へと沿岸の港や汀(なぎさ)を結ぶ渡航ルート(汀線航路)があったと考えている.

さらには,現在の新潟市に河口を有する信濃川や上越市に河口を有する関川をはじめとする越後沿岸の河川を遡上して関東地方に向かう列島横断峠越えルートを予測している.以下にその根拠となる事項を列記する.

① 新潟県胎内市の天野遺跡(信濃川近辺,朝鮮半島で作られた陶質土器)

② 新潟県南魚沼市六日町の飯綱山古墳群(信濃川の支流にあたる魚野川流域,朝鮮半島由来の可能性が高い鉄鉾,砥石,馬具)

③ 長野県木島平の根塚遺跡(渦巻文装飾付鉄剣,鍛造の高度技術と共に,渦巻文装飾から考えて朝鮮半島の伽耶方面)

④ 長野県長野市の大室古墳(積石塚は高句麗の墓制,特徴的な合掌形石室は百済の墓制と関係)

⑤ 長野県須坂市の八丁鎧塚古墳(高句麗の墓制積石塚,半島南部に由来する鍍銀銅製獅噛文銙板)

⑥ 長野県千曲市埴科の高句麗人名(「真老等は須々岐」に改名,『日本後紀』桓武天皇延暦18年)

⑦ 長野県千曲市の翡翠(円光坊遺跡や屋代遺跡群で出土した翡翠は,汀線文化の1つとして信濃川を遡った)

⑧ 長野県上田市の武石古墳(九州の弥生時代集落吉野ヶ里で作られた巴形銅器のうち,あるものは北陸沿岸を経由して北信濃の武石へ,またあるものは海をわたって韓国南部の伽耶へ,それぞれもたらされたのだろう)

⑨ 群馬県渋川市の金井東裏遺跡(6世紀に榛名山の噴火で埋没した人骨,父親が渡来集団の1世で,男性は日本で生まれた2世なのかもしれない.いずれにせよ渡来して間もない.信濃川遡上の有力な根拠)

⑩ 群馬県高崎市の保渡田古墳群(金銅製飾履は半島南部,伽耶・新羅に由来)

⑪ 保渡田古墳群の周辺には下芝谷ツ古墳という,高句麗に起源を有すると推測できる方形積石塚

⑫ 『続日本紀』霊亀2(716)年5月16日に,駿河,甲斐,相模,上総,下総,常陸,下野から高句麗人1,799人を武蔵国に移し高麗郡を設置したとある.

※次頁ハングル訳

⑤ 나가노현 수자가시 (須坂市) 핫조우여로이쭈까 (八丁鎧塚) 고분은 고구려 묘제인 적석총이고, 조선반도 남쪽지역에 유래하는 도은동제 사지문과판 (鍍銀銅製獅嚙文銙板) 이 그 고분에서 출토되었다.
⑥ 현재의 나가노지방에 도래되었던 고구려계 사람들이 일본쪽에서 이름을 일본식으로 바꿔달라고 요청 받았다는 기록이 일본역사서인 "일본후기"(日本後紀) 799년 11월의 조(条)에 보인다. 그 예의 하나로서 마오이 (真老) 라는 어떤 사람이 이름을 수쭈기 (須々岐) 로 바꾸었다고 쓰여 있다. 이와 관련된 훈적이 지꾸마시 야시로 (千曲市屋代) 수쭈기 미쭈신사 (須々岐水神社) 의 이름에 남아 있다.
⑦ 지꾸마시 야시로 유적 및 앤고보우 (円光坊) 유적에서 출토된 비쥐 (翡翠) 는 정선 문화 (汀線文化) 의 하나로 시나노강을 거슬러 올라온 것이다.
⑧ 나가노현 우애다시 (上田市) 다게이시 (武石) 고분에서 출토된 파형 동기 (円形銅器) 들이 야요이 시대 (弥生時代) 취락 유적인 요시노가리 (吉野ヶ里) 에서 제조 되었다가 호구리구 (北陸) 연안을 거쳐서 다게이시고분까지 전해진 것이다. 또 다른 파형동기가 바다를 건너서 가야로 전래된 것으로 보인다.
⑨ 군마현(群馬県) 시부까와시(渋川市) 가나이히가시우라(金井東裏) 유적에서 6세기에 하루나산 (榛名山) 의 분화로 화신재에 묻혀 있었던 남자 뼈가 출토 되었다. 그 남자가 조선반도에서 건너온 도래 집단과 관계된 사람이었다고 생각할수도 있고, 일본에서 태어난 2세이었는지도 모른다.
⑩ 군마현 다가사기시 (高崎市) 호도따 (保渡田) 고분군에서 출토되었던 금동제식리(金銅製飾履)는 가야 또는 신라에 유래된다.
⑪ 호도따고분군 주변에는 시모시바야쭈 (下芝谷ッ) 고분이라고 하는 방형적식총 (方形積石塚) 이 있고, 그 기원이 고구려에 있다고 추측된다.
⑫ 일본 역사서 "속일본기"(続日本紀) 716년 5월 16일의 조 (条) 에 수루가 (駿河), 가이 (甲斐), 사가미 (相模) 등 일본 동쪽 지방에 살았던 고구려 사람들 1799명을 무사씨 (武蔵) 지방으로 옮겼다가 고려군 (高麗郡) 을 두었다고 쓰여있다.

번역자 이시쭈까 신지 (石塚伸司)

〈시나노(信濃) 및 가미쯔깨(上野)의 고대 조선 문화가 시나노강(信濃川) 수계를 소상(遡上)해왔다는 가능성에 대하여〉

이시쯔까 마사히대 (石塚 正英)

고대부터 사람들이 일본열도와 조선반도 사이를 빈번히 왕래화왔다. 그것이 우연한 파도에 맡긴일이 아니라, 의식적으로 파도를 이용하면서 양 지역 사람들이 상호 왕래하였다는 뜻이다. 수차에 걸친 현지 답사를 토대로 그 역사사상 (歴史事象) 을 시나노 및 가미쯔깨 고대 조선문화가 시나노강과 지꾸마강 (千曲川, 시나노강 상류) 을 거슬러 올라왔다는 주체로 정리하려는것이 나의 연구과제다.

고대의 한일교류 시대에는 조선반도 남쪽 해안 또는 동쪽 해안에서 해류를 타고 바다를 건너서 노또 (能登), 사도 (佐渡), 애치고 (越後) 지방으로 항구나 둔치를 연결시키는 도항 루으트 (정선항로=汀線航路) 가 있다고 나는 생각하였다.

그 위에 현재의 니이가다시 (新潟市) 에 하구 (河口) 가 있는 시나노강이나 죠애쯔시 (上越市) 에 하구가 있는 새키강 (関川) 을 비롯한 애치고 하천(河川)을 거슬러 올라가서 열도를 횡단, 간토 (関東) 지방으로 향하는 "고개넘는 루우트"가 예측되었다. 그 근거는 다음과 같다.

① 시나노강 부근에 있는 니이가다현 (新潟県) 다이나이시 (胎内市) 아마노 (天野) 유적에서 조선반도에서 제조된 도질 (陶質) 토기가 발굴되었다.

② 시나노강 지류의 우오노강 (魚野川) 유역인 니이가다현 미나미우오누마시 (南魚沼市) 무이까마치 (六日町) 의 이이쭈나야마 (飯綱山) 고분군에서 조선반도에 유래하는 가능성이 높은 철모(鉄鉾), 숫돌 (砥石), 마구 (馬具) 들이 발굴되었다.

③ 시나노강 상류에 있는 나가노현 (長野県) 기지마다이라 (木島平) 의 내쭈까 (根塚) 유적에서 가권문이 장식된 철검 (渦巻文装飾付鉄剣) 이 출토되었다. 고도의 단조 (鍛造) 기술과 함께 가권문 장식을 주목하면, 이 것이 가야 (伽耶) 방면에서 전래되었다고 추측된다.

④ 나가노시 (長野市) 에 있는 오오무로 (大室) 고분이 고구려 묘제인 적석총 (積石塚) 이고, 특징적인 함장형석실 (合掌形石室) 과의 관계를 추측시킨다.

Ⅰ　頸城野からみた古代日韓比較文化誌

第1章

古代交通路からうかがえる頸城文化の形成

一、釜蓋・吹上（上越市南部の弥生）遺跡から推論できること

頸城野の古代交通路は、神話の次元ではヌナカハヒメに深く関係する。社会経済や政治の次元では翡翠などの交易品に関連する。

翡翠は、糸魚川地域（青海・朝日・小谷・白馬を含む）を産地とし、関連する交易ルートとして長者ヶ原遺跡（縄文中期、糸魚川市一の宮、一九五四〜五八年調査、一九七一年国史跡）に工房を得ていた。また、その交易先の一つとして新井市（現妙高市）に斐太遺跡（弥生〜古墳、一九五五〜五八年調査、一九七七年国史跡）を得ていた。ところが、その後二〇〇〇（平成一〇）年代に入って、斐太遺跡の南方二箇所

に翡翠加工跡を含む遺跡が発見された。上越市大字稲荷字吹上の吹上遺跡（弥生中期中葉～古墳前期、二〇〇〇～五年調査）と上越市大和五丁目字釜蓋の釜蓋遺跡（弥生後期中葉～古墳中期、二〇〇五～〇七年調査）である。

注目するべきは、やはり管玉・勾玉工房跡であろう。糸魚川地域を原産とする翡翠は、弥生時代ともなれば、未加工のまま頸城平野から南方の丘陵地帯へ運ばれ、そこで玉製品に加工されていた。

糸魚川原産の翡翠は、縄文時代から弥生時代にかけて、北陸沿岸地帯の諸民族、頸城平野から妙高山麓の諸民族、そして信州方面在住の諸民族の政治経済を活発化させる要石となっていた。その際、翡翠は金《キン》のような貨幣的・蓄財的価値のみをもって交易の対象とされたのではない。翡翠は玉《ギョク》であるから、むしろ規範的・儀礼的意義をもって交流されたのである。先史の精神はギョクに象徴されるのであって、キンで品定めされるものではなかったのである。

さて、頸城平野の奥地、妙高山麓に関山神社がある。この神社（神域）は別名を新羅神社と称し、能登から佐渡にかけての汀線文化を頸城野に吸い上げ、それをさらに奥地の信州（科野）・上野・甲斐へと伝える中継地をなしていた。吹上遺跡に中部高地の栗林式土器が出土している点からみても、奥地の人々は確実にこの聖域＝妙高山を経由して文化的先進地域である頸城野に進出していたことがわかる。それは頸城平野を貫通する関川水系の道筋であり、のちには北国街道となって中世・近世史に登場してくるルートであった。

ところで、高志（頸城）と信州とをむすぶルートには、のちの北国街道とは別のルートが幾つかあった。その一つに、糸魚川方面から妙高山およびその南方の黒姫山に挟まれた谷筋を経由して野尻湖畔までを結ぶ往還ルートがある。これは旧石器時代から開拓されていたと思われる。

野尻湖畔一帯には先史時代の遺跡が散在する。約三万年前以降の後期旧石器時代を中心に縄文時代草創期までの遺跡が多い。同遺跡群は、野尻湖ナウマンゾウ博物館、長野県立歴史館などの調査研究によって日本における旧石器文化のまとまった事例を提供することとなり、学界への貢献は甚大となった。また、出土品の一つ約二万年前のナイフ形石器については、関東の茂呂型、東北の杉久保型、近畿・瀬戸内の国府型など日本列島各地のものが混在しており、先史時代にあって、野尻湖周辺を中継地にして日本列島諸地域間の交易が継続されていたと推測できる。そのような古代交通路について、次に上越郷土研究会会誌『頸城文化』所載の諸論考に学んでみたい。

二、『頸城文化』所載論考から浮かび上がる古代交通路

このテーマにまつわる論考の最初は『頸城文化』第三号（一九五三年）に掲載された清水泰次「板倉村上中古史の研究―その特質について―」である。

「地図をひらいてながめれば、越の海は、遥かに、西の国々に連なつている。舟による行き来も陸路の交通に劣らぬものがある。頸城の陸路をたどれば、京方面からの勢力は、海岸に沿うて、北陸道を経て来るか、さもなくば信濃路をとつて来る。岸に沿う北陸道は一本道で、この一本道以外に、道はない。信濃路は、中頸城についてだけでも、東から数えて、関田峠、富倉峠もある

わけだが、関川から善光寺に通ずるのが、大通りとなつている。」「信州の野尻湖に源を発する関川が、信越国境を貫いて、真一文字に流れ下り、北を指して、海にそそぐ。この流れ一本で、関田峠や富倉峠は、関川街道と、太刀打ちができないのだ。」「板倉村が、国境越えの大街道から、遠のけられるのも、けだしやむを得ない。」（七〜八頁）

清水は、古代の板倉は幹線交通路からはずれていたとしている。関川水系に沿った道こそ動脈だったとするのである。そうであるならば、頸城地方の古代交通路を見極めるに際して、関川に匹敵する河川を近隣に探してみるのがよいであろう。それは糸魚川地方の姫川である。『頸城文化』第四号（一九五三年）に掲載された青木重孝論文「姫川街道とその周邊」には次のように記されている。

「古くから、おそらく古代から、この交通路は、何らかの形で存在したであろうが、その名称は、仁科《にしな》街道、小谷《おたり》街道、糸魚川街道、松本街道などと、時と所とによつて、異なる呼び方がなされた。」「交通路はいうまでもなく、交通路だけの問題ではない。人と物資との交流を、その主たる機能とするとともに、もろもろの問題が付属してくる。たとえば、街道にそう村々の経済文化に関係するところが、きわめて大きいのである。」（六〜七頁）

青木によれば、古代の姫川街道で運ばれた物資に黒曜石や翡翠があり、信仰民俗ではヌナカハヒメ伝説が伝えられ、「安曇族」と称される人々が往来したのである。頸城地方では、こうして関川水系と姫川水系に即した街道が古代文化伝達の動脈となったことになるのである。その点を充分に考慮した論文として、平野団三「古代中世上越後（頸城）の交通路」（『頸城文化』第二四号、一九六七年）がある。

「信越の交通路として姫川筋と関川沿道が用いられたことは、既に知られている。越後国府（直江津）より信濃国府への支道が、奈良朝には確実に成立していたであろう。これが後世の信濃街道、中山街道、江戸期の北国街道である。この街道は関川の西側、南葉山系の山麓を走り、新井小出雲も通過したであろう。ここで東山麓を走る山越街道と出合うのである。それから関山、田口、柏原と信濃に入る北国街道、矢代、関山、杉野沢、戸隠に入る戸隠道、富倉街道などいろいろあるが、最も古い街道は大鹿を通って信州野尻湖にぬける山道で泉、沼辺の宿駅があったという。昭和四一（一九六六）年八月、信濃史学会は一志博士を主班としてこの古道を踏破した。この道を越えて平野部に展開せんとする大沢古墳群との関連を重く見たからであろう。この道は白銀賢瑞氏等先覚者によって注意されていた通路である。」（五七頁）

三、頸城と神済《かんのわたり》

頸城古代の交通路を考える場合、今ひとつ、海の道を忘れてはならない。さきほど引用した清水泰次の文章「地図をひらいてながめれば、越の海は、遥かに、西の国々に連なつている。舟による行き来も陸路の交通に劣らぬものがある」にあるとおりである。この問題に言及した論文として橋本芳雄「越中と越後との交渉史小考」（『頸城文化』第三〇号、一九七一年）がある。

「古代北陸道交通史において重要な問題は『神済《カンノワタリ》』である。（中略）北陸道の神済は、東海道の足柄坂、東山道の碓氷峠に比肩し得る、古代北陸道の要衝であつたと考えられる。（中略）『神済は古来、越中越後と佐渡との海峡を意味した』という（米沢康の―石塚）提言は先人未発の重大なる新説で（ある）。」（一〇〜一一頁）

橋本が注目する米沢康の学説には、私も夙に関心を抱いてきた。米沢の代表的研究である『日本古代の神話と歴史』（吉川弘文館、一九九二年）は、以下に引用するように、それ独自で一つの有力な傾向を創っているようである。

「私は、八千矛神と高志国の沼河比売との神婚伝承にも、海の問題を考えないわけにいかない。とくに、北陸道の神済の存在に着目すると、『高志国の沼河比売』といわれるその背景には、この神済における渡海祭儀の実修が、大きな役割を担っていたのではないかと推考される。」（同書、二二頁）。

ここに出てくる「神済」とは、橋本が説明しているとおり、北陸道の越中と越後の境界の河ないし沿岸海域を指している。沼河比売神婚神話は出雲から能登を経て佐渡に伝わり、佐渡からさらにその東方海域に「浮かぶ」とみなされた「高志」ないし「古志」に伝えられた汀線文化と仮定すれば、沼河比売をことさら越後国頸城郡の奴奈川神社や沼川郷に結びつけなくともよいことになるであろう。その意味では、沼河比売神婚伝承に関する学説的な議論は、いまだ佳境に達していないとみるべきである。ちなみに、こうした頸城沿岸に伝播する文化、いわゆる「汀線文化」については、平野団三「旧大潟汀線文化―意外に古かった頸城村」（『頸城文化』第四五号、一九八八年）が参考となる。

そのほか蛇足であるが、私の研究領分として、日本海を挟んで朝鮮半島と頸城との交流を証示する事例をここに紹介しておきたい。それは、私が平成年間を通じて調査してきている「頸城野の木彫狛犬たち」である。まず、私が知りえて調査した事例は以下のものである。能生白山神社の一対（年代未調査）、三和区の五十君神社に阿形一体（鎌倉時代）、浦川原区の白山神社に一対（鎌倉後期・低姿勢）、五智の居多神社に一対（鎌倉時代後期・かなり風化）、十日町市松代の松苧神社に一対（室町時代・鏡を背に）、上越市飯田の日月社に一対（室町時代）。糸魚川市宮平の剣神社に二対（室町時代）、安塚区の安塚神社に一対（室町時代・茶褐色の色彩）。上越市本町一丁目の春日神社に一対（江戸時代初期）。上越市桑取の神明神社に一対（文政一二年）。これらの狛犬のうち、鎌倉期のものはおおむね新羅系仏教文化の影響下に誕生した「シルクロード獅子型」（石塚の造語）のものと推測される。それに対して、角と宝珠を戴いた安塚神社と春日神社、桑取の神明神社のものなどは日本国内で多少なりの変化を遂げた「狛犬唐獅子型」（石塚の造語）に属している。とくに春日神社の一対は、重さといい大きさといい、これを限りに木彫がすたれ狛犬が神社の外に石造となって置かれる最終形態を示している（参道狛犬の先駆）。要するに、頸城に残存する木彫狛犬には朝鮮半島から海流にのってダイレクトに頸城沿岸に上陸したと推測される事例が散見されるのである（石塚の仮説）。

四、信濃・上野は頸城のヒンターランド

さて、話題を交通路にもどそう。以下に整理してみよう。頸城野には北陸（若狭、越前、加賀、能登、越中、越後）を結ぶ北陸道（加賀街道）と、信濃追分で中山道から分岐し信越（小諸、上田、長野、高田、直江津）

を結ぶ北国街道が交差している。近隣にはそのほか、上州高崎で中山道から分岐し三国峠を越えて出雲崎に至る三国街道、糸魚川から姫川沿いに信濃へと通じる姫川街道などがある。信越国境にはそのほか関田峠を越える関田街道、富倉峠を越える飯山街道（富倉街道）、北国街道の高田と三国街道の塩沢宿を結ぶ松之山街道、野尻湖に源を発し関川に沿う関川街道、現在は信越トレイルのコースに関係する梨平峠、牧峠、深坂峠など多くの街道・峠道が開かれた。上杉謙信の時代には軍用道路として機能し、江戸期には塩の道などの経済動脈として機能していた。

古代から中世へとむかう時代の頸城交通路について、渡邊慶一「北国街道新井宿の成立とその発達」（『頸城文化』第一八号、一九六一年）には次のように記されている。

「裏日本、特に越後地方から（中略）、直接越後から信濃路を経て、表日本にいたる陸上の交通が漸く盛んになつてきたのは、おおよそ建久三年（一一九二）、源頼朝の鎌倉幕府開府以後とみて、たいした誤りがなかろう。武家時代以前にも、越後へ派遣された国司や、荘園の管理者たちが、京都、奈良、いわゆる上方方面との往来があつても、多くは海上交通によつたことはいうまでもない。」「越後上杉氏の兵馬を動かして、関東に向つた通路は、直江津を起点とすれば、まず北国街道を考えなければならない。なぜならば、本街道はすでに鎌倉時代から天下の公道として認められていたと思われるからである。」（二頁）

また、同じ渡邉の論文「交通の変遷による生活文化の進歩発展―信越国境の山村について―」（『頸城文化』第二六号、昭和四三年）には次のようにも記されている。

「商品の流通からみれば、信濃・上野は直江津のヒンターランドであり、北国街道はその唯一の

通路であった。」（三頁）

そのほか、右に私が記した三国街道については、平野団三が「上杉謙信と三国街道」（『頸城文化』第二七号、一九六九年）で、次のように記している。

「この往還は、米沢上杉家蔵慶長二年越後国絵図のうち頸城郡の部に記載されている。起点は直江津（府内）から『わらけ橋』を渡り真野新田『上真砂』島倉村（府内より二五里）下横住村安塚町（島倉より十五里）ほその村、大島村、法師峠（安塚より法師峠まで二十里）法師峠は越後、信濃、上野に通づる分岐点である。」「三国街道は中世の路である。（中世・戦国時代に上杉勢力他により整備・拡大された―石塚）」（一八頁）

五、『頸城文化』掲載の関係記事

（カッコ内の数字は掲載号・初頁）

●板倉村上中古史の研究―その特質について―　清水泰次……………（三号六頁）

●姫川街道とその周邊（一～三）　青木重孝……………（四号六頁、六号三三頁、七号一七頁）

●北国街道新井宿の成立とその発達　渡邊慶一……………（一八号一頁）

●古代中世上越後（頸城）の交通路（一～二）　平野団三……………（二四号五一頁、二五号一〇頁）

●交通の変遷による生活文化の進歩発展―信越国境の山村について―　渡邊慶一……（二六号一頁）

●上杉謙信と三国街道　平野団三……………（二七号一八頁）

●越中と越後との交渉史小考　橋本芳雄……………（三〇号八頁）
●塩の道―千国街道をたずねて―　青山正久……………（三六号七〇頁）
●米山・もう一つの道　田中圭一……………（四三号四二頁）
●旧大潟汀線文化―意外に古かった頸城村―　平野団三……………（四五号五六頁）
●関田峠道の改修について　鴨井英雄……………（五〇号七二頁）
●城と交通路―飯山道ぞいの長沢原城と長沢砦―　植木宏……………（五二号四八頁）
●北国街道と新井宿　金子潤次……………（五二号九六頁）
●松本街道・塩の道　土田孝雄……………（五二号一〇四頁）
●北国街道の中山道　金子潤次……………（五三号五九頁）

［付記］その他の参考文献

●土田孝雄『翠の古代史―ヒスイ文化の源流をさぐる―』奴奈川郷土文化研究会、一九八二年
●高瀬重雄『日本海文化の形成』名著出版会、一九八四年
●藤田冨士夫『玉とヒスイ―環日本海の交流をめぐって―』同胞舎出版、一九九二年
●阿部恒久『「裏日本」とはいかにつくられたか』日本経済評論社、一九九七年
●西山芳夫『西廻り航路の湊町をゆく』文献出版、二〇〇〇年
●信越古道交流会編『信越古道―梶屋敷宿から鬼無里・麻積宿へ―』ふるさと草紙刊行会、二〇〇七年
●青山始義「信越国境の義仲伝説と古代の道」、長野郷土史研究会編『長野』第二六九号、二〇一〇

年
●ＮＰＯ法人頸城野郷土資料室編『「裏日本」文化ルネッサンス』社会評論社、二〇一〇年
●岡本雅亨『出雲を原郷とする人たち』藤原書店、二〇一六年

第2章

信濃・上野古代朝鮮文化の信濃川水系遡上という可能性

はじめに　北陸沿岸の再評価

日本海沿岸の新潟県上越地方（頸城野《くびきの》）に生まれ子ども時代を過ごした私は、一九五〇年代後半から六〇年代前半にかけて、ときおり直江津や郷津の海辺で遊んだり佇んだりした。いつもとは限らないが、海岸に打ち寄せられている漂流物の中に、ハングル文字の記されたボトルや発泡スチロール片、板切れ、棒切れなどを見つけたものだった。それらは、日本海を挟んで対岸に位置する朝鮮半島から対馬海流ほかに乗って流されてきたのだ。『柏崎市立博物館報』第二三号（二〇〇九年）に掲載されている論稿「漂着チャンスン考―「娥眉山下橋」標木の資料的位置づけをめぐって―」（渡邉三四一）を読むと、私の目にした漂流物は、ものによっては学術的な研究対象になっていることが分かる。

古来、人びとは、日本列島と朝鮮半島とをよく行き来していた。けっして偶然の波任せではなく、意識的に波を利用して、両地域の人びとは相互に往来していたのである。その歴史事象を、数次にわたる現地フィールド調査を踏まえて、信濃・上野古代朝鮮文化の信濃・千曲遡上というテーマでまとめることが本稿の目的である。なお、本稿では、朝鮮半島のことを韓半島とも表記する。考究の対象となる時代が一紀から七紀にかけて、三韓時代（馬韓・辰韓・弁韓）から三国時代（高句麗・新羅・百済）にかけてだからである。

一、韓半島南部の前方後円墳と千曲川流域の積石塚

これまでに、一九九六年を第一回として、合計六回わたって韓国を訪問し、その都度古代韓半島の歴史文化を調査・見学してきた。

第六回フィールド調査期間中の二〇一七年二月二二日、光州の月桂洞《ウォルケドン》古墳を見学した。そこには日本独自の造形である前方後円墳、韓国の呼び名では長鼓墳《チャンゴブン》が残されていた。半島西南部には五世紀後半から六世紀前半に築かれたと推定される古墳が十数基知られている。造営者や造営目的は諸説に分かれているが、これらは日本列島と韓半島の政治経済・文化交流を如実に示すものといえる。

崔榮柱「韓半島の栄山江流域における古墳展開と前方後円形古墳の出現過程」（『立命館文學』第

六三二号、二〇一三年）には以下のように記されている。

「（光州を含む）栄山江流域における古墳の変遷過程は、墓域の墳形と埋葬施設の相関関係によって、Ⅴ段階に分けられる。墳形は梯形・方形・円形・前方後円形があり、埋葬施設は木棺・甕棺・石室などが確認され、それぞれの相関関係は次の〈表1〉である（表省略――石塚注）。古墳の墳形と埋葬施設の相関関係によって、画期となる段階は、前方後円形古墳の出現と九州系石室の埋葬施設が確認されるⅢ段階と、前方後円形古墳がなくなり百済系石室（泗沘時代）の埋葬施設が出現するⅣ段階である。」（一六三頁）

「光州月桂洞一号墳・二号墳は、周辺に双岩洞古墳が分布し、少し離れた南側に河南洞遺跡と山亭洞遺跡が分布している。双岩洞古墳は九州系石室で倭系鏡が副葬され、月桂洞1号・2号墳との相互関係で造られていた。」（一五七頁）

以上の引用から察すると、光州の月桂洞古墳は九州との交流を証明している。それに対して、次に考察する長野県北部の古墳は、高句麗と信越との交流を印象付けている。その古墳とは、北信濃の千曲川流域近くに残存する異形の古墳群である。そこでは、高句麗の墓制と共通の積石塚が複数確認されている。古代日韓文化交流の観点からみて重要と思われる指摘として、長野市教育委員会の調査概要報告書（二〇〇七年）に以下のような記述が読まれる。

八丁鎧塚1・2号墳［須坂市教委二〇〇〇］

「一九五七（昭和三二）年の埋葬施設の発掘では、1号墳から南海産の貝でつくられた貝釧、2号墳からは鍍銀銅製獅噛文銙板《とぎんどうせいしかみもんかばん》が発見された。特に銙板は、大韓民国忠清南道公州市の宋山里2号墳出土例と近似していたことから、石積み墳丘であることと併せて関連づけられ、積石塚の系譜論に大きな影響を与えてきた。」（一五頁）

長原古墳群［長野市教委一九六八］

「直径12m規模の七号墳からは須恵器の平底細頸壺が出土しており、形態のみ着目すれば朝鮮半島の百済地域で出土する瓶形土器を想起させる。」（一六頁）

私は、古代日韓交流時代には、半島南岸・東岸から海流に乗って日本海を横切り、能登、佐渡、越地方へと通じる渡航ルート（汀線航路）があったと考えている。その一環として、日本海沿岸の河川を遡上して関東地方に向かう列島内ルートを予測している。根拠の一つは『日本後紀』桓武天皇延暦十八年（七九九年）十一月の条に、おおよそ以下の記述が読まれることである。

「信濃の国の人、外従六位下婁真老、後部黒足、前部黒麻呂、前部左根人、下部奈弖麻呂、前部秋足また小縣郡の人、无位上部豊人、下部文代、高麗家継、高麗継楯、前部貞麻呂、上部色布知等が言うには、かれらはいずれも高麗の人で、小治田（推古）飛鳥朝に来朝、帰化した者であるが、いまだ本号を改めていない。伏して望むらくは、去る天平勝宝九歳四月四日の勅により大姓を改め、真老等は須々岐、黒足等は豊岡、黒麻呂は村上、秋足は篠井、豊人等は玉川、文代等は清岡、家継等は御井、貞麻呂等は朝治、色布知等は玉井と姓を改めたい。[注1]」

この史料に記されている「須々岐」は千曲市屋代の須々岐水神社（主祭神大国主命）に名残をとどめている。[注2] このような史料からみても、私の予測はおおいに吟味の余地を持っている。その意図をもって、二〇一七年の春、須坂市の八丁鎧塚古墳群と長野市の大室古墳群を見学することとした。

同年五月二六日、須坂市において、私はこれで二度の文化調査を行うこととなった。一度目は一九九三年八月、奇妙山に登って作仏聖・木食聖の但唱が遺した足跡を確認した。成果は「作仏聖とものがみ信仰—万治の石仏と奇妙山石仏群—」（『日本の石仏』第七五号、一九九五年）ほかに結実している。

さて、今回は古代日韓文化交流の調査を目的としている。過去に五度の韓国現地調査を行い、二〇一七年から国内関係地での調査を開始している。一回目は同年五月二〇日、高崎市保渡田に残る保渡田古墳群である。周辺には下芝谷ッ古墳という、高句麗に起源を有すると推測できる方形積石塚があり、副葬品として半島南部に由来すると考えられる金銅製の飾履が出土している。かみつけの里博物館で実見した。同館の「常設展示解説書」から引用する。

「（下芝谷ッ古墳）発掘担当者の丁寧な調査により思いがけない遺物が姿を現した。それは金銅製飾履。（中略）飾履はもともと朝鮮半島で発達した装飾品である。日本では五世紀後半から六世紀の時期に二〇例ほどしか出土していない貴重な遺物だ。」（四八頁）

こうした調査結果をもとに、私はとりあえず「保渡田古墳群見学（高崎市二〇一七年五月二〇日）」（『頸城野郷土資料室学術研究部研究紀要』Forum12、二〇一七年）を発表した。（注3）今回の調査は、その一週間後の五月二六日に行っている。

須坂駅につくと、ただちにタクシーで八丁鎧塚古墳群に向かった。二〇分もかからなかった。周囲は葡萄や桃の果樹畑が広がり、遠い昔の遺跡があるとは思えなかった。しかし、タクシーが現場に着くや、丸石・川原石の小山というか楕円丘というか、ゴロゴロした黒山の積石塚古墳が目に飛び込んできた（上掲写真）。古墳は二基に分かれている。1号墳は東西径約二三メートル、高さ二・五メートル、墳丘は約一〇メートル。2号墳は南北径約二五メートル、高さ三・六メートル、墳丘は約五メートル。重要なのは後者である。墳丘下一メートルから鍍《と》銀銅製《ぎんどうせい》獅噛文《しかみもん》銙板《かばん》三点が出土した。須坂市教育委員会編『長野県史跡「八丁鎧塚」』（二〇〇〇年三月）には以下の記述がある。

「それらは類似した正方形で、下辺の長さが３〜４㎝角で、厚さが約２㎜の金属板である。そして凸面状に丸い膨らみがついており、獣面が浮き彫りにされている。獣面は

獅子噛文である。表面は銀色に光った部分で覆われているが、錆もかなり吹き出ている。類似資料は奈良県真弓罐子塚古墳や韓国の宋山里2号墳でも出土しているという。」

（三七頁）

宋山里《ソンサンニ》古墳群は、二〇一六年二月二二日（第四回）に見学した地である。百済（三四六〜六六〇年）の古都公州《コンジュ》にある。あの時は、古代日本と関係の深い武寧王《ムリョンワン》の遺跡墓に夢中となるばかりで、須坂の積石塚のことなどまったく意識になかった。それに、積石塚は半島北部、高句麗の墓制であるから、須坂の積石塚古墳で半島南部に関係する銅製金具の遺品が見つかったとなると、考察にひとひねり必要である。しかし、積石塚も金具も半島由来である点で、古代日韓交流の物証であることに違いはない。ただし、あまりに半島直輸入だと強調するのは正しくない。あくまでも半島住民と列島住民による生活文化のアンサンブルである点を忘れてはならない。

その後、こんどは長野市松代町にある大室古墳群に向かった。千曲川堤防近くで、八丁鎧塚からタクシーで二〇分くらいのところにあった。ここの積石塚は形状が立派である。上掲写真に見られるような合掌形石室がいちだんと評価を高めている。長野市教育委員会編『国史跡 大室古墳群』（二〇〇七年三月）には以下の記述がある。

「大室古墳群の最大の特徴は、石積み墳丘をもつ『積石塚』と、埋葬主体部の天井石を屋根形に架構する『合掌形石室』という特異な埋葬施設の存在であろう。古墳総数約五〇〇基のうち約三三〇基が積石塚といわれ、また合掌形石室は約四〇基ほどが知られている。」（四頁）

「このように、大室古墳群は日本最大の積石塚古墳群として重要である。また、積石塚は高句麗の墓制と、特徴的な合掌形石室は百済の墓制との関係を指摘する意見もある。」（九頁）

八丁鎧塚と大室古墳の二箇所を巡ったあと、タクシーで須坂市立博物館に向かった。同館で丸山裕範館長および高橋千穂学芸員より詳しい説明を受けつつ、八丁鎧塚の出土物をじっくり確認した。

ちなみに、古代における韓半島と信濃川水系との文化交流について、私は高崎市の保渡田古墳群を見学した時にまずもって予感を得た。同古墳群を含む上毛野はにわの里公園内にあるかみつけの里博物館内を巡って驚いたのは、半島北部に関係するとほぼ断定できる「積石塚古墳」についての展示があったことである。館内で購入した常設展示解説書『よみがえる五世紀の世界』には、以下の記述がある。

「昭和六二年、高崎市箕郷町から奇妙な古墳が発掘された。谷ツ古墳である。（中略）墳丘は上下二段に仕上げられているが、下段は土を盛り上げ、上段は石だけで構築した『積石塚』である。積石塚は日本古来のものではなく、朝鮮半島北部がその源流だ。」（四七頁）

この記述に出遭ったことは、保渡田古墳群見学の最大の収穫といえる。残念ながら、このときの調査見学では当の谷ツ古墳には向かえなかった。しかし、ことは一挙に重大な局面を迎えることとなった。それは、以前から文献調査をしてきた大室古墳（長野県長野市）の積石塚（高句麗の葬制）、八丁鎧塚古墳（長野県須坂市）の積石塚（高句麗の葬制）、および根塚遺跡（下高井郡木島平村）の渦巻文装飾付鉄剣（朝鮮半島南部の伽耶）と連動するからである。[注4] 今回の保渡田古墳での調査は、朝鮮半島→コシ（信濃川河口→千曲川流域）→クルマ（群馬の古名）→コマ（埼玉県高麗地方）へと連結させる私の信濃川遡上説に、暫定的な傍証を与える結果をもたらした。その思いが、私を群馬県から長野県、新潟県の遺跡調査へ向かわしめたのだった。

　なお、保渡田古墳とは別の事例であるが、おなじ群馬県の渋川市にある金井東裏遺跡には、古代における朝鮮半島との交流を示す遺物が出土している。それは、浅間山、榛名山の噴火活動が活発だった頃（浅間山で三世紀末、榛名山で六世紀初と同世紀中）に火山灰で埋没した事例である。平成二九年八月二〇日に、東京新聞フォーラム「よみがえる古代の大和シリーズ　古墳時代に生きた人びと」（東京新聞、奈良県立橿原考古学研究所主催、江戸東京博物館）で行われた以下の右島和夫報告に示される。

　「特に注目されたのは火砕流の犠牲になった四〇代前半の成人男性であり、甲冑《かっちゅう》類を身に着け、腰に刀子・砥石を下げていたことと、頭骨の形質的特徴やストロンチウム同位体分析などから他地域からやってきた渡来系に属する人物像が想起された。」「歯を使って分析したところ、よろいの男性は幼いころ、群馬の水を飲んでいないことが分かった。長野県にいたようだ。（男性は、当時の朝鮮半島の支配者層の装束に見られる刀子《とうす》＝小刀＝や砥石《といし》をつりさげていたことから、渡来集団のリーダーとの見方があり）まず伊那谷に来て、群馬に移ったのではないか。あの遺跡の始まりは四五〇年ごろ。よろいを着けた男性は少し後の時期の人物。男性は子供のころ父親に連れられて群馬に来たのかも。父親が（渡来集団の）一世で、男性は日本で生まれた二世なのかもしれない。また男性は脚の骨の発達具合から、馬に乗っていたのではないかとの指摘がある。（注5）」

なお、引用文中に「伊那谷」が読まれる。信濃川流域と関係が薄い南信のこの地が注目されたのは、当該の化石人骨（六世紀初頭）が馬匹生産集団の一員あるいは家族として伊那谷から上野へ移住したと想定されたからである。しかし集団規模こそ劣るかもしれないが、金井東裏遺跡からみて伊那谷よりも近くにあって馬匹生産に関係する馬具の出土した、六世紀初頭までの遺跡・古墳は信濃川・千曲川水系にも数箇所存在する。よって、ほかの想定を排除するものではない。「よろいの男性」あるいはその家族は、渡来一世か二世なのだから、半島→越後→信濃川水系・峠越え→榛名山麓、という短期移住ルートを辿った可能性をもつ。（注6）

それから、信濃川の支流にあたる魚野川流域の飯綱山古墳群（新潟県南魚沼市六日町）からは、朝鮮半島由来の可能性が高い鉄鉾、砥石、馬具が出土している。（注7）さらには、信濃川流域からはそれるものの、新潟県胎内市の天野遺跡の渡来系遺物の出土も興味深い。この事例に関しては、以下の二報告がある。まずは、数少ない新潟県北部と朝鮮半島との交流が指摘されている記述である。

「宮の入遺跡では新潟県では唯一の朝鮮半島で作られた陶質土器が出土しています（胎内市教育委員会２００９）」。

次には、山形県域と朝鮮半島の交流を指摘している記述である。

「以上のように山形県域では、庄内地方を除く内陸側に渡来系文物が点在している。これらのうち、唯一五世紀代に遡る大之越古墳例については、鍛冶工房が検出された仙台・郡山市周辺の諸遺跡や初期馬具が出土した角田市吉ノ内1号墳などの存在を勘案し、先述した太平洋側の流入ルートから分派してもたらされた蓋然性が高いと考えている。そのほかの文物（積石塚・陶質土器）については、同種のものを太平洋側で見出しがたく、時期も六世紀前半を中心としていることから、古東山道ルートの文化流入とは別の経緯でもたらされたと判断するのが妥当である。新潟県胎内市宮ノ入遺跡で上下交叉透孔をもつ新羅系の無蓋高杯が出土している点を考え合わせると、日本海側の物流が関係していると考えられる。そして日本海側において東北北部との交流が盛行するのもちょうど同時期である点を踏まえると、両事象が一連の地域的動向である可能性を視野に入れる必要があろう。(注8)」

二、巴形銅器と翡翠

本節では、前節「積石塚」のように韓半島南部から北陸→信濃へ、でなく日本列島から韓半島南部へ、というルートの文化交流の足跡を印象付ける埋蔵物を検討する。それは、いまから一〇〇年前に長野県上田市で出土している。一九一六年に旧小県郡武石村の上平遺跡で発見された巴形銅器（上田市立信濃国分寺資料館蔵）である。小山岳夫「中部高地における中期から後期の地域的動向」（川崎保編『「赤い土器のクニ」の考古学』雄山閣、二〇〇八年、二一〇頁）にこう記されている。

巴形金具

「巴銅器は、日本列島固有の銅器で南海産のスイジガイをモデルに創出されたものと考えられている。」

また、武石村誌刊行会編『武石村誌』第二編（村の歴史、一九八九年、一三四頁）にはこう記されている。

「弥生時代の巴形銅器の製作地は、今までその分布状態などから北九州が想定されていたが、平成元年に全国の注目を集めた佐賀県の吉野ヶ里遺跡で初めて鋳型が発見され、その確実性が高まった。どのような経緯で巴形銅器は北九州の地から遠く中部高地へ、しかも弥生時代的生産の立地のしにくい依田窪の地の上平へ運ばれて来たのであろうか。」

巴形銅器といえば、私は二〇一七年二月に韓国金海市の国立博物館で確認してあり、展示物の図録によると日本からもたらされたものので、盾の装飾金具と考えられている（上掲写真）。国立金海博物館館内で購入した日本語版図録には以下の説明が読まれる。

「巴形銅器は、革で作られた盾を装飾した道具として知られている。日本でもこのような遺物が多く出土しており、加耶と日本との活発な交流を証明する遺物である。」（一一八頁）

この件については念のため帰国当日（二月二四日）にソウルの国立中央博物館で再確認した。そのときに展示されていた交流地図からは、巴形銅器は日本から韓半島にわたったような印象をうけた。

しかし、どちらが先かなどは些細なことだ。なぜなら、この種の文様は古代ユーラシア交通路を経由して西方からもたらされたものと比較してかからねばならないからだ。

想像するに、吉野ヶ里で作られた巴形銅器のうち、あるものは北陸沿岸を経由して北信濃の上平へ、またあるものは対馬を経由するなどしつつ海をわたって韓国南部の伽耶へ、それぞれもたらされたのだろう。

ソウルの国立中央博物館には、古代日韓交流の証として、ほかに環頭大刀が展示されていた。これと類似する遺物は日本列島にも存在し、「高麗《こま》剣《つるぎ》」と総称している。韓半島からもたらされたもの、それを模して列島で生産されたものなどが混在するが、日韓交流の有力な物証となっている。

日本列島から韓半島南部へ、というルートの文化交流の足跡を印象付ける出土品には、いま一つ、翡翠がある。頸城野を軸に朝鮮半島南部・東部と北信濃一帯（半島→北陸沿岸→信越国境）への文化の伝播を考えるならば、現在の新潟市から遡る信濃川＝千曲川、上越市から遡る関川、さらには糸魚川市から遡る姫川が想定できる。そのうち、古代における千曲川の水運と文化の伝播に関連して、長野県埋蔵文化財センターの川崎保研究員による二〇〇七年の講話記録「遺跡から見た古代千曲川の水運」が参考となる。その中に、翡翠に関連して以下の記事がある。

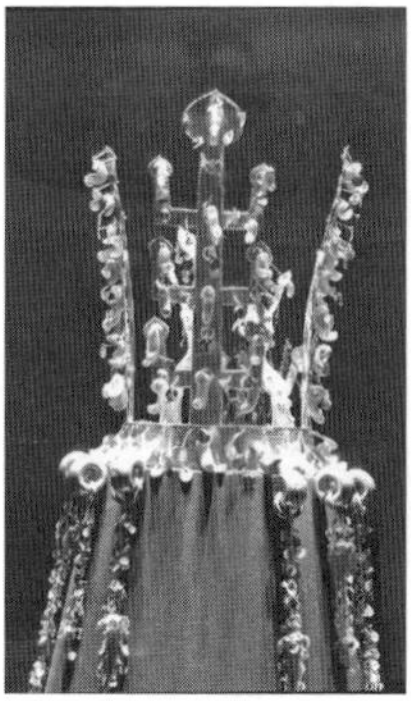

慶州出土のヒスイ付き金冠（国立ソウル博物館所蔵）

「ご当地千曲市の円光坊遺跡や屋代遺跡群で出土していますヒスイもある意味、海の文化を象徴するものと私は考えています。（中略）ヒスイもおそらく千曲川を遡って入ってきているのではないでしょ

うか。」（『JANESニュースレター』No.15、三五頁）

ここに記された交易品の翡翠は、一方では糸魚川から朝鮮半島へ、他方では糸魚川から上越や新潟方面へもたらされたのであった。こうして、古代日韓交流のルートは、翡翠の交易ルートにかさなっていたと考えられるのである。(注9)

むすび

新潟県妙高市の関山神社には朝鮮三国時代の金銅菩薩像が神体として現存する。数年前にそれを実見した私はこう推理する。このような渡来系菩薩諸像を手にした越の生活者は、六世紀から七世紀にかけて、自前で僧侶を育成しつつ仏教を越に見合うよう土着化していった、と。その過程はヤマトの「公伝仏教」と一線を画し、関山神社妙高堂に安置されている脱衣婆像（上掲写真）にみられるように、道教系の民間信仰と習合しながら展開したのだろう。

さて、ここで一つの調査結果を記そう。私は二〇一六年二月下旬、関山神社金銅仏の出自を現場で確認するため、古代百済文

化の中心である忠清南道の公州と、同じ忠清南道の扶余に出かけた。そのうち国立扶余博物館において、関山神社金銅仏に近似する様式の金銅仏二体に出遭った。ここに掲げる写真の左右がそれである（上掲写真）。中央は関山神社の金銅仏。左と中央では両肩からクロスしてかけられた紐状の法衣がほぼ同じであり、右と中央では天衣の垂れ模様が類似している。左右の二像を合わせると中央像に一致するとも言えよう。仏教美術様式からみて、関山神社の金銅仏は七世紀ごろの百済に由来すると結論できよう。

　ところで、広隆寺の宝冠菩薩半跏思惟像や関山神社の銅造菩薩立像は半島・列島のどちらで造られたものか、という結論を日韓文化交流史の歩みから導くと、造形文化のシンクレティズム（複合・連携）がそぎ落とされる。とりわけ飛鳥時代に関連する諸像は、シルクロード上の諸民族・諸文化を混交させつつ、その先に朝鮮半島の素材や技術が日本列島のそれらと出遭いつつ、交互的・相補的に開花・結実したもの、といった立ち位置を取りたいものである。[注10]

　本稿は、そのような見方を北陸から東北沿岸の汀線航路および信濃川を遡上するする環日本海文化の観点から論じたものである。

　最後に、国立歴史民俗博物館の研究者が述べた次の発言を引用して、本稿を締めくくる。

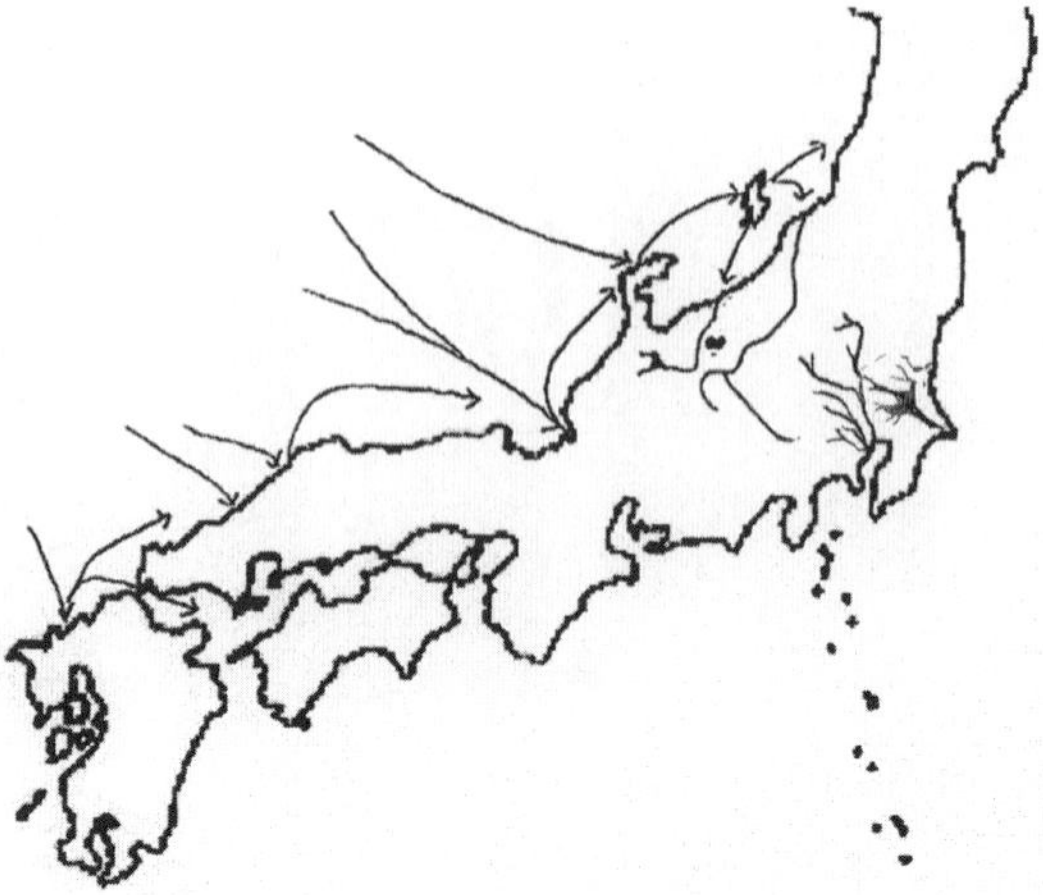

古代における朝鮮半島から日本列島内陸地域への海と河川の渡航経路
See and river travel routes from the Korean Peninsula to the Japanese inland regions in ancient times

「長野県北部には、弥生青銅器が大量に出土した柳沢遺跡や、渦巻状の装飾をもつ鉄剣という特異な鉄製武器を出土した根塚遺跡などがあり、この地域が日本海沿岸と関東北部を結び付けたのだろう[注11]。」

注記

（注1）久野健『仏像風土記』ＮＨＫブックス、一九七九年、一〇四頁。『日本後紀』の巻八 延暦十八（七九九）年十二月甲戌条」には次のように記されている。「又信濃国人外従六位下卦婁真老。後部黒足。前部黒麻呂。前部佐根人。下部奈弖麻呂。前部秋足。小縣郡人无位上部豊人。下部文代。高麗家継。高麗継楯。前部貞麻呂。上部色布知等言。己等先高麗人也。小治田。飛鳥二朝庭時節。帰化来朝。自爾以還。累世平民。未改本号。伏望依去天平勝宝九歳四月四日勅。改大姓者。賜真老等姓須々岐。黒足等姓豊岡。黒麻呂姓村上。秋足等姓篠井。豊人等姓玉川。文代等姓清岡。家継等姓御井。貞麻呂姓朝治。色布知姓玉井。」

（注2）岡本雅亨『出雲を原郷とする人たち』藤原書店、二〇一六年、には以下の記述が読まれる。「明治期の埴科《はにしな》郡

神社明細帳をみると、屋代村五社の筆頭が須須岐水神社で、御穂須須美神社が次と、須須の二文字をもつ社が始めに並ぶ。須須の名をもつ社といえば、まず能登国珠洲郡鎮座の美穂須須美命を祭る式内社・須須神社が浮かぶ。珠洲は和名抄が『須須』と訓じる古代からの郡名だ」（二四一頁）。この文章からは、古代日本海側の出雲から越後、越後から信濃への汀線文化の系譜が推定できる。

（注３）広く東アジア文化との関連ならあてはまるものの今回の古代日韓文化交流調査とは直接の関係を持たないが、保渡田古墳で一つ重要な発見を為したことについて、ここに転載する。［約一五〇〇年前に造営された八幡塚古墳は前方高円墳で、造営時そのままの姿で復元されている。つまり表土などの堆積物がない、したがって草も生えていない丸裸の状態に埴輪が立ち、葺石《ふきいし》が露出しているのだった。これが見たくて二〇一七年五月二〇日、高崎市にやってきた。だが、古墳に登る前に、外堤におかれた盾持ち人埴輪（レプリカ）にあっと驚かされた。古墳の周囲には内堀、外堀、外周溝が巡り、その間に内堤と外堤が築かれていた。埴輪の楯に、あの先史紋様の代表である△▼が描かれていた。その紋様を施された盾持ち人埴輪は、外堤にいて外をむき、墳丘の守りを固める役を担ったのである。この文様を、多くの考古学者たちは「鋸歯紋」といっているが、そうではない。先史焼畑農耕のころからの神である蛇（の鱗）を指す鱗紋なのである。一昨年に見学した国立公州博物館でみた鏡の三角縁にも共通する。三角文様は、注連縄《しめなわ》や御幣《ごへい》と同様、結界のきざはし（聖俗の境界線）を意味する。外堤はたしかに結界のきざはしだ。注連縄が蛇の象形であるのと同様、三角文様は蛇の鱗を意味し、三角文様の連続は蛇体を意味している。」（「記号・図像の社会史—△卍からロゴマークまで—」、石塚正英編『世界史プレゼンテーション』社会評論社、二〇一三年、一九六～一九七頁参照。モノクロ図の埴輪は、いわき市神谷作101号墳出土物、石塚正英編著『石の比較文化誌』国書刊行会、二〇〇四年、四九頁参照。）

（注４）根塚遺跡の渦巻文装飾付鉄剣については、以下の資料を参照。根塚遺跡発掘調査団編『根塚遺跡』木島平村教育委員会、二〇〇二年。とくに以下の

記述を参照。「朝鮮半島南部に渦巻文をもつ鉄製品を求めると、慶尚南道金海市酒村面の良洞里古墳の出土品にいくつか見られる」。「鉄剣の産地は、鍛造の高度技術と共に、渦巻文装飾から考えて朝鮮半島（伽耶方面）に比定される。三世紀代の朝鮮半島南部では、既に塊錬鉄や炒鋼法の製鉄技術は根付いていたと推定される」。六五頁、一一三頁。

（注5）『東京新聞』二〇一七年九月二日付朝刊、九面。この右島発言の根拠となる発掘報告書から、必要箇所を若干引用しておく。

「（出土した）1号人骨に関しては、これまで報告されてきた、関東・東北古墳人とはまったく違う形質をもっており、眼窩が非常に高く、鼻が狭く高身長といういわゆる渡来的形質をもつ個体である。（中略）それほど混血の進んでいない渡来系の出自であると考えられる1号人骨（後略）」。「ストロンチウム同位体比分析では、1号・3号人骨の幼少期の生育環境が群馬県域ではないことが判明し、成長期以後に移住してきたことが推測された。（中略）1号人骨と3号人骨では異なる母系であることが判明し、形質人類学的研究成果と整合する結論を得た」。田中良之、米元史織、舟橋京子、高椋浩史、岩橋由季、福永将大、藤井恵美、小山内康人、足立達朗、中野伸彦『金井東裏遺跡出土人骨、金井東裏遺跡甲着人骨等詳細調査報告書』群馬県教育委員会・（公財）群馬県埋蔵文化財事業団、二〇一七年、二八一～二八二頁、四五七頁。

さらに、本稿での論証に役立つと思われる史料を引用する。『続日本紀』霊亀二年（七一六）五月辛卯【十六】（七一六年五月一六日）に次の記述がある。「以駿河。甲斐。相摸。上総。下総。常陸。下野七国高麗人千七百九十九人。遷于武蔵国。始置高麗郡焉（駿河、甲斐、相模、上総、下総、常陸、下野七か国から高句麗人一七九九人を武蔵国に移し高麗郡を設置した）」。引用資料中に読まれる諸国中「上総、下総、常陸、下野」の高句麗人は、上野に移住した高句麗人と同じ流入経路をたどったと推測できる。

（注6）以下の文献を参照。小林幹男「古代・中世における牧制度の変遷と貢馬」、『長野女子短期大学研究紀要』四、一九九六年、一二二頁、表1「都市別の古墳数と馬具出土の古墳数」。塩入秀敏「長野県の馬具副葬古墳について—科野古代馬匹文化研究のための一作業—」、『上田女子短期大学紀要』一六、一九九三年。

（注７）橋本博文「飯綱山古墳群が提起する問題―畿内政権の東国支配の変化―」、『平成二十五年度越後国域確定一三〇〇年記念事業記録集』新潟県教育委員会、九五～一〇八頁参照。ただし、報告者の橋本は、古代朝鮮文化の半島→越後→信濃川遡上でなく、畿内政権の東国支配という視点から議論を組み立てている。

（注８）草野潤平「古墳周縁域の交流について―太平洋側の動向と山形県域の特質―」、『公益財団法人山形県埋蔵文化財センター年報』平成二四年度、六七頁。春日真実「新潟県の古墳時代中期～後期」、新潟県教育委員会『平成二五年度 越後国域確定一三〇〇年記念事業　記録集』二〇一四年、一三七頁。なお、引用文中に記されている「胎内市教育委員会、２００９」とは、以下の文献である。「天野遺跡：新潟県胎内市（胎内市埋蔵文化財調査報告、第一六集）」胎内市教育委員会、二〇〇九年三月。

（注９）石塚正英「「裏日本」の翡翠文化―金（略奪）文化を凌ぐ玉（還流）文化―」ＮＰＯ法人頸城野郷土資料室編『「裏日本」文化ルネッサンス』社会評論社、二〇一一年、所収、参照。

（注10）本論における検討を割愛した出土品は、おおよそ以下の通りである。上越市出土の海獣葡萄鏡、広隆寺の菩薩半跏思惟像、頸城野の木彫狛犬像、糸魚川のけんか祭りについては、本書第５章に収録されている以下の資料を参照されたい。

「くびき野に埋もれていた海獣葡萄鏡」（新潟日報『上越かわらばん』掲載「くびき野学への誘い」第四三回、二〇一三年三月二四日）

「最古の木彫仏像は『裏日本』から」（新潟日報『上越かわらばん』掲載「くびき野学への誘い」第二八回、二〇一二年八月二六日）

「渡来仏定義の基準―関山神社銅造菩薩像」（同上、第四四回、二〇一三年四月二八日）

「伝播する文化の諸問題―朝鮮半島と日本列島の菩薩半跏思惟像」（世界史研究会編『世界史研究論叢』第三号、二〇一三年一〇月）

「頸城野にのこる木彫狛犬像について」（ＮＰＯ法人頸城野郷土資料室編『「裏日本」文化ルネッサンス』社会評論社、二〇一一年）

「日本海を越えてきたシルクロード型獅子像」（新潟日報『上越かわらばん』掲載「くびき野学への誘い」第一九回、
二〇一二年四月八日）
「黒と白のせめぎあい―熊野と白山―」（新潟日報『上越かわらばん』掲載「くびき野学への誘い」第一四回、
二〇一二年一月二二日）

（注11）上野翔史「日本海と鉄」、国立歴史民俗博物館歴史系総合誌『歴博』第二〇二号（特集「日本海交流史」、二〇一七年五月）、六頁。本章の議論を盛り上げる傍証として、注目するべき議論を二編、ここに引用する。一つは（Ⅰ）森浩一の考察であり、いま一つは（Ⅱ）江守五夫の考察である。

（Ⅰ）積石塚というのは日本では長野県が一番多いんです。普通には長野県に積石塚を残したのは比較的新しい「帰化人」、つまり高句麗と百済の滅亡の前後に渡来したというんですけれども、辻褄が合わない。積石塚は高句麗では古い時期にしかないんです。それに高句麗や百済の滅亡のころには向こうも土塚なんです。そうするとおそらく日本海航路で来ておったと思うんです。遺物ももちろん古いものが出るんですけれども、それだけではなくて、平安時代になって信濃の高句麗の人達がたくさん名をつらねて、名を変えてくれと言ってくるんです。それが卦婁真老《ケルマオイ》という高句麗の名前を名乗っています。この卦婁というのは『魏志』の唐夷伝のなかに、高句麗の王家と婚姻を結んでいるひとつの集団として出てくる古い家柄なのです。どうも信濃あたりに挑戦的集団が入ってくるのは、高句麗や百済の滅亡の時期よりももう百年も二百年も前に入っていたと思われます。その一派が関東にどんどん入ってくるんですね。そこで関東地方におびただしい後期古墳を残している。後期古墳の立派な馬具とか環頭太刀とかは関東が圧倒的ですからね。それからこれも朝鮮起源だと思いますけれども、鈴鏡なんていうのも圧倒的に関東が多いです。（岡本太郎・金達寿・司馬遼太郎・森浩一「座談会　日本文化の源流に挑む」、株式会社サンポウジャーナル編集・発行『産報デラックス99の謎：歴史シリーズ1：古代の遺産』一九七六年、九〇頁）。

（Ⅱ）森（浩一――引用者）は、長野県における高句麗式の積石塚でおびただしい分布に着目し、高句麗文化が能登や富山方面などへの日本海ルートを経て（大和を仲介しないで――著者）信濃に入ったと考え、「信濃とか甲斐とかの馬文化が、碓氷峠という重要な交通路でどんどん関東へ入っていき、六世紀から七世紀にかけての関東のものすごい馬の文化というものを後期古墳の中に残していくのではないだろうか」との仮説を提示したのである（『対談古代文化の謎をめぐって』社会思想社）。（中略）古代の高句麗をはじめとする騎馬民の馬文化とともに、《火》の儀礼文化も日本海ルートを経て日本に入ってきたと（江守は――引用者）想定したのである。／では、この北方系の《火》の儀礼文化が日本に入ってくる流入口はどのあたりであったろうか。森が馬文化の流入口と考えた能登や富山方面では、実は、《火》の儀礼文化は稀薄にしか見出されないのである。私は、新潟県下越地方を、《火》の儀礼文化の流入地点と推定している。（中略）一九八二年に『新潟県史』の民俗編（1）が刊行され、同地方に《火》の婚姻儀礼がかなり集中的に分布しているのが明らかにされたのである。（江守五夫『婚姻の民俗―東アジアの視点から―』吉川弘文館、一九九八年、一四八〜一五〇頁）。

第3章

伝播する文化の諸問題

――朝鮮半島と日本列島の菩薩半跏思惟像

はじめに　問題の所在

二〇一三年二月下旬、古代における日本列島と朝鮮半島の文化交流の足跡を確認することを目的に、ソウル市および周辺地域を調査・見学した。この地を、私はすでに一九九六年と二〇〇八年に訪れている。とくに二〇〇八年には慶州《キョンジュ》にも足を延ばして種々の文化資料・遺構を調査・見学してあった。今回はソウルに的を絞り、とくに国立中央博物館の展示物を実見することを目的のひとつにしていた。あわせて、百済初期（四〜五世紀）の遺構ほかを見学することもできた。

そのうち、博物館見学の目的は朝鮮三国時代の金銅菩薩半跏思惟像だった。同じ思惟像に国宝七八号と八三号があり、今回は八三号のみ展示されていた。

ところで、見学当日の二六日、偶然のきっかけから、私は、博物館の職員から概略次のような内容の質問を受けることとなった。

①八三号と類似する京都市広隆寺の宝冠弥勒菩薩半跏思惟像はかつてイタリア人留学生によって倒され、指を破損したのではなかったか。

②弥勒菩薩像はアカマツで出来ているが、その表面に残る赤色は何か。

③弥勒菩薩像は日本のものか韓国のものか。

そのときは即答を避け、可能性としての意見を述べておいた。帰国後あらためて調べたところ、①これはイタリア人でなく、昭和三五年に京都大学の学生が像に触れて生じた事件だったことがわかった。②製作当初は漆木屎《うるしこくそ》（漆、小麦粉、木粉のミックス）などで表面を整えた像に金箔をはりつけていたが、昭和二三年、専門家の小原二郎はこの用材がアカマツであることを顕微鏡で科学的に確かめた。しかし漆木屎剥離後あらためて着色したかは未詳である。[注1] 館員はアカマツの樹脂が浮き出てきていると推測しているようだった。その推測を否定する根拠を、私は持ち合わせていない。

宝冠弥勒菩薩半跏思惟像（ウィキペディアより転載）

③は、館員がもっとも知りたがったことである。この像はアカマツの一木造りだが、背中を彫って内部を空洞にし

た後に背中（綬帯部分を含む）に取り付ける板材に、日本でしか自生しないクスノキが使われていることから、この像は日本で造られたという説が一九六八年に唱えられた。しかし、私の結論として、アカマツ用材の一木で造った仏像は当時この像のほかにないことから、広隆寺の弥勒菩薩像は日本列島に関係するよりも朝鮮半島にいっそう深く関係しているということである。背板は後世クスノキ材に取り換えたと推測できるし、背板にもともとあった綬帯の衣文は取替え時にあらためて彫刻できる。ただし、背板が元来クスノキだったとした場合、当時、一木造り（一木彫りともいう）は朝鮮半島に稀で日本列島にしばしばだったので列島で造られたと考えることも出来る。だが、用材と細部の技法に限定するならば、この仏像は半島出自である。列島に固有のものではない。

それから、問題の背板が製作後に取替えられたものと推測できる根拠は、上原和による以下の発言に示される。

「さきほど西村（公朝）先生は腰の綬帯のことをおっしゃられまして、あれがクスノキであるといわれましたが、もしそうであるならば、あれは船で運ぶ最中かその後のことかはわかりませんけれども、あの部分だけ欠けてしまったのを、あとで日本で補修したものと思います。もし先生がおっしゃるように輸入されたアカマツが足りなくて別の材を使うということであれば、彫り方というか、表現の仕方が本体と同じでなければならないのですけれども、材質だけではなくて表現の仕方も違うものになっていますが。（注2）」

また背板がはたしてクスノキなのかについては、毎日新聞社が一九六八年に弥勒像を写真撮影するに際して、同行の山崎隆之が——仏像補修の専門家とはいえ——外側から調査してクスノキであることを「発見」したことに基づいている。小原のような試料による科学的調査を経ていたわけではない。さらには、その背板がクスノキであると記述したのは写真家（飛鳥園）の小川光三だが、その根拠は山崎の指摘だけであることとである。いわく「調査に同行された山崎隆之さんが、背板が樟材であることを指摘されました。」(注3)

ところで、本稿の執筆目的は、以上の③を確定することではない。一九世紀後半より欧米のほか日本でも近代化が開始すると、にわかに「国家」「国民」が意味をもつようになり、そこから「国民文化」「伝統文化」「国宝」「重要文化財」などという術語・概念が生まれたことである。そのような概念のもつ意味を、上記の菩薩像出自の本家争いを事例に検討することが目的なのである。

一、七世紀の半島人と列島人

六～七世紀にかけて、とくに百済《ペクチェ》滅亡の七世紀後期には、朝鮮半島から多くの有識者や技術者が日本列島に移住した。知識や技術、文物制度をもった人々が移住してくれば、それは朝鮮古代文化の伝播ということになる。しかも、移住してきた人あるいはその子孫が、やがて日本をリードすることにでもなれば、移住先は居住地＝根拠地ということになってくる。ここに、かつての半島人はいまや列島人（のちの日本人）に吸収されることになったのだった。そのような事例に、古代ギリシア哲学の先駆イオニア学派がある。その代表者タレース（紀元前七～六世紀）はギリシア人といわれるがそれは正確でなく、小アジア（アナトリア半島）のイオニア地方の交易都市ミレトスでフェニキア系の家系に生まれている。つまり彼は、ギリシア系文化を担うアジア系住民という複合文化人である。文化人としてのギリシア人なのである。そのような位置取りを認めるならば、六～七世紀に仏教や道教を受け入れた列島人は文化面では中国大陸人か朝鮮半島人かに同化したのである。こうして、六～七世紀までの半島人と列島人とは、半島と列島という二極を軸にもちつつ相互に同化と吸収の現象を被る楕円の連合社会を形成していたのである。

そのような圏域内部にあって、一方では半島文化が広隆寺に弥勒半跏思惟像をもたらし、他方では列島文化が朝鮮半島西南部に前方後円墳をもたらしたのだが、その際、文化伝播（発信地―受信地）の類型は以下のように区分できる。

①発信地の素材を用いて発信地の技術者がつくり、その完成品のみが受信地にとどく。
②発信地の素材および技術者が受信地に移動し、受信地で完成品をつくる。
③発信地の技術者が受信地に移動し、受信地の素材で完成品をつくる。
④発信地で技術を習得した受信地の者が、発信地の素材で完成品をつくり受信地に持ち帰る。
⑤発信地で技術を習得した受信地の者が、発信地の素材を受信地に持ち帰り完成品をつくる。
⑥発信地で技術を習得した受信地の者が受信地に帰り、受信地の素材で完成品をつくる。
⑦発信地の技術者が受信地に移動し、受信地の者に技術を教え、受信地の修得者が受信地の素

材でつくる。

この一覧を広隆寺の菩薩半跏思惟像に当てはめてみると、①か②に該当する。技術は①〜⑦すべて発信地すなわち朝鮮半島のものである。よって、菩薩半跏思惟像は半島文化に起因する。ただし、六〜七世紀の半島と列島の居住民は、とくに新羅人・百済人を介して、楕円の二極のように連携していたという先ほどの指摘が重要である。ようするに、半島から移動してきた人々の一部は、列島を活動の地、生活の地の一部とみなすようになったのである。文化はすべからく諸要素のアンサンブルである。菩薩半跏思惟像に当てはめるならば、ガンダーラ→西域→中国→半島→列島のアンサンブルである。(注4)その点を考慮するならば、菩薩半跏思惟像は半島文化に所属するか列島文化に所属するかという問いの立て方それ自体が、文化の領域では意味をなさないと言える。議論に厚みを持たせる意味で、ここに別の事例を紹介する。

『日本書紀』持統三年（六八九年）の箇所を読むと、持統天皇は越の蝦夷と南九州の隼人に対して、仏教による教化政策を採ったことがわかる。その頃の越にヤマトの文化はまだ充分には及んでいなかった。さらに記述を読み進めると、蝦夷・隼人のうち、後者には筑紫大宰の河内王に命じて公伝仏教の僧を派遣して強化政策を推進したが、越の蝦夷に対しては仏像一体と仏具を送るにとどめた。ようするに当時の越には環日本海的・北陸沿岸的仏教世界が存在したのである。道信など自前の僧もいた。仏像を送られた越文化圏では、それより半世紀以上前に、朝鮮半島から木彫仏あるいはそれを彫る職人が渡来しているのだった。(注5)

その証拠は現存している。上野の東京国立博物館（本館二階）に展示されている木彫「菩薩立像」

である。高さ約九三センチの像背面に張られた古紙によれば、聖徳太子の時代（七世紀初）に関係することが確認される。この像は、横から見ると厚みはなく百済観音（クスノキ、七世紀前〜中、法隆寺蔵）に似ているが、表情はもっと西方のシルクロードを偲ばせる。像容は素朴で、止利仏師の様式とは一線を画している。アルカイック・スマイルがそこはかとなく伺われる。ただし、用材はクスノキなので、日本海沿岸の越のどこかで造られたものであろう。

東京国立博物館（法隆寺宝物館）には、同じ七世紀だが後半に造られた木彫「如来立像」がある。平成二四年七月に見学した。宝物館にある同様の飛鳥諸仏（金銅菩薩立像・金銅如来立像）と同類系だが、唯一木造なのである。これは他の金銅諸仏と同じく朝鮮三国の感化を受けつつも国産で止利様式に含まれる。アルカイック・スマイル「菩薩立像」と止利様式「如来立像」の二体を比較してみると、越の一帯で信仰を集めた「菩薩立像」は「裏日本」がその昔は「内日本」（フロント）で、「表日本」が「外日本」（ヒンターランド）であったことを物語っている。新潟県の信越県境、妙高山麓の関山神社には朝鮮三国時代の金銅菩薩立像が神体として現存している。数年前にそれを実見した私はこう推理する。このような渡来系菩薩諸像を手にした越の生活者は、六世紀から七世紀にかけて、自前で僧侶を育成しつつ仏教を越に見合うよう土着化していった、と。その過程はヤマトの「公伝仏教」と一線を画し、関山神社妙高堂に安置されている脱衣婆像にみられるように、道教系の民間信仰と習合しながら展開したのであろう。結論を記すと、越の木彫菩薩立像は朝鮮半島から渡って来た半島民族のいずれかが日本海沿岸で日本のクスノキを用材にして造ったもので、〈半島民族の技術＋日本列島の素材〉という複合文化である。上記の類型でみると、③か⑥あるいは⑦に該当する。

半島文化と列島文化の交流を物語るもうひとつの事例を見る。それは獅子像ないし狛犬像である。そのルーツは古代エジプトのスフィンクス像やアッシリアのライオン像に確認できる。古代において、同じ獅子像であっても、たとえばオリエントと西域（敦煌）、半島（慶州）、日本海沿岸（新潟県頸城地方）のそれでは、信仰や儀礼の意味が違った。それぞれに独自の文化を体現していた。〈共通の造形＋個別の観念〉という複合文化である。そのひとつ、頸城野にはたくさんの木彫狛犬像が残存している。たとえば、三和区の五十君神社に阿形一体（鎌倉時代）、浦川原区の白山神社に一対（鎌倉後期・低姿勢）、五智の居多神社に一対（鎌倉時代後期・かなり風化）、十日町市松代の松苧神社に一対（室町時代・鏡を背に）、糸魚川市宮平の剣神社に二対（室町時代）、安塚区の安塚神社に一対（室町時代・茶褐色の色彩）。上越市本町一丁目の春日神社に一対（江戸時代初期）。これらの狛犬のうち、鎌倉期のものはおおむね新羅系仏教文化の影響下に誕生したもので、敦煌など西域の獅子像の印象を残している。これを私は「シルクロード型」と類型化している。それに対して、角と宝珠を戴いた安塚神社や春日神社のものは日本国内で多少なりの変化を遂げたもので、私は「狛犬唐獅子型」と類型化している。

ところで朝鮮半島の獅子石像は、古新羅から統一新羅時代までは西域の影響下にあった。その結果、新羅《シルラ》ではオリエントのように堂々たる獅子が単体の神像として完成した。仏国寺《プルグッサ》の多宝塔に鎮座する一基はその典型である。高麗時代以降の朝鮮半島では、神使・眷属のようにして獅子頭のみ空想上の生物へテと習合して特徴ある様式に変化しつつ、塔の台座や神殿・王宮の欄干・石階段の手すりにあしらわれるようになった。けれども日本では、とくに日本海沿岸では単体の獅子像が狛犬となって刻まれ続けたのである。

獅子信仰は獅子石像の外観をまとって朝鮮半島東岸から日本海（東海）に船出し、黒潮に流されて能登半島・佐渡ヶ島、そして頸城野の海岸に上陸した模様である。それは高志において土着文化と習合した。それは生活に密着していった。たとえば中央ではすでに寄木造りの仏像が当たり前になっても、北陸では依然として桂や檜、欅で一木彫りの仏像が造られていくのだった。狛犬も同様だった。五十公神社の阿形一体、居多神社の一対、剣神社の二対の造形をみると、江戸期に増産される唐獅子石像との相違を容易に発見できよう。高麗犬石像の先駆である仏国寺石獅子に近いと実感することだろう。「コマ」とは必ずしも「高麗」のことでなく、たんに外国＝異郷という意味をもつ時代もあった。そのような語意を意識しつつ、頸城野における狛犬のルーツを類型にすると「シルクロード獅子型」ということになろう。獅子＝狛犬の伝播経路をこのように考察してみて、半島と列島は古代において楕円社会であったことが再確認されよう。（注6）

二、近代からの逆読み

では、いつごろ半島と列島は切り離されだしたのだろうか。六六〇年に首都陥落でもって百済が滅ぼされたとき、日本（天智天皇、位六六一〜六七一年）は、国内が大化改新（六四五年）後まもないにもかかわらず、救いを求める百済に対してまずは六六二年阿部比羅夫を遣わした。翌年、今度は百済再興を意図して半島に水軍をおくり、六六三年錦江河口の白村江（白江）で唐軍と衝突した。これに大敗した日本は、一時唐と不和に陥り、新羅からの朝貢も途絶えたが、しかしまもなく両国との関係を修復した。その後八世紀に入ってからは、渤海からも朝貢を受けることになる。このようにして日本は、唐の冊封体制外にありながら、終始環日本海の国際秩序の中で活路を見いだそうとし、その範囲内において新羅や渤海と小冊封を結ぼうとしたのであった。

中国を中心とするこのような国際秩序は、遣唐使廃止後にも私的なレベルを通じて間接的に維持され、やがて中国で明（一三六八～一六四四年）が、日本で室町幕府（一三三八～一五七三年）が成立するに及んでふたたび国家レベルで登場する。このように見てくれば、日本列島と朝鮮半島の関係は、古代から中世にかけて歴代の中国王朝が能動的に行なった冊封を軸とする国際秩序の内部におかれ、その体制に大きく規定されながら発展したと結論づけることができる。朝鮮通信使の動向もその体制に規定されていた。

半島・列島切り離しの動きは明治維新後に加速し深刻となっていく。征韓論（一八七三年）や江華島事件（一八七五年）、そして日清戦争（一八九四～九五年）で事態は後戻り不可能となった。その間に、日本政府は国民国家とか日本国民の創出に躍起となるのだった。じつのところ、そのような概念や枠組みは近代が生み出した、近代に固有の歴史的概念、擬制でしかない。「国民」とか「国民文化」とかいうのは、身近な例を挙げれば明治政府が上から統合政策の一環として創出した概念を指す政策レベルのものであり、万世一系とか単一の大和民族とかと同様、ようするに一種の擬制である。それ以上のものではあり得ない。しかしそのような擬制はおおいに現実有効性•効力を秘めていたのであった。

研究者の中谷猛は言う。

「ともあれ明治政府は、戸籍法を制定し戸主・『家』制度の構築をめざし、そのもとで一人ひとりの個人を掌握しようとした。しかしそれは法的個人という次元にすぎない。一方、近代軍制の次元での諸個人の国家への統合とは、家族関係や宗門のみならず上述のようにかれらの個人的特徴の詳細きわまる把握まで含んでいた。その意味で徴兵制こそまさに個人を丸ごと国家に統合する装置にほかならない。(注7)」

研究者の松宮秀治は言う。

「ミュージアムの開館に歴史的、象徴的意味がこめられることが多い。ルーブル美術館の場合がもっとも顕著な事例となるが、その開館は王政打倒の記念とブルボン王朝の遺産の国民化の象徴となっているのである。つまり、王政期の特権的な奢侈と浪費の証拠品が、『ミュージアム』化という禊と清めの儀礼を経て『文化財』『芸術品』に添加することで、国民共有の財産、人類の遺産として登録され、象徴的意味を担わされたということである。(中略)大英博物館は国民による国民のための博物館という象徴的意味を担っている。(注8)」

さらには、研究者西川長夫は次のように言う。

「国民化はほぼ文明化といってよいと思います。日本では明治の初めには『文明開化』の名のもとに国民化が行われました。教育や文化がこの国民化＝文明化に大きな役割を果たす。何よりも愛国心を育て、市民道徳を守る一方では、戦争が起これば他国の人間を殺すことも辞さない恐ろしい人間を作り上げることが国民化であり、国民文化とはそのよりどころを与えるもの、あるいはこのようなレベルの国民化を総称して国民文化ということができるかもしれません。(注9)」

近代の基本原理に「人は生まれながらに自由で平等だ」という発想がある。近代市民社会と個人主義の概念が発達してきたヨーロッパでこのような宣言が発せられたのだが、ここで力説される「人」は、国家の構成員、つまり国民としての人である。それは、人が法的に帰属している国家の構成員として、相互に自由で平等、ということを意味する。

そうなると、本来個人から出発していたはずの国家＝相互関係が、こんどは逆転して、国家＝相互関係から出発して個人が規定されるという転倒現象が生まれる。個人が何を考えるか、どんな価値基準をもっているかから出発するのでなく、その人が帰属する国家が何を考えどんな価値基準をもっているかから出発する。そのような意識を明治維新後の日本政府は「国民」に求めだしたのである。このとき以来、日本列島には「日本国民」のみが「戸籍」をもって居住する権利をあたえられることと観念されたのである。

そのようにして国民化政策が進められると、日本列島居住者は「国民」としてのアイデンティティをもつことになる。その象徴が「国民文化」「伝統文化」であり、それを収納するナショナル・ミュージアム＝国立博物館だった。そして、そこに展示される第一の「文化財」は、国宝（彫刻）第一号、広隆寺「宝冠弥勒菩薩半跏像」だったのである。

日本では、とりわけ明治時代になって「文化」の意味に関して次のような二分化が進んだ。一つは高級なもの、進んだものとしての文化である。「文化的生活」「国民文化」などはこの典型であろう。これを私は〈文化の第一類型〉と称している。そしていま一つは生活習慣・生業としての文化である。「縄文文化」「農耕文化」などはこの典型だ。これを私は〈文化の第二類型〉としている。広隆寺「宝冠弥勒菩薩半跏思惟像」は第一類型の筆頭となったのだった。また、前近代にあって本来は第二類型の出自を有する歌舞伎や能楽は、明治維新後は国民的芸能に格上げとなったのだった。

三、「文化財」の成立

宝冠弥勒菩薩半跏思惟像はどこの国の文化財か？　という発想は国民国家の時代に生まれた観念である。それ以前、とくに古代にあって広隆寺ほかの弥勒菩薩半跏諸像は、西端の地中海から東端の日本列島まで連なるシルクロード上に生まれた混合・混在・融合文化を体現する信仰と儀礼の対象であった。半島にも列島にも単一国家は存在していなかった。半島内、列島内、そして半島と列島間において、民族の移動は絶えざる現象だった。

さて、文化財とはいったい何か？　あるいは、国民文化とは何なのか？　研究者の鈴木良ほかによると、「近代日本には文化財を総称する概念はなかった」のであり、のちに「法隆寺金堂火災を契機として一九五〇年に文化財保護法が制定され、以後、文化財という概念が定着していった」のである。(注10) 日本では最近まで概念としての文化財はなかったとしても、日本に文化そのものがなかったと結論する人はいなかろう。だがその際、日本文化を①かつての日本人がつくったもの、②現在の生活者がつくりつつあるもの、に二分する程度のことで了解していては、文化を考える意味をもたない。文化をただそのように時代区分するだけですまさず、もう一歩踏み込んで考えるべきである。例えば和歌などは明らかに平安貴族など支配階層の文化であって、平安期の農民に関係するところが少ない。むろん万葉集には多少そうした類のものはあったが、平安期には稀だ。しかしながら農民たちは、真言仏教の摂取によって民間信仰の文化（石仏造立などによる農耕儀礼）を創っていった。現代でも、生活者の文化とか地域の文化とか、あるいは大人の文化、子どもの文化はありうる。ようするに文化とは「耕す」行為である。生活者を耕す、地域を耕す、大人を、子どもを、そして自分を耕す、という表現が相応しい。

明治期以来日本政府がしきりに宣伝する国民文化や伝統文化、二〇世紀後半になって経済大国日本の企業が喧伝する先進文化やハイテク文化は存在するものの、それらは人為的であって意図的ですらある。そのような人為や意図に即して文化を創ろうとすると、そこにはともすると捏造や偽造といった事態が待ち受けるのである。二〇世紀初頭にイギリスで生じたピルトダウン人事件、二〇世紀末に日本で発覚した前期旧石器捏造事件の背景には、近現代の軍事大国イギリスや経済大国日本に「固有の文明や進歩はかくも古くからあればなぁ」との気運や期待が潜在することは、可能性として認めるべきであろう。また、豊かさの指標として生活様式と生活環境の自足的維持を見いだすのでなく、他者との比較におけるその優位的展開を求める価値観があることも見逃せないだろう。(注11)

ところで、文化は本来国家を超えている。文化は国家に管理統制されるものではない。逆に文化がさまざまな国家を生んできたのである。したがって、国家が文化を評価し等級化する〈文化勲章〉は哀しい制度であって本末転倒の極致なのである。私は、「文化遺産」という表現はいいとして、「文化財」という括りは適切でないと思っている。「財」というのは、現在では概ね貨幣的価値にリンクしている。平成の大合併で、おおくの「市町村文化財」が忘れ去られていったが、郷土や儀礼から切りはなされた貨幣的価値のない文化は「財」でなくなった。

しかし、明治期以降、近代国民国家日本は、国民という同一性・同質性を演出しようと、文化の領域において様々な手段を講じてきた。その代表が国宝指定であり、それを含む重要文化財（建造物・絵画・彫刻・工芸品・古文書・考古資料など）指定である。ただし、その指定に関係するものは、私なりの区分によると〈文化の第一類型〉に括られる。この価値序列から推すと路傍の崩れ石仏等〈文化の第二類型〉はまちがいなく〈文化の第一類型〉の背後に置かれるか、存在そのものを無視されることになる。それにひきかえ、能楽や歌舞伎などは〈伝統の再発見〉と称して日本固有の歌舞音楽に格上げされたのである。

例えば、定朝に始まる定朝様や運慶快慶の鎌倉様式、慶派は定まった価値（文化の第一類型的価値）を獲得したが、野の石仏たちは仏教美術や造形美術の歴史上でほとんど価値や位置を持たないとされた。しかし、雑多な価値（文化の第二類型的価値）をもつ地域民俗文化にもそれなりのオリジナリティがある。たとえば、文字を介する文献史学は文字を解する第一文化的階層の歴史を伝える事が多いのに対して、有形であれ無形であれ民俗を介するフィールド研究は文字を解さない第二文化的階層の歴史を伝えることが多い。

そのような事例の一つに、静岡県伊東市の佛現寺に昔から伝わる寺宝がある。それは「天狗の詫び状」という古文書および「天狗のヒゲ」という遺物である。同寺住職はこの二つを、むろん本物と見做して寺宝にしておられる。その際私たちは、天狗にまつわるこの二つの資料を文化財たりえないとして軽んじてはならない。それらが本物であるか否かの真偽のことを問題にしているのではない。それらになにがしか意味深長な価値を見いだす生活様式・日常文化がその土地に長く存続してきた事実に注目すべき、と言っているのである。「天狗の詫び状」と「天狗のヒゲ」は、事実を伝える資料として価値がある。それは文化の第二類型的価値に括られようか。

むすび　アルカイック・スマイル

「はじめに」に記したように、私は二〇一三年二月末、ソウルの国立中央博物館で金銅菩薩半跏思惟像を見学し、その際、館員から広隆寺の宝冠弥勒菩薩半跏思惟像は韓国か日本のものどちらだと思うか、という問いをかけられ、可能性としての回答を述べた。その中で、古代地中海から古代日本列島にまで伝えられたアルカイック・スマイルについて力説した私の回答に、館員は微笑んでいた。半島・列島のどちらで造られたものか、という結論を日韓文化交流史の歩みから導くと、造形文化のシンクレティズム（複合・連携）がそぎ落とされる。広隆寺の宝冠菩薩半跏思惟像は、シルクロード上の諸民族・諸文化を混交させつつ、その先に朝鮮半島の樹木（アカマツ）と技術が日本で開花・結実したもの、といった立ち位置を取りたいものである。

写真家小川光三によって宝冠菩薩半跏思惟像の背板がクスノキであることが「発見」されたのは一九六八年である。この年は明治一〇〇年に当たっていた。一九六六年に「日本書紀」にある神武天皇即位の日を根拠に「建国記念の日」が制定されて二年後のことである。それとクスノキ背板「発見」とはなんら必然的つながりはないが、時代思潮的な関連性を推測させておかしくないものではあろう。

ところで、日本列島において、明治維新後の国民国家＝ボーダー国家の時代は、歴史的に限定された時代である。それ以前はボーダーレスの時代が長く続いた。がっちりしたボーダーのある時代のほうがむしろ特殊である。ボーダーの実態である国民国家が明確なかたちで存在するようになったのは一九世紀からである。ドイツ、イタリア、アメリカそれに日本はそろって一八七〇年前後にはじめて国民国家となった。それ以前に国民国家の体裁をなしていたのはイギリスとフランスだけだった。それ以外の地域やそれ以前の時代においては、ボーダーなど問題になり得なかった。もっぱら接触と混合を特徴としていたと言える。そして二一世紀の昨今、その特徴は社会経済面で回復しつつある。

今やトランス・ナショナルな時代状況である。元来国民国家を支えてきた幾つかの支柱、たとえば国民経済、国民政党、国民言語——一括して国民文化——は、変質ないし解体しつつある。ボーダーの内と外とがはっきりしなくなり、その周辺で様々なヴァリアントが生まれている。国民国家は人々の移動を食い止めることができなかったのだ。人が動けば、異なる人々の接触が生まれる。異文化接触は、対立・反発以上に、混合・融合という結果を生み、様々なアイデンティティを生みだす。それこそが歴史を動かしてきたものだった。その傾向は国民国家成立以前には歴然としていた。それは今後二一世紀が進むにつれ、再び活性化するであろう。二一世紀はホモ・モビリタス（移動する人）の新紀元となるのではなかろうか。以上の現象を、私は〈文化のクレオール化〉と称したく思う。(注12) 広隆寺の宝冠菩薩半跏思惟像は、そのようにトランス・ナショナルを特徴とする二一世紀の文化的象徴と見なしていきたい。韓国国立博物館の例の館員は、私に、菩薩半跏思惟像を所蔵するアジア諸地域の博物館、これを研究する関係者で国際シンポジウムのようなものを開きたいと話したが、大賛成である。言うなれば、アルカイック・スマイル交流会である。(注13)

注記

（1）宝冠弥勒菩薩半跏思惟像の上半身に天衣などの造形が漆木屎などで施されていた事実を証明する写真が以下の文献に見られる。上原和・小原二郎・田村圓澄・西村公朝・山田宗睦『美の秘密―二つの弥勒菩薩像―』日本放送出版協会、一九八二年、四九頁。一九七七年にNHKが放送したテレビ番組、およびそれをもとに開催されシンポジウムのまとめとして一九八一年に刊行された本書の四八頁に、以下の記述がある。「明治のころ、当時東京の博物館にこの像があったそうですが、そのころ撮った写真を見ますと、今はおなかの一部にしか残っていない金箔がまだ胴や顔にも相当残っており、肩には天衣なども下がり、現代のわれわれが広隆寺で見る像と相当違って見えます。それに全体に傷ついており、両足の足先などは欠けています。この写真が撮られた後、明治の三十七、八年頃に日本美術院の新納忠之介さんなどの手で、現在見るような姿に復元修理されたと聞いております。」

本書四三頁にはさらに、法隆寺の百済観音像（本来は虚空蔵菩薩像）との比較で、興味深い議論が記されている。百済観音像と「広隆寺の半跏思惟像との関係なんですけれども、両者ともにブロンズではなく、木材を使って仏像をつくっている。そして表面の仕上げに漆木屎を使う。さらに金箔をおく。こうした擬似金銅像ができあがるわけです。つまり、百済観音はこうした擬似金銅像の、舶来された広隆寺の半跏像を手本としてわが国でつくられた、最も早い時期のものの一つということができるように思います。おそらくそんなわけで百済観音だけではなくて、当時広隆寺の半跏思惟像にならって、漆木屎を使った木彫仏が、いくつもつくられただろうと思いますね。たまたま今日まで残っているのが百済観音像だと思います。」法隆寺の百済観音像を、本文中の文化伝播（発信地―受信地）の類型に当てはめると「③発信地の技術者が受信地に移動し、受信地の素材で完成品をつくる」に妥当する。

なお、小原二郎は、広隆寺宝冠弥勒菩薩像のアカマツ用材を調査したときのことを次のように記している。「そこで私は手がかりを得るために、宝冠弥勒像の用材を調べてみることにした。ところが五一頁のような顕微鏡写真数枚がとれた。これは疑いもなくマツ属の材である。（中略）しかしいま、この像が朝鮮で彫られたとしても、その後の日本の彫刻の中にアカマツの像がただ一つしか現われてこないのは、わが国には、ほかに良材が多いので、アカマツは彫刻材として普及しなかったのではなかろうか。（中略）そのころはまだ、いまほどやかましくなかったので、お寺に行って頼んだら、住職は私の願いを聞き入れて中刳りの中から、つまようじの頭くらいの破片を削ってくれた。なにしろ資料が小さいうえにやり直しがきかない。苦心のすえようやく数枚の写真をとって、アカマツであることが判明したのである。このときもしも胸部を削っていたら、私の研究ははじまっていなかったであろう。というのは、この像は破損が著しかったので、明治のはじめに明珍氏が脚部を修理したが、そのとき民珍氏もアカマツとは思わなかったので、ほかの樹種で補修したことが、あとからわかったからである。」小原二郎『木の文化』鹿島出版会、一九七二年、五〇頁、五四頁、五九頁。なお小原によると、住職が仏像から試料を取り出すに際し「弥勒像をひっくり返し破片をとってくれました」とのことである。上原和ほか『美の秘密―二つの弥勒菩薩像―』、一四頁。同書七七頁には半跏思惟像の内刳を底から撮影した写真（図三一）が挿入されている。

（2）同上、四三頁。

（３）小川光三「美の弥勒菩薩像」、築達榮八編『魅惑の仏像４　弥勒菩薩』毎日新聞社、一九八六年、五三頁。なお、写真家としての小川個人の製作地日本説の根拠は次のようなものである。「造形は風土から生まれるといいますが、その土地の文化はその土地の風土を母体として、その風土に生きてきた人々によって造り出されます。またそれが、たとえ渡来して来た人達の手によるものであっても、その土地で造られたものは、その土地の風土の影響を受けないはずはありません。（中略）海外にこうした造形感覚の彫像があるわけではありません。」（五二〜五三頁）小川の風土論は近代的な捉え方である。諸民族移動渦中にある古代には別様の土地感覚があったのである。それからまた、肝心の山崎隆之は、本書解説の中ではけっして弥勒製作日本説を明確には唱えず、以下のように記している。「この像は朝鮮渡来説のほか、霊木として朝鮮から運ばれた松を使って日本で彫ったのではないかという意見もあり、その神秘的な表情とともに技法的にもまた謎を秘めた像といえそうです。」山崎隆之「弥勒菩薩像の技法と工程」、築榮編、同上、四八頁。

なお、広隆寺弥勒像に特化した研究として、上原和ほか前掲書のほか、以下の文献が参考となる。田村圓澄・黄壽永編『半跏思惟像の研究』吉川弘文館、一九八五年。同書中、とりわけ岩崎和子「広隆寺宝冠弥勒に関する二、三の考察」が参考となる。

（４）久野健『仏像のきた道』ＮＨＫブックス、一九八五年、宮治昭『ガンダーラ仏の不思議』講談社選書メチエ、一九九六年、参照。

（５）久野健『仏像風土記』ＮＨＫブックス、一九七九年、一一八頁。

（６）石塚正英「頸城野に残る木彫狛犬像について」、ＮＰＯ法人頸城野郷土資料室編『「裏日本」文化ルネッサンス』社会評論社、二〇一〇年、所収。なお、狛犬研究の最新成果として以下の文献がある。川野明正「アジア獅子像の展開―中国の石獅を中心に―」『日本の石仏』第一六四号、二〇一八年、所収。

（７）中谷猛「近代日本における軍制と『国民』の創出」、西川長夫・松宮秀治編『幕末・明治期の国民国家形成と文化変容』新曜社、一九九五年、二四五頁。

（８）松宮秀治「明治前期の博物館政策」、西川長夫・松宮秀治編『幕末・明治期の国民国家形成と文化変容』新曜社、一九九五年、二七三頁。

(9) 西川長夫『国民国家論の射程―あるいは〈国民〉という怪物について―』柏書房、一九九八年、九四頁。

(10) 鈴木良・高木博志編『文化財と近代日本』山川出版社、二〇〇二年、「はじめに」から。

(11) 石塚正英『歴史知と学問論』社会評論社、二〇〇七年、一〇〇～一〇一頁。

二〇〇〇年一一月、東北旧石器文化研究所の副理事長（当時）だった藤村新一は、宮城県築館町の上高森遺跡や北海道新十津川町の総進不動坂遺跡で旧石器発掘の捏造を行なっていたことを認めた。二〇〇三年三月の新聞記事によると、藤村のおかした捏造は甚大な数にのぼることが判明した。「東北旧石器文化研究所の前副理事長による旧石器ねつ造問題をめぐり、県教委が進めてきた検証作業で、県内の『前・中期旧石器遺跡』はすべて幻と消え、総崩れの状態となった。同教委が二八日発表した、前副理事長関与の県内一四八遺跡の検証結果によると、『出土石器などに疑わしい点がある』として旧石器登録を削除したのは、『原人の里』の高森遺跡（築館町）を含む一二九ヵ所。これで二〇〇〇年一一月の発覚以来続いた旧石器ねつ造問題には一応の区切りがついたものの、関係自治体などには改めて深刻な後遺症が残りそうだ」。毎日新聞二〇〇三年三月二九日宮城版（インターネット版）

これと同様の捏造事件は、かつて一九〇八年にイギリスのピルトダウンで「発見された化石頭蓋骨片」をめぐって発生した。名付けて「ピルトダウン人事件」。この「化石」は、頭蓋冠と臼歯が人間で下顎骨が類人猿というものだった。そこから、イギリス人の祖先は猿と共通というよりはかなり大きな容積の脳をもっていた、と推定されたのである。この推定は容易に「確実」となり「事実」となった。その動向は、ダーウィン進化論を承認したくない人々やイギリス人の民族的優越性を求める人びとの歓迎するところとなった。しかし一九四九年、フッ素年代測定法で科学的に調査し直したところ、この化石は新しいものであることが判明した。しかも、下顎骨はオランウータンのもので、臼歯は加工され、蓋骨片は古く見せかかるため彩色されていた。こうして一九五三年、この一件は捏造事件として大々的に暴露報道されることとなったのである。F・スペンサー、山口敏訳『ピルトダウン』、みすず書房、一九九六年、参照。

(12) 詳しくは以下の拙著を参照。石塚正英「近代化の完遂とその呑み込み」、石塚正英・工藤豊編『近代の超克―永久革命―』理想社、二〇〇九年、所収。

(13) アルカイック・スマイルは先史・古代ギリシアの造形文化に端を発しているが、こうした形相でもうひとつ文化伝播に関係するものに、マスク＝仮面がある。その一例に伎楽面がある。野村万之丞は次のように指摘している。「伎楽ははるか新石器時代からユーラシア大陸に住む人々に共通して信じられていた神話を起源とするアジア共通の芸能だったのではないかと推測している。そして伎楽はシルクロードを通ってわが国にもたらされることになる。それゆえ伎楽を現在言い伝えられているような、仏教芸能と言い切ってよいかははなはだ疑問が残る。伎楽はギリシア劇、もっと大きく言えば芸術のオリンピックだったと考えている。」野村万之丞「東洋のマスクロード」、佐原真・勝又洋子編『仮面―そのパワーとメッセージ―』里文出版、二〇〇二年、一〇九頁。このような仮面には、むろん製作地はある。しかし、それは国家に包摂され得ない地域であり、政治的に固定的な地域でなく文化的に振幅のある交通途上の結節点なのである。

第4章

岡倉天心「アジアは一なり」のパトリ的な意味

はじめに

福井越前藩士を父にもつ岡倉天心こと岡倉覚三（一八六三〜一九一三年）は、東京美術学校（現・東京藝術大学）の設立に奔走するなどして明治・大正期に活躍した日本美術運動の指導者、日本美術院の創設者である。その岡倉天心は、一九一三（大正二）年八月、赤倉温泉（山荘）に向かった。同地は結果的に終焉の地となる（九月二日死去）。その岡倉は一九〇六（明治三九）年ニューヨークで刊行した英文『茶の本』に以下の文章を綴った。

「われわれに現実的なものは飢えのほかに何もない。自分の欲望のほかに神聖なものは何もない。神社仏閣は次つぎにわれわれの眼の前で崩壊してしまった。（中略）われわれの神は偉いものであり、金銭はその予言者である！　われわれはこの神にいけにえを捧げるために自然を荒している。物質を征服したと自慢しているが、われわれを奴隷にしているものが物質であることを忘れている。教養と風雅の名によって何という残虐を犯していることであろうか！」[注1]

以上の引用からはあまり想像できないことだが、岡倉天心のことを、国粋主義者と評価する人たちがいる。その根拠の一つに、天心の英文『東洋の理想』（一九〇四年）冒頭の一文「アジアは一なり（Asia is one）」があげられる。インドの宗教家ヴィヴェーカーナンダの思想「不二一元（アドヴァイタ）」に発するこの言葉の、天心なりの意味は、インド・中国・日本などの文化的理念的通時性共時性を称えることであった。また、生前には刊行されず孫の岡倉古志郎が一九三八（昭和一三）年に翻訳刊行した『アジアの覚醒』（原題「理想の再建」）はインド人民衆に対してイギリスからの独立を促すことを目的としてはいたが、呼びかけのフィールドは政治でなくヒンディズム文化にあった。この原稿には、『東洋の理想』に序文を寄せたアイルランド人シスター・ニヴェディタ（ベンガル語で「献身」、本名マーガレット・エリザベス・ノーブル）が全般にわたって添削し、彼女による草稿メモには彼女の筆になる「Asia is one」というフレーズが今に残されている。[注2]ともにヴィヴェーカーナンダに注目するニヴェディタと天心は、呼吸がぴたりとあい、二人の間に一種の「共鳴現象」がおこった。[注3]その際、ニヴェディタと天心における意味は「インドは一なり」であったと思われる。そのような経緯を背景にして、天心の述べた言葉「アジアは一なり（Asia is one）」は、天心死後、とりわけ皇紀二六〇〇年――一九四〇年、昭和一五年――以降、アジア侵略の合言葉のように喧伝されることとなった。けれども、その言葉の意味、あるいはその言葉を記した天心の真意は侵略と正反対の内容を備えていた。その点を「パトリ（郷土）」という術語をモチーフに詳らかにするのが本稿の目的である。なお、本研究は、天心生誕一五〇年および没後一〇〇年を記念するものである。

一、文化に軸足をおく天心

天心はアジアの普遍性をAsia is oneの表現に集約し、そのインド的典型を仏教思想に見いだした。そうであるから、彼は、以下のようなインド古代史に注目したはずである。

インドの先住民族ドラヴィダ人は、インダス川の上流やその支流にダムを建設して水を溜め、この水を定期的に氾濫させて農業を営んでいたらしい。だが、前二〇〇〇年頃、イランや中央アジア方面からカイバル峠を越えて西北インドに侵入してきたアーリヤ人は、農耕を主たる生産活動としていなかったため、これらのダムを破壊し、そのためドラヴィダ人の文明は急速に消滅したともいわれている。もっとも、征服時まで部族単位で牧畜を営んでいたアーリヤ人も、やがて鉄器を用いた農耕生活に入り、ラージャと称する族長のもとに村落（都市国家）を形成していった。インドに入ったアーリヤ人たちは、最初に発見した洋々たる流れをシンドスとよんだ。これがインダス川であり、インドの語原ともなった。この地に入ったアーリヤ人たちは、変転著しい自然を目のあたりにして、その不可思議な現象を神格化し、なかでも火神アグニ、太陽神ヴィシュヌ、雷神インドラを崇拝した。アーリヤ人の神話によると、インドラ神は諸人の祈りを入れ、その雷光を用いて先住のダスユを滅ぼし、その土地をアーリヤに分け与えたという。ここにいうダスユとはダーサともいい、黒い色を意味する。ようするにドラヴィダ系諸民族を指す。この征服者アーリヤと被征服者ダスユとの関係が、バラモン支配とカースト制度の土台となった。

インダス川流域に文明社会を建設し始めたアーリヤ人は、その後前一〇〇〇年頃、東方のガンジス川流域に移動した。この地で彼らは、やがてマガダ国ほか幾つかの有力な国家を建設したが、彼らの間では徐々に階級分化も始まった。この分化は、最終的にカースト制度として固定され、ここにバラモン階級を最上位とする古代インド社会の原型ができあがった。バラモン階級は、宗教的な権威を基礎にして文学・学問を発達させ、『リグ＝ヴェーダ』をはじめとする幾つかの聖典をつくりあげた。

しかし、カースト制度とバラモン教による支配が強化されるにしたがい、インド社会は停滞化現象を強め、ここに思想上、宗教上の改革運動が起こった。それは、前七世紀頃バラモン階級の内部に生じたウパニシャッド哲学、およびバラモン教の祭式万能に反対して前五世紀頃に生まれた仏教とジャイナ教による。そのうち仏教は、主に政治・軍事を担当するクシャトリヤ階級の支持を受け、またジャイナ教は一般庶民の階級であるヴァイシャ階級の支持を受けた。普遍宗教の成立である。

仏教やジャイナ教が成立して以降、これらの新興宗教は、北インドに栄えた幾つかの国家によって保護される。とくに、前四世紀の後半、アレクサンドロス大王軍の西北インド侵入後に北インドを統一したマウルヤ朝（前三一七年頃～前一八〇年頃）でも、これらの宗教、ことに仏教が保護された。すなわち、パータリプトラを首都とするマウルヤ朝創立者チャンドラグプタ（位前三一七年頃～前二九六年頃）の孫、アショーカ王（位前二六八〜前二三二年）はもともとバラモン教徒だったが、インド統一の一環としてカリンガなど東南岸方面を征服した際、その戦闘の凄まじさ、悲惨な殺戮に後悔し、これを機に力の政治から法（ダルマ）による政治へと方針を変え、深く仏教に帰依したと伝えられる。王はインド各地に仏塔や石柱を建て、セイロンそのほかに伝道の使節を派遣した。(注4)

そのような古代インド史を知っていたであろう天心は、アショーカ王を尊敬しつつ、次のような見解を述べる。

「仏教藝術は精神と物質との混合から常に生ずる平静さという様相をおびてくる。精神、物質が互いに相手を圧倒し去ろうと努めることをしない安息感であり、ギリシアの多神教から生れてきて相似た表現に至ったあの古典的な理想に近づくのである。彫刻は、なかでもかくべつこうした構想に最適の形式であり、エローラ洞窟のティン・タルの石仏は、もともと漆喰でおおわれていたのが今は剥落したのだが、自足した壮大さと釣合の調和がいかにも見事である。唐や奈良の彫刻家たちの霊感の源はここにあると言わざるを得ない。(注5)」

「唐朝の中国（六一八年〜九〇七年）は、前代の六朝のタタール族の新鮮な血で豊かにされ、いまや一せいに噴き出すような新たな活力をおびて、黄河と揚子江とを一つに融合する勢いを示す。インドとの交通も唐帝国のパミール高原進出によって一層容易となり、インドから中国への流入も、仏陀の地への巡礼者の数も、日ごとにふえてゆくばかりだ。（中略）洛陽の都だけでも一時は三千人をこえるインドの僧、一万ものインド人家族が住んで、自国の宗教と藝術を中国の土地に刻印しようとしていた。その影響の大きさは、中国の表意文字に音声的な用法をもたらしたのが彼らであった所からも察せられようが、八世紀のこうした動きが現在の日本のアルファベット〔仮名文字〕の創造につながったのである。(注6)」

天心のいう仏教芸術は、じつはギリシア芸術に優先している。通常は、ギリシア発祥のヘレニズム文化がガンダーラ地方で仏教と出会い、その本流に仏教という支流が合する方向で仏像彫刻（芸術）が開始した、とされる。しかし、天心にすれば、像は形式にすぎない。精神はブッダである。

「精神と形式とを切り離さないアジアの意識は、われわれの美術にもっともあきらかであって、その幽玄の高雅は、西洋美術の素人臭い粗野を遥かに超えている。バールハットの欄干とペルセポリスの柱、唐の鏡とアヌラーダプラの彫刻、アジャンタの壁画と法隆寺の壁画、サラセンの釉薬と元の陶磁器、ムガル帝国の画家と漢代翰林画家とのあきらかな関係を認めるのに、熟達した批評家を必要としない。(注7)」

二、日清・日露戦争の評価

天心の主著は『東洋の理想』、『東洋の覚醒』（生前未公表）、『日本の覚醒』そして『茶の本』であるが、それらは日清戦争後から日露戦争開始期にかけて執筆された。したがって、彼の文化論には欧米列強によるアジア侵略という同時代史が色濃く刻印されている。そのような歴史的背景を確認する意味で、まずはインド・中国・朝鮮に対する欧米の侵略史を概観する。

近代において、インドの住民はイギリスの支配強化に抵抗して四度の戦争を惹き起こした。一七六七年から九九年まで南インドのマイソール地方の土侯国が東インド会社軍との間で展開したマイソール戦争、一七七五年から一八一八年にかけて三度にわたって戦われたマラータ戦争、そして一九世紀中頃の一八四五年から四九年までパンジャーブ地方を中心に行なわれたシク戦争、さらには一八五七年に生じた東インド会社のインド人傭兵（セポイ）によるセポイの反乱などがそれである。とくにセポイの反乱においては、反乱軍がデリーを占領し、ムガル皇帝バハードル＝シャー二世（位一八三七～一八五八年）を擁立して統治復活宣言を行ない、またイギリスの支配下で利益を奪われた土侯とその臣下・商工業者・農民など広範な階層がこの反乱を支持した。しかし、上層階層がイギリス本国に妥協したため、反乱は失敗に終わった。その結果、一八五八年にムガル帝国は滅亡し、東インド会社は廃止されてインド帝国が成立した。その間にイギリスは一八一四年から一六年にかけてネパールを征服、四九年にはパンジャーブ地方を併合、さらに一八八〇年にはアフガニスタンを保護国化し、一八八六年にはビルマを併合して、インド周辺を支配下に置いた。さらに東南アジア方面では、一八一九年に東インド会社のラッフルズがシンガポールをジョホール王から買収し、二四年にはマラッカをオランダから譲り受け、六七年、シンガポール・ペナン島・マラッカを併せて本国直轄の海峡植民地を形成した。その後一九世紀末の一八九五年にはマライ半島内部の諸王国を保護国化してマライ連邦を成立させた。ここに第二次イギリス植民地帝国が完成したのである。

中国は、一九世紀に入ると、ヨーロッパ先進諸国による経済的・政治的圧力に苦しめられるようになる。それまで清朝は、外国との通商を広州一港に限定してきた。しかしヨーロッパ第一の先進国イギリスは、一九世紀になって東インド会社による独占的な貿易を廃し、代わって産業資本家による自由貿易を推進、中国への進出も、近代的植民地の獲得をめざす方向に強化された。その際イギリスは、貿易収支決済のため中国に支払っていた大量の銀を本国へ回収するべく、東インド会社時代からのアヘン貿易をいっそう拡大した。清朝はアヘン貿易抑制を目的に、一八三九年欽差大臣林則徐（一七八五〜一八五〇年）を広州に派遣した。林はイギリス商人からアヘンを没収し、これを焼却して輸入禁止策を強行した。そのため一八四〇年、ついにイギリスとの間にいわゆるアヘン戦争が勃発した。戦争後、清朝政府は銀価の暴騰と対英賠償金の支払いに苦しみ、これを農民への重税によって解決しようとした。また、先進資本主義国の商品が中国に流入したことで、それまで自生的に発展してきた中国国内の農村手工業の崩壊がすすんだ。このような危機的状況の中で、太平天国が開始した。

太平天国が全盛を迎えた一八五六年、清朝は英仏両国と軍事衝突を引き起こした。アロー戦争とよばれるこの事件は、アヘン戦争後も中華思想を堅持していた清朝に対し、列強がいっそう有利な立場に立とうと画策して生じたもので、けっきょく、清朝が再び敗北して終結し、一八六〇年に北京条約が結ばれた。その際、この条約の調停に当たったロシアは、その代償としてウスリー江以東の沿海州を清朝から獲得し、のちにはキャフタ・クーロン（庫倫）・張家口での貿易権をも得ていくことになる。

中国国内では、これを機に積極的に西洋近代文化を摂取し、富国強兵に努めようとする動きが見られるようになった。しかし清朝は、同じように西洋文化を摂取して富国強兵化に向かった隣国の日本との間で一八九四年、日清戦争を行なってこれに敗北すると、もはや完全に弱体を四囲に露呈する形となった。すなわち、一八九五年三国干渉が行なわれ、ヨーロッパ列強の中国侵略が一挙に進行したのだった。
李氏朝鮮（一三九二〜一九一〇年）は、一九世紀に入ってヨーロッパ列強が渡来し通商を求めるようになると、当面は摂政大院君（一八二〇〜一八九八年）が厳格な鎖国主義を採っていたものの、一八七六年の日朝修好条規、いわゆる江華条約を契機にこの体制は崩れ出した。一八七五年に江華島を攻撃した日本と不平等条約を結んだことにより、以後李朝内部では、清朝派の事大党（閔妃一族中心）と、親日派の独立党（金玉均中心）が対立を深めるようになった。その結果、朝鮮支配をめぐってまず日・清の争いが生じ、一八九四年日清戦争・一八九五年下関条約締結と進んだ。次いで日・露の争いが生じ、一九〇四年日露戦争、一九〇五年ポーツマス条約締結と進んだ。この二度の戦争を経て、朝鮮はついに一九一〇年、日本に併合された。朝鮮を併合した日本は、朝鮮土地調査令を発して朝鮮農民の土地を奪い、朝鮮教育令、朝鮮結社禁止令等を発して朝鮮独自の民族教育や政治運動を抑圧した。(注8)
以上の侵略史のうち、天心は、まずは一九〇一年から翌年にかけて訪問したインドに注目して、インド人に対し次の呼びかけを行う。
「外国の勢力がわれわれを圧迫することに成功したことは、われわれの文明の劣性をけっして証明するものではない。寄生虫の侵害は高等な有機体の悲しい宿命と言っていい。生命の重要な器官に食い込む悪性の癌はその毒性を誇示しても、それが棲みつく組織の弱体を証明しない。だが、そうしている間にも血液は毒され、生命は衰えていく。立ち上れ、そして、この生命をおびやかす腫瘍を切り取ってしまうまで、ためらってはならぬ。われわれは屈強の外科医、希望の看護婦を、声をあげて呼ぶ。

われわれの回復は自覚である。われわれの治療は――剣である。(注9)」

文脈からわかることは、治療の剣はアジア＝インド人の身体を治療するためのものであって、西洋人を侵略するためのものではない、ということである。自覚のスタンスはナショナリズム（領土国家的）でなくパトリオティズム（郷土文化的）であるということである。「われわれの回復は自覚である」というフレーズは外に向かう政治外交よりも、内に根ざす郷土文化に関連している。それはパトリの概念に触れる。すなわち、ギリシア・ローマ的な意味での「パトリ（郷土）」は、「共和制国家の構成員である市民全員が力を合わせて守るべきものとしての自分たちの土地であり、王が専制政治を行なう王の領土とは原理的に対立する。(注10)」

天心の眼目は、私の分類になる「文化の第二類型」に関係する。私は『歴史知と学問論』（社会評論社、二〇〇七年）において、文化の概念を以下のように区別している。「地方（文化）」と「中央（文化）」がセット（対）になるのを第一類型概念とし、「郷土（文化）」はそれのみ単独で価値をもつ、というのを第二類型概念としている。地方という概念と違って、郷土という概念には中心もなければ辺地もありえない。例えばくびき野（新潟県上越地方）を郷土とする私は、この地ですべてを受け止め、また、この地に立ってすべてを見通してきたのである。くびき野に生まれ育った者と、この地に根を張って生きるようになった者は、くびき野を郷土とするのである。ここに生きる者たちは、環日本海を介して、否が応でも世界史の現場とダイレクトに接触してきたのだ。(注11)

例えば仏教は、発生地インドにおいて、これをパトリとする第二類型的生活文化に括られる。しかるのちガンダーラでギリシア的形式を備えるに至ると、やがて第一類型的民族文化にリファインされる。けれども後者の基礎には前者が潜在している。仏教はインドから中国大陸や朝鮮半島、日本列島に伝播すると、その地の生活文化・郷土民俗に浸透し、しかるのちその地＝パトリの民族文化にリファインされるのである。

天心は、さらに、インドに加えて中国にも言及している。

「太陽はふたたび東に上り意気消沈せる夜は明けた。魔力《マーヤー》は遂に破られた！　われわれは、陽光が揚子江の谷間にひろがり、その光線がメコン河の漣《さざなみ》に躍るのを見る。四千万の島国の日本人がこれを成し遂げたのだ。なぜ四億の中国人と三億のインド人が、略奪を事とする西洋のこれ以上の侵犯を食い止めるために武装してはならないのか。（中略）そして、大いなるアジアの平和は、人類を普遍的な調和の衣で包むにいたるであろう。そしてヨーロッパは、より自由な、できれば力強い手から、アジアの至福を受けとるであろう。(注12)」

この文章もまた、政治外交的というよりは生活文化的・郷土民俗的な響きをもっている。「四千万の島国の日本人がこれを成し遂げた」とあるのは明治維新を指すが、天心にとって明治維新は日本古来の文化が復興し、あらたな展開をなす画期として意義を有するのであった。けれども、以下の引用文に見られるモンゴル人批判では、文化的な観点よりも政治的な観点が優先している。

「東方文明の平和的で自足的な性格は、異邦人の侵略に対しては弱いのがつねであった。我々はモンゴル人がアジアの一体制を破壊するのを許したばかりではなく、インドと中国の文化生活をつきくずすのをも許した。(注13)」

文脈からわかることは、天心は、モンゴル人だけはアジア的平和の仲間、あるいはアジア的生活文化＝アジア・パトリの形成者に括り入れていない、ということだ。天心は、モンゴル人を「普遍的な調和の衣で包む」仲間に入れない。これはおかしい。中国については、あの日清戦争を経験した後でも、こう述べて調和の圏域に入れている。

「日清戦争は、東洋の水域におけるわが国の支配権を明示しながら、しかも両国を一層緊密な友好関係に近づけたものであったが、じつは一世紀半にわたって外に発現しようと努めてきた新しい国民的活力の自然な成果といえる。この点は、当時の老政治家たちが炯眼をもってつとに見抜いていた所でもあって、新しいアジアの強国としての日本を待ち受けている大きな問題と責任へと、我らを奮起させる。たんに自身の過去の理想に立ちもどるのではなく、古いアジア的統一の眠れる生命を感じとり、これに活力を蘇らせることが、今や我々の使命となった。西洋の社会に見られる悲しい問題は、我々をしてインドの宗教、中国の倫理のうちにより高い解決を求めしめる。(注14)」

天心は、インドでヨガ指導者ヴィヴェーカーナンダに会い、また、そのヴィヴェーカーナンダに注目するニヴェディタを自著英文査読人に迎える過程で「アジアは一なり」の議論を組み立てていった。天心は「東洋の覚醒」の原稿ノートに、自らは「We are a one」という題名をつけていた。かように、天心にあって「アジアは一なり」は、倫理・宗教、総じて文化の面にかかわるのだった。

ところで、天心自らは「We are a one」という題名をつけたものの出版を差し控えていた著作『東洋の覚醒』は、天心没後の一九三八年、孫の古志郎によって発見され翻訳され、河出書房から『理想の再建』と題して出版される。「次いで、古志郎のこの翻訳が、当時、保田与重郎らのあの『日本浪漫派』

の近辺で活躍していた浅野晃の目にとまる。（中略）その浅野が岡倉覚三に惚れ込み、古志郎の翻訳した『理想の再建』を彼なりに改訳して、昭和十四年、「東洋の覚醒」というタイトルで『岡倉天心全集』（聖文閣）第二巻に収め、さらに翌年、単行本として出版した。（注15）」浅野晃によって単行本が上梓されたのは、昭和一五年すなわち皇紀二六〇〇年であった。この新版は時代の風潮にのって、糸の切れた凧のように一人歩きを始めたのだった。

三、パトリオット天心

前節に既述したことだが、私の郷土＝パトリは新潟県のくびき野である。そのことに関連して、伊東多三郎「郷土史研究の態度について」をここに引く。『頸城文化』創刊号（上越郷土研究会編、一九五二年）には、以下の論文が掲載された。伊東多三郎「郷土史研究の態度について」。当時、東京大学史料編纂所員だった伊東は、その中で次の問題設定を行った。

「郷土史とは何か。一般史に対する特殊の地方史の意味か。その地方史をそこに住む者の郷土的感情によって反映をさせたものであるか。郷土とは何か。」（一頁）この論考は、郷土を中央に対する地方としてではなく、自立した社会経済的環境と歴史文化的環境とを有する圏域として主体的実践的に把握しなおすことを求めている。「郷土、郷土生活なる概念が主体的に把握されたものであることを理解するならば、郷土史の本質はおのずから明らかとなるであろう。即ち父祖の生活を受け継ぎ、更に之を発展させる自覚を以て、郷土生活の由来を研究するものと云うことができる。(注16)」

この構えは、私の定義する「文化の第二類型」に関連する。その立場から二〇〇八年に設立したＮＰＯ法人頸城野郷土資料室の設立趣旨書に、私は、「郷土」について以下のように記した。「これまで幾世紀にわたって、字《あざ》単位で形成されてきた頸城各地の郷土文化を、文字通りの意味での上越後地方における郷土文化へと連合する運動、すなわち「頸城野文化運動（Kubikino Culture-Movement　略称ＫＣＭ）」を開始することが肝要と思われる。この運動は個性あふれる地域文化の連合・再編成を目指すのであって、中央的な文化への統合ではあり得ないし、いわんや単一文化への融合（地域文化の切捨て）ではあり得ない。具体的な活動としては、民俗文化や歴史的建造物を文化財として保護し、それらの基礎資料・研究資料を収集・整理し、後世に引き継いでいくことに努めたい。(注17)」

ところで、パトリ的アジア論を志向するはずのパトリオット天心が、あるときナショナリスト天心と見紛う発言をしている。以下に引用する。

「八世紀に日本が旧来の朝鮮支配権を放棄した事実は、大陸理念がいかに深くわが国民意識の一部となったかを証明している。朝鮮半島は、有史以前を通じ日本の元来の植民地になっていたことが恐らく考えられる。朝鮮における考古学的遺跡は、わが国の原始的古墳類と性格に同じものである。朝鮮の言語は今日でもあらゆるアジア言語のうち、我々の言語にもっとも近い。わが国最古の伝説は、わが天照大神の弟素戔嗚尊は朝鮮に定住したと伝えている。そして彼の国の初代国王檀君は、ある歴史家たちの考えによればその子息であったという。[注18]」

天心は、朝鮮半島と日本列島の交流史を近代主義に立って誤解している。「朝鮮半島は、有史以前を通じ日本の元来の植民地になっていた」という議論が出てくるのは、近代と違う古代植民史の特徴――アポイキア（独立）、エンポリア（交易拠点）、コロニア（従属）の相違――を知らないからなのである。

植民とは、ある国の国民が、その国の政治勢力範囲にある土地に移住して経済活動をすること、またその移住民と定義され、通常、人口の移動と政治権力の移動が植民の二要素として挙げられる。しかし、この定義は、近代的な意味での植民にはあてはまるが、古代に行なわれたフェニキア人やギリシア人の植民活動においては、若干の相違がある。すなわち、前九世紀にフェニキアのティルス市がアフリカ北岸に建設した植民市カルタゴなどは、植民市とはいえ、主権が完全に独立しており、本国ティルスへの従属という傾向は見られない。また、同じくフェニキア人が最初に植民活動を行なったシチリア島に、前八世紀になって進出したギリシア人は植民市のシラクサを建てたが、この都市もまたある程度本国から独立した主権を備えていた。地中海沿岸では、前八世紀中頃までに自由な市民団による幾多のポリスが本土で成立した。それに対して、軍事的拡張を目指すローマは、本国都市ローマの政治的・軍事的支配に従属する植民市であるコロニアを、ローマ周辺から半島南部へ、地中海沿岸へ、さらにはアルプス北部へと拡大しつつ各地に建設した。本国は占領地を従軍兵士に分割して与え、コロニアとした。[注19]天心は、アポイキア・エンポリアとコロニアとの、植民の諸類型を明確に区別しえていないのだった。いや、以下の引用文を読めば、天心は政治外交的にはローマ的範疇に原型をみる植民に傾いていたことが判明する。

「朝鮮半島をどこかの国が占領すれば、日本へ陸軍を容易に投じうるが、それは朝鮮が匕首《あいくち》のように日本の心臓部を指さしているからである。それに朝鮮と満州の独立はわが民族存続のために経済的にも必要で、それはたえず増大する人口が、もしこのまばらに開墾された両地域に正当にはけ口を求めることができなくなれば、餓死が待っているからである。現在モスクワ人がこれらの土地に手をつけたが、それになんらかの抵抗をするものは我らのみである。これらの情勢下に、我々はわが古代の領土だった朝鮮が、合法的な国家防衛のためのライン内にあると認めざるをえなくされた。一八九四年に中国により半島の独立が危うくされた時、その国と戦争をせざるをえなくされたのはそのためである。一九〇四年、我々がロシアと戦争を始めたのは、同じ半島の独立のためである。[注20]」

文脈からわかることは、天心は、天真爛漫に、朝鮮半島と日本列島の交流史をまるきり誤解している、ということである。また、文化面では高く評価する中国を、政治外交面では侵略国として非難する。天心思想の両義性が読み取れる。以下の引用は、両義性のうち、文化面が強調されたものである。

「そのうちにロシアは大軍を満州に投入し、前哨部隊が朝鮮にも入ってきた。龍の逆鱗にふれ、我らは立った。遼東の違和を越え、黄海の波を蹴り、我々は決死の白兵戦を戦った。我ら母国のためのみに戦ったのではなく、最近の王政復古のために、貴重な古代文化の遺産のために、そして全アジアの輝かしい更生を見る平和と調和の夢のために戦ったのである。[注21]」

天心の著作に散見されるパトリオット＆ナショナリストという両義的側面のうち、彼本来の態度は、文化芸術にかかわるパトリオティズムの側面である。「アジアは一なり」という彼の態度を、天心翻訳者の浅野晃が力説するようにナショナリズムやショーヴィニズムに括るのは正しくない。(注22) 彼の思想的性格は、私が二〇世紀末から提唱している概念「歴史知(historiosophy)」あるいは「多様化史観」に括られる。彼は、彼本来の文化芸術にかかわる分野では歴史知的な態度をとるが、いわば時事評論にあたる政治外交的な分野では近代主義的な態度をとる。あるいは、身体・感性では歴史知・多様化史観を受け入れつつ、頭脳・理性は近代知・進歩史観を優先しているのである。一種の自己矛盾であるが、その分裂は往々にして近代を生きる我々にはノーマルな現象である。

ここにいう歴史知とは、単純な進歩史観を打ち捨て、多様化史観を採用するものである。知の領域では、経験知・生活知、総じて感性知と、科学知・理論知、総じて理性知との関わり方が重要となる。感性知と理性知、あるいは非合理知と合理知とは、相補的になってはじめて存在できる。その枠構造を認め、双方を軸とする交互的運動の中において双方を動的に観察する。あるいは、その二種の知を時間軸上において連合させる二一世紀的新知平、そこに立つ。自然の領域では、循環(自然は四季や捕食被食を通じて循環する)と進化(自然は多様に変化する)とが連動しているのと同様、人類史にあっても循環と進化(進歩)は連動していて相補的であることが容易に確認できる。その先に、私たちは、これまで有力であった歴史観——循環史観と進歩史観——とを連合させることができるであろう。それを私は『多様化史観』と命名している。(注23)

例えば、飛鳥時代の作とされる広隆寺の宝冠弥勒菩薩半跏思惟像はインドあるいはガンダーラの文化に起因する。また、六〜七世紀の朝鮮半島と日本列島の居住民は、とくに新羅人・百済人を介して、楕円の二極のように連携していた。半島から移動してきた人々の一部は、列島を活動の地、生活の地の一部とみなすようになった。文化はすべからく諸要素のアンサンブルである。菩薩半跏思惟像に当てはめるならば、ガンダーラ→西域→中国→朝鮮半島→日本列島のアンサンブルである。(注24) その点を考慮するならば、菩薩半跏思惟像は半島文化に所属するか列島文化に所属するかという問いの立て方それ自体が、文化の領域では意味をなさないと言える。その領野設定では、天心は高らかに「アジアは一なり」と主張する。ところが、設定の領野が政治外交に移ると、パトリオット天心の立場というよりもナショナリスト日本人の立場からモンゴルや中国を非難しだすのである。

むすびに

二〇一一年三月一一日に発生した巨大津波で、北茨城市五浦海岸の天心六角堂（茨城大学五浦美術文化研究所六角堂、一九〇五年築）は流失してしまった。二〇〇七年八月二二日、私は五浦海岸に行き、天心が奈良法隆寺の夢殿をヒントにみずから設計したといわれる六角堂の縁側に腰掛け、海岸の景観を愛でてはしばし佇んだ。岡倉天心ゆかりの六角堂は、日本に三か所ある。一つは東京都台東区谷中五の岡倉天心記念公園（日本美術院の発祥の地）にあるもの、一つはこのたび流失した五浦海岸のもの（日本美術院の後継活動の地）、そして三つ目は天心が晩年を過ごした新潟県妙高市赤倉に関係有志が建てたものである。私はその三つとも訪れた。

「はじめに」で記したように、岡倉天心は、英語で『茶の本』を書いてニューヨークで出版し、その中でこう主張した。「西洋人は、日本が平和のおだやかな技芸に耽《ふけ》っていたとき、野蛮国とみなしていたものである。だが、日本が満州の戦場で大殺戮を犯しはじめて以来、文明国と呼んでいる。（中略）もしわが国が文明国となるために、身の毛もよだつ戦争の光栄に拠らなければならないとしたら、われわれは喜んで野蛮人でいよう。われわれの技芸と理想にふさわしい尊敬がはらわれる時まで喜んで待とう。(注25)」その天心は、一九〇六年、赤倉温泉に山荘を建て、一九一三年、療養のため山荘に住むが病状は回復せず、同年九月二日、山荘で亡くなった。一九六六年、赤倉温泉に岡倉天心史跡記念六角堂が建てられた。

ところで、天心が山荘を開くに先だって、息子の岡倉一雄は、日本にスキーを伝えたテオドール・フォン・レルヒ少佐とともに赤倉を訪れている。その一雄は子どもの名を「古志郎」（くびき野の古名コシに因む）とか「妙《たえ》」（妙高山に因む）とした。(注26)その古志郎は天心と赤倉について次のように書き記している。

「一九〇六（明治三十九）年五月ごろ、天心は家族同伴で越後の高田から赤倉に旅行したが、赤倉がいたく気に入り、早速ここに土地を買い入れ、高田の料亭富貴楼の建物を購入、移築した。（中略）以後天心は毎夏をここで過ごしたが、一時は日本美術院をも赤倉に移そうと策して大観、観山らを恐怖させてことさえあったほどの気に入りようだった。(注27)」

さて、天心は、横山大観たちと芸術活動に専心した茨城県五浦海岸でなく、息子一雄を介して知った赤倉になぜ魂魄をとどめようとしたのだろうか。まずはこの温泉地をこよなく愛していたことが理由であろう。最晩年、死ぬる一〇日ほど前に、だれにも内緒でインドはベンガルの詩人プリヤンバダ・

デーヴィー・バネルジーに宛てて、「宝石の声の人に」という書き出しで綴った英文の「ラヴレター」（一九一三年八月二一日付）にこう記されている。

「ここは私の田舎の住居の一つで、死火山である妙高山の頂上〔山麓―石塚〕にあります。家は海抜三千五百フィート。一室に、透明な炭酸鉱泉が昼となく夜となくあわだっています。窓から眺めると、妙高山（妙なる香りの山）が西方に頂上をそびえ立たせ、その向こう側には、黒松のはえた頂上を波うたせている黒姫山（黒い王女）がすんで見えます。その黒姫山の隣には偉大な神に捧げられた飯綱山（イシャーナの転訛）がそびえています。東を見れば、斑尾高原が隆起し、はるか南方まで、緑と紫の丘陵の大海に流れ入っています。霊感にみちた景観です。あなたがここにおいでになられたら、と思います。いや、やはり病人の私を見られたくありません。」(注28)

それから、左縷人（山本笑月）という人物による「岡倉氏の面影」と題する追悼文に以下の文章が読まれる。

「病気が頓に亢進したのは去年廿四日の夜で有つた。勿論東京出発の日とても決して好いほうではなく、上野駅で汽車を待つ間の一時間が辛抱し切れず緑川主治医の宅まで行つて蒲団の上に休んだ位で有つた。併し上野から加倉までの汽車中は上機嫌で赤倉につく頃は月明を賞し、秋草の美しく咲いているのを賞でつつ微吟した位で有る。容態が危険に陥つて苦しむ最中でも気は慥で『これが人間の最後かな』と云ったり「神様貴方のなさる事に感心しない事が有る」などと云ふ夢話をしたり、或は大観観山の弟子に向つて『よく勉強して藝術の為に尽せ』と云つたが、二十八日に至つて遂に昏睡状態に陥つた。而も時々目覚めると弟子共の作品を批評して、死ぬる

岡倉天心墓

まで藝術を忘れなかった。」（東京朝日新聞、大正二年九月十一日、掲載）[注29]

そのほか、一九一三（大正二年）四月一日、直江津から米原までの北陸本線が全線開通したことが赤倉びいきの原因とも思われる。「天心岡倉覚三は、病を得て、鉄道の地方幹線網整備が進む大正二年九月に、上越の『麗しい』赤倉山荘から高田、直江津方面を望み、さらには郷里福井を『遠望したい』と念じつつ、この世を去った」[注30]。鉄道近代史の研究者である石川伊織によると、一九二四年、赤倉温泉の老舗旅館「香嶽楼」に宿泊した与謝野晶子は「温泉に逢ひ友に逢ひうれしけれ北の海をば霧隠せども」と詠んだ。当時赤倉温泉からは日本海が見通せるほど景色がよかったとのことである。[注31]その赤倉を天心がこよなく愛した傍証になる手紙が残っている。

以上の論証・考察を踏まえ、私は、天心の述べた言葉「アジアは一なり（Asia is one）」、あるいはその言葉を記した天心の真意は、政治の領域におけるナショナルな侵略と正反対の内容、文化の領域におけるパトリの精神を備えていたと結論づけるものである。

注記

（１）岡倉天心『茶の本』（『岡倉天心全集』第一巻、平凡社、一九八〇年）、三〇八頁。
（２）大久保三春「インドにおける天心」『比較文学・文化論集』第二巻、二〇一一年、一六頁、参照。
（３）稲賀繁美「岡倉天心とインド」第二九回トランスナショナリティ研究セミナー、大阪大学、二〇〇四年七月二日
http://www.nichibun.ac.jp/~aurora/pdf/trance29.pdf
（４）石塚正英『情報化時代の歴史学』北樹出版、一九九九年、一三六頁以降、参照。
（５）天心『東洋の理想』（全集第一巻）六一頁。
（６）天心『東洋の理想』（全集第一巻）六一頁。
（７）天心『東洋の覚醒』（全集第一巻）一四七頁。
（８）石塚正英編『世界史プレゼンテーション』社会評論社、二〇一三年、一六四頁以下、石塚正英『情報化時代の歴史学』二五一頁以下、参照。
（９）天心『東洋の覚醒』（全集第一巻）一五七頁。
（10）黒木朋興「フランス革命期におけるパトリ（祖国）のアレゴリー」、石塚正英編『戦争と近代―ポストナポレオン２００年の世界―』社会評論社、二〇一〇年、一〇一頁。
（11）石塚正英『歴史知と学問論』社会評論社、二〇一〇年、一〇三頁以降、参照。
（12）天心『東洋の覚醒』（全集第一巻）一六六頁。
（13）天心『日本の覚醒』（全集第一巻）一八一頁。
（14）天心『東洋の理想』（全集第一巻）一一二〜一一三頁。
（15）清水多吉『岡倉天心―美と裏切り―』中央公論新社、二〇一三年、一七頁。
（16）上越郷土研究会編『頸城文化』創刊号、一九五二年、二頁。
（17）ＮＰＯ法人頸城野郷土資料室編『くびきのアーカイブ』第一号、二〇〇八年四月一日、一〇頁。
（18）『日本の覚醒』（全集第一巻）二四八〜二四九頁。

(19)石塚正英編『世界史プレゼンテーション』一二四頁以降、参照。
(20)『日本の覚醒』(全集第一巻)二五〇〜二五一頁。
(21)『日本の覚醒』(全集第一巻)二五四頁。
(22)浅野晃は、戦後に出版した『岡倉天心』(明徳出版社、一九五八年)で、次のように記している。「天心のアジアの理想という発想を支えていた二つの条件は、アジアの屈辱的な隷属に対する憤激と、近代西欧文明の俗悪に対する抵抗とであった。そして、この後のものこそは、美と精神の擁護者としての天心の存在を不朽にしている。」(同書、八九頁)この「二つの条件」はともにパトリオティズムでなくナショナリズムに括られる。浅野こそは、皇紀二六〇〇年に『東洋の再建』を『東洋の覚醒』とかえて、ナショナリスト天心を生み出すプロモータの一人であった。彼は、さらに次のように力説する。「天心の『東洋の理想』は、『アジアは一つだ』という言葉ではじまっている。これは〔北畠―石塚注〕親房の『神皇正統記』の最初に出てくる、『大日本は神国なり、』の語調を想い起こさせるものである。これら両個の言葉は、その山のごとく不動なる信念の表白である点において、軌を一にしている。」(同書、一〇七〜一〇八頁)この記述にある天心「思想」は、本人のまったくあずかり知らぬ代物といえるのだが、これは時代の波にのってゆく。
(23)石塚正英『歴史知と学問論』、七〜八頁。
(24)石塚正英「伝播する文化の諸問題―朝鮮半島と日本列島の菩薩半跏思惟像―」、世界史研究会編『世界史研究論叢』第三号、二〇一三年、四頁、(本書、五五頁)参照。
(25)『茶の本』(全集第一巻)二六八頁。
(26)岡倉古志郎『祖父岡倉天心』中央公論美術出版、一九九九年、三四頁、参照。
(27)岡倉一雄『岡倉天心をめぐる人びと』中央公論美術出版、一九九八年、二二八頁。もとは一雄本人が『父天心を繞る人々』(文川堂書房、一九四三年)として刊行したものを、のちに息子の古志郎が上記の書名で復刻した。
(28)プリヤンバダ・デーヴィー・バネルジー宛封書、全集第七巻、二九一頁。なお、私は、天心がインド人の恋人に描いて見せた風景の山麓―妙高・黒姫・斑尾高原―に出かけた。二〇一三年八月九日、今は亡き盲目の巡礼的女性旅芸人瞽女《ごぜ》さんたちが歩んだ道を、友人たちとともに車で、上越から長野県境、峠越えしたのだった。往時の門付けを体験している証言者のみなさまで、聞き取りできた方々の最年少は七四歳、最年長は九二歳であった。みながみな、ほんの昨日のことのように語ってくださった。在りし日の瞽女さんたちの門付け写真に見入り、なかなか手放そうとしない老婆がいらした。ここかしこに朽ちつつある廃屋がめだち、つらい光景も多々あった。けれども、すばらしい一日であった。その景観は天心の描写を彷彿とさせるのだった。

(29) 左縷人（山本笑月）「岡倉氏の面影」（全集第九巻〔別巻〕、一九八一年）、三一四〜三一五頁。
(30) 清水多吉『岡倉天心—美と裏切り—』中央公論新社、二〇一三年、二五七頁。
(31) 石川伊織「大正時代の旅・汽車と宿」NPO学園くびき野カレッジ天地びと第六期第九回講座、二〇一三年八月一〇日、高田小町（上越市）、レジュメより。

［付記］本稿第4章に記されている「パトリオティズム」は、第7章においては「パトリオフィル」という術語で表現されている。その理由は、この二論文を執筆する間に、私の「郷土愛」「愛郷心」概念が洗練されたためである。「パトリオフィル（patriophil）」は、私のオリジナルな内容を端的に示す語である。

Ⅱ 頸城野学へのいざない

第5章

野尻湖ナウマンゾウ発掘から すべてが始まる

越柳雨降り地蔵

一九六五年三月つまり高田市立（現上越市立）城北中学卒業の春、私は同学年の地質クラブ・メンバーとともに、長野県北部の野尻湖でナウマンゾウの化石骨を発掘する作業に参加しました。この発掘は東京経済大学の井尻正二教授が中心となって企画したもので、この年でたしか四回目だったと思います。大学の研究者のほか小中高の教師や生徒が参加して行なわれたのでした。ほんの数週間前に私が入試に合格したばかりの県立高田高校の地学部メンバー、顧問の小林忠夫教諭も参加していました。

いま振り返れば、この発掘は私にとって重要な体験となったのです。その時に受けた素晴らしい印象に裏打ちされて、私はのちにくびき野の民俗フィールドワーカーになっていくのです。そのとば口で、のちに「くびき野学」を構築するに際して師匠となる人物に出遭います。一九九一年四月一五日、私は郷土の仏教美術史家である平野団三氏（一九〇五〜二〇〇〇年）の大著『越後と親鸞・恵信尼の足跡』（柿村書店、一九七二年）を読んでみました。その動機は、信仰において仏像も寺院もことごとく否定する親鸞思想への接近にあるのでした。そうです、親鸞は遠流の地・くびき野で初めて親鸞になったのでした。「出家人の法は、国王に向って礼拝せず」（化身土文類末）の親鸞はくびき野で「悪人正機」（嘆異抄）の根性を鍛えたのです。そのような心境のうちに、私の親鸞読書は旺盛となりました。

けれども、こうした読書の出立点で私は、親鸞のことはとりあえずどうでもいいような記述に出会ってしまったのです。一九九一年四月二二日のわが日記にこう記されています。「平野団三著作読了（後半は乱読）。たいへんな記述にうれしくも、ぶつかる。法定寺の雨ごい地蔵の『奇習』だ。これぞパウサニアス、スエトニウスに通じる、縛る神だ！」この前後数日『教行信証』を乱読していましたが、実はそれは『嘆異抄』ほどには面白くなかったのです。観点が神仏虐待儀礼（フェティシズム）にあったからでした。それにひきかえ、平野著作はビックリものでした。同年五月には書簡で平野翁と交信することが叶い、翁はくびき野の雨降り地蔵調査について協力を快諾してくださいました。こうして、私の石仏フィールドワークは一挙に開始したのです。まさに、血わき肉おどる思いがしました。

ところで、地域の経済や文化を保存し発展させるためには、中央でなく地域に立ってそこから全国・全世界を眺め見極めるという大望をいだく郷土社会を育てる必要があります。地域文化の普及は、地域文化を担う人間関係の創出を伴うでしょう。基点である地域が豊かになれば、きっと結節点である中央も豊かになることでしょう。私は思います。くびき野で学び、くびき野を学ぶことにより、郷土における就労や生活において〈明日からの目的意識が明確になる〉、そのような郷土人育成を目指そう、と。くびき野で生まれた産物をくびき野で流通させ消費する〈地産地消〉の、いわば人間バージョンといえましょう。地域で育成し教養をつんだ人びとが地域で活動し地域に奉仕し、そして地域をリードするのです。私はこのコラム執筆（※）を通じ、地域的サイクルにおける動力源となり潤滑油となる覚悟でおります。

※…新潟新報社「上越かわらばん」に二〇一一年から二〇一四年まで月二回のペースで連載された。

神仏虐待儀礼に晒された石仏

平成初年に開始した私のくびき野学フィールド調査は、これまでに三度ほど大きな山場を迎えました。一度目の山場は一九九五年前後（平成六〜八年ごろ）に訪れました。この時期は平野団三翁に導かれる修業時代です。私個人の調査テーマは「神仏虐待儀礼に晒された石仏」です。そのヒントは平野著作の文章にありました。そこを読んで私の眼は点になりました。「法定寺石仏信仰の中核は雨乞いにある。一度び干天が続いて水騒動が起きそうになると大変である。村人達は酒やくさぐさのよき品を雨降り地蔵の前に供え、いろいろと祈願の上、荒縄でこれを縛り、池の中へドブンドブンと何回も投げ込むのである。『よいか、雨を降らすか』と、雨降り地蔵が音をあげるまで投げ込む。雨降り地蔵こそ大変な災難である。昭和三三年、今年も大日照りで水に困り、皆青くなった。耕耘機も動く今日であるけれども、万策尽きて井ノ口で雨降り地蔵に雨乞いの行事をしたところが、翌日沛然とした雨になったのである。人々は今更ながら、その功徳の宏大無辺なのに驚いたのである。」（平野団三著・石塚正英編『頸城古仏の探究』平成一二年から）

私はくびき野のほか、地中海のクレタ島やマルタ島でもフィールド調査をしてきました。地中海沿岸地域には苛められる神様がいろいろといらっしゃいます。敵との戦いで怖気づいて逃げ出さないよう縄で縛られたヘラクレス神像、よそへ飛んで行かないよう羽根をもぎ取られた幸運の女神たち。それから、エジプト神話やシリア神話には、ちょうど日本神話（オホゲツヒメやウケモチ）と同じよう

2007 年 7 月に三和区井ノ口で行われた儀礼

に、植物再生のために殺害される神々の物語があり、そのような石像や木像、藁像などが造られました。こうした神々は、神の座にあるがゆえに、ときとして信徒たちに激しく攻撃されるのです。信徒たちの無病息災を維持するべく神通力を発揮するよう、強請を受けるのです。それと類似した神仏虐待儀礼が平野著作に記されていたのですから、私の比較宗教民俗学研究はわが郷土で全面展開しだしたわけです。村人に共通の信仰として、また生きた儀礼として神仏虐待が今日にのこる地域は、日本ではもはや旧三和村（現上越市三和区）をおいてほかにないです。それどころか、これが村レベルで現存している実例は、世界でも稀といって差し支えないでしょう。法定寺系石仏群に備わる雨乞い儀礼は、くびき野が世界に誇ることのできる一級の文化遺産なのです。

吉川区大乗寺址に残るラントウは黙して語る

二〇一〇年一一月二日、山形県米沢市の上杉景勝・直江兼続関連の史跡を見学してきました。私の関心は米沢藩が使用した地元特産の「高畠石」石造物です。くびき野ストーン、つまりくびき野特産の大光寺石や中山石、切越石と同じ凝灰岩です。色合いも似通っております。きっと、上杉家の家臣・領民たちは、不慣れな移封先で懐かしい色合いの石材に出逢って愛着を感じたにちがいありません。上越市の林泉寺裏手には大光寺石でできた謙信関連の石造物があります。対して、米沢市の林泉寺には兼続の墓石や、家臣たちの、万年塔と称される墓石などがあり、石材に限定すればみなくびき野ストーンと瓜二つです。この万年塔は廟墓で、欄塔の一種です。

この欄塔、ラントウと読みます。複数の格子穴が特徴です。もとは箱型の墓覆いで、中に神仏を納めます。故平野団三氏の調査報告（「吉川町・大乗寺の石仏」）によれば、これと同類の石塔が大乗寺址に残存しているのです。確認のため二〇一一年六月二四日現場に行きました。鹿島神社です。二〇〇七年中越沖地震で石祠は前部欠損し別石（中国産）で補修済みでしたが、元々は地元産（中山石）のラントウでした。くびき野ストーン調査員高野恒男氏と確認しました。平野報告書によると、格子穴のあるその石祠は戦国時代のもので「越後上杉文化をよく伝えている様式」です。吉川区大乗寺の関沢町内会長のお話では昭和三〇年ごろに近隣から合社となったものです。近隣と申しても、かつての大乗寺領域内に違いありません。

大乗寺は、景勝の頃、現在の大乗寺址から春日山に移されます。その後、慶長三（一五九八）年、豊臣秀吉は景勝を会津に移しました。大乗寺は謙信の廟を守って春日山から会津、米沢に移り、その後上杉神社の宮司となります。私は今回のフィールド調査から、石塔の石質では凝灰岩、様式ではラントウを軸に、くびき野文化の米沢伝播を予測します。米沢林泉寺のラントウ墓は大乗寺様式の技術継承である可能性を有しております。

また、柿崎区岩手の円田神社にもラントウがあります。二〇一一年七月一一日に頸城野郷土資料室メンバーが調査しました。ただし、石は地元の黒岩石といいまして、安山岩系統です。石質こそ凝灰岩ではありませんが、この神社も上杉謙信に深く係わりますので、技術継承の可能性では無視できません。「くびき野カレッジ天地びと」で取り上げましょう。

吉川区大乗寺鹿島神社石祠

生活文化くびき野ストーン

このところ私は上越市でNPO法人頸城野郷土資料室を運営し、地元特産の石材（大光寺石・切越石・中山石）をもちいた「くびき野街なみカラー」による都市設計を市民に提案しています。きっかけは二〇〇九年一一月二一日春日謙信交流館で開催された「市民景観セミナー～発見！　市民みんなの宝物」です。そこで上越特産の石材三兄弟を「くびき野ストーン」に一括し、新たな郷土のアイテムに提案したのです。

この石材はクリーム色を基調とした凝灰岩です。平安時代から石仏や石塔、鳥居、五輪塔の素材として注目されてきました。臼や風呂、井戸側にも使用されました。そのほか、雁木や遊歩道の敷石に使用されてきました。滑りにくいからです。そのほか門柱や車道の仕切り石にも似合います。よそからクルマで来る訪問客は、上越地区にさしかかるや、柔和な雰囲気の佇まいに、そこはかとなく安堵を覚えるでしょう。上越地方＝くびき野で採取された岩石を私は「くびき野ストーン」と名付け、市民に幅広く知っていただき、雁木の敷石として再利用する、新幹線駅の内外装に活用する等の提案をしているのです。

そのような発想は建築家の隅研吾《くまけんご》さんも共有しています。「地元産の石や木を使えば、自然と環境になじみ、土地の人々との関係も良くなる。完成後も風化するにつれ周囲に同化していきます」（「毎日新聞」二〇〇九年一二月二日朝刊二一面）。同じことをセーラ・マリ・カミングスさんも主張し実践し

ています。セーラさんは長野県小布施町の造り酒屋「桝一市村酒造場」のアスファルトをはがして敷石にかえました（上越市の高田世界館での講演から、二〇〇九年一二月六日）。

今回この運動を盛り上げることも視野に入れて、「くびき野ヘリテージ」と称するＮＰＯ独自の文化資料認定制度を設立しました。第一号（二〇一〇年八月一日付）は柿崎区の中山石製石蔵でした。これを運営するに当たって心がけている点は、第一に地域住民の目線からみた郷土遺産・文化資料に意味を持たせることです。専門研究者が認定する学術的価値のほかに、地域住民が生活上で実感する生活文化的価値に重きをおきたいのです。使って意義の深まる伝統文化です。ＮＰＯ学園「くびき野カレッジ天地びと」でも取り上げています。

（二〇一八年の現在、上越市三和区で地元産の大光寺石でベンチをつくろうと努力しているところです。――追記）

そに鳥の青き御衣　―奴奈川姫―

くびき野に暮らす人びとには、奴奈川姫《ヌナカハヒメ》と八千矛《ヤチホコ》あるいは大国主との恋物語はおなじみです。私は、夫が妻のもとに出かける形式の婚姻形態、妻問婚を特徴とするこの神話物語に、族外婚あるいはトーテミズム（祖霊を動物や植物に見立てる信仰の一種）の遺制を読み取ろうと研究してきました。先史時代における海外からの移入かもしれませんが、ヤチホコからヌナカハヒメへの妻問婚神話が成立する前提として、出雲民族と高志民族の間での族外婚的交流の存在が想定されます。神話の背後にはそれを成立させた現実＝史実が存在します。神話の中には、史実そのものではないが、古代人の社会とそれに関する彼らの記憶が存在するのです。族外婚的交流には両民族に崇拝される祖霊神つまりトーテム神が介在します。

ではヌナカハヒメに率いられる高志の民族は何をトーテム神としていたでしょうか。ヤチホコは出雲系であると仮定すると、トーテム神は例えばヘビです。ヌナカハヒメの場合、目に付くものはヒスイであって動物ではありません。ただし、ヒスイはカワセミのことを指しており、ヤチホコが夜這いにきたときヌナカハヒメを護ったのが鳥であり、ヤチホコが正妻スセリヒメのもとに戻るに際しての歌に「そに鳥の青き御衣を」脱ぎ捨てるとある点を考慮すると、なにか鳥類――羽根の青いカワセミ――が介在しているかも知れないのです。

農耕を営むヌナカハヒメの部落に、たくさんの矛（ヤチホコ）を持って移動や戦いを生業とするヤチ

ホコの一隊がやってきてしばらく逗留し、子孫をもうけたあと独り身で別天地に移っていった、というようにもなります。出雲のヤチホコ一族が高志のヌナカハヒメ一族のお世話になるのでした。ヌナカハヒメあるいは高志民族の母たちは、自地に迎え入れたヤチホコあるいは出雲民族の父たちから、なるほど政治的には支配されたものの宗教的には畏怖され、出雲・高志両民族の血を受け継いで高志に育つ子どもたちからは絶大な尊敬の念が払われた、という見方ができるのです。なるほど高志のトーテム神は「そに鳥」（カワセミ＝翡翠）なのかどうか、はっきりしないのですが、出雲民族と高志民族とは別個のトーテムを崇拝する異民族同士であるから交流が可能であったと考えられるのです。そして、両民族の間を連結したリングこそ、翡翠だったと考えられるのです。

（詳しくは以下の文献参照。石塚正英『母権・神話・儀礼』社会評論社、二〇一五年。――追記）

まれびとの活力くびき野をうるおす

くびき野には、昔からたくさんの「よそ者」が入り込んできました。古代では白山信仰をもたらした越前の泰澄、妙高に熊野信仰をもたらしたかもしれない裸形上人、中世に向かっては浄土真宗を根付かせた親鸞、江戸期ですと、一六八九年七月にくびき野を訪問した松尾芭蕉、明治に至ってはスキー技術を伝授したレルヒ。瞽女《ごぜ》に惹かれ一九六〇年代後半から高田に通い続けて「盲目の旅芸人瞽女」を描き続けた齋藤真一画伯。民俗学者の折口信夫によれば、よそからやってくる異文化人を「まれびと（稀人）」あるいは「まろうど（客人）」といいます。前項「そに鳥の青き御衣―奴奈川姫―」で紹介したように、越のヌナカハヒメのもとにやってきた出雲のヤチホコは外来神ですが「まれびと」の仲間でしょうね。

さて、そのような「よそ者」の一人に、一九四〇年代に上越地方の山村で活躍した写真家濱谷《はまや》浩《ひろし》（一九一五～九九年）がいます。東京下町生まれの濱谷は、桑取谷に出向いて「鳥追い」などの民俗学調査やそれらに関する写真撮影を行い、これを介して、渋沢栄一の孫で第一銀行の取締役兼民俗学研究者の渋沢敬三とも交流しました。一九四五年八月一五日、ラジオで敗戦の報を知った濱谷は、その日の太陽を写真に収め、作品「敗戦の日の太陽、高田」としました。翌一九四六年、いづもや百貨店で「豪雪の記録写真」展を開催し、成果の一部は写真集『雪国』（一九五六年）や『裏日本』（一九五七年）にまとめました。

親鸞上陸の居多ケ浜

一九五〇年九月三日、濱谷浩は上越市大潟区（旧大潟町）の浜辺で、同日に来訪した棟方志功の写真を撮影しました。風の強い浜を着流し下駄履きの棟方が駆け足で走りぬけるさまを下方から記録したものです。左から右にかける姿を「風神」、右から左にかける姿を「雷神」と命名しました。そのうち風神を、私は二〇一一年五月二九日、大潟区渋柿の青木俊秀氏宅で拝見しました。青木ご夫妻は棟方と親交を結んでいまして、一九五〇年七月、東京都下の棟方宅を訪問し、上越来訪を促したのです。まれびと濱谷とまれびと棟方がこのくびき野でうるおい、くびき野もまたうるおったのです。

「よそ者が地域づくり現場で重視されるようになったのは、よそ者が地域にとって役に立つからである」とは、北海道大学教授敷田麻実氏の主張です。馴染みは薄いが新鮮な知性と感性を有する「よそ者」さんたちをくびき野に招きましょう！

森羅万象をつらぬく一木彫仏像

日本で仏教を受け入れた古代人は、縄文時代に培った自然物・自然現象に対する信仰を捨てることなく、それを仏教の如来信仰や菩薩信仰に重ね合わせて維持し続けました。まず神である樹木を発見するか大きく育てるかし、それに像容（外来の後智恵）を刻印したのです。カヤとかカシワとかの樹木そのものが神なのです。モノ自体の崇拝をフェティシズムといいます。仏教は、縄文や弥生の自然信仰とその儀礼に自らの信仰形態を従わせ、非情（精神なき自然物）も成仏するとか山川草木に悉く仏性ありとして、布教に従事したのです。モノの背後や内奥に神霊・仏性が存在するとする信仰をアニミズムといいます。

古代日本人は、奈良時代になると、鑑真の指導もあって、大地に根を張った生命力あふれる大木（モノ）から十一面観音などの仏像（神霊・仏性）を彫りだしました。それが平安時代になると、仏像は西方浄土あるいは来世に心を向ける信仰の対象にかわっていき、仏像も一木でなく寄木造り（定朝様）で表現されるようになったのです。けれども、樹木それ自体にこだわって一木で仏像を造る技法は、以後北陸など地方に残存するのです。

くびき野には平安時代の一木彫仏像がいまに遺されています。それは上越市虫生岩戸の岩殿山明静院（国分寺奥の院）に安置されている国宝木造大日如来坐像です。寺伝には、国分寺を開基した行基の作とありますが、この地の仏教美術史家、故平野団三先生はくびき野に坐すこのような一木彫仏像に関して、つとにこう記されました。「木彫でも黒川芋の島大日像、菅原馬屋大日像など何れも藤原期ですが土地出来で一木鉈造り系統です。佛像も中央製作で実に立派な物が船載されて来るのは鎌倉も末に下つて来るのではないでせうか。」（「上越石佛に対する調査中間報告」、『頸城文化』第二号、一九五二年）ほかに、牧区には室町時代に地元仏師がつくったとされる一木仏が二体（地蔵菩薩立像・観音菩薩立像）残っています。いずれも自然と人間を一つにした森羅万象をつらぬく〈ちきゅうの鼓動〉をいまに伝えているのです。樹木それ自体にこだわって一木で仏像を造る技法はこうして地方に残存し、やがて江戸初期になって円空において、中期には木喰において庶民のあいだに復活するのでした。円空仏では写真の事例（名立の民家）が、木喰仏では毘沙門天像（大潟区円蔵寺）、木喰上人自刻像（大島区）が現存しています。

名立区一民家の円空仏

地震の大津波、関川を遡ったか？

津波とは津すなわち港の波のことで、港に押し寄せる大波をさします。近代以前に発生した地震を「古地震」と称し、これを研究する学問を「歴史地震研究」と称します。主に古文書を分析するのですが、ほかに数百年前にできた断層面を調査する「地震考古学」もあります。それらの成果によって過去における日本海側の地震・津波をあとづけますと、天保四（一八三三）年の庄内沖地震（マグニチュード七・七と推定）とそれによる大津波がクローズアップされます。その余波は越後・佐渡、そして能登まで押し寄せました。両津では八メートル、能登では五メートルの津波が記録されたとのことです。ということは、くびき野を南北に貫流する関川（荒川）でも多少とも上流域に遡る津波があったと仮定しておかしくないです。ただ、地団研新潟支部高田班の吉越正勝氏によれば、文献や痕跡において確かな記録は今のところ見つかっていません。しかし、直江津を中心とする上越沿岸に大津波が押し寄せる可能性は大いにあるのです。

ところで、近世以来、頸城野で発生したマグニチュード六を越える大地震を列記すると以下のようになります。①慶長地震（一六一四年）、②寛文地震（一六六六年、M六・四、死者一四〇〇〜一五〇〇人）、③正徳地震（一七一四年、M六・四、糸魚川地震、死者約一〇〇名）、④寛延地震（一七五一年、M七・〇〜七・四、死者一五四一人）、⑤弘化地震（一八四七年、M七・四、善光寺地震とも称する）。⑥新潟地震（一九六四年、M七・五、死者二六人）。⑦新潟県中越地震（二〇〇四年、最大震度M七、死者六八人）。⑧新潟県中越沖地

春日山上から望む関川河口

震（二〇〇七年、M六・八、死者一五人）。そのうち、寛文地震では積雪四・二メートルの中、小栗五郎左衛門ほか家老二人、侍三五人、その家族など一二〇余人、町人一五〇〇余人の死者を出しました。藩士の家屋だけでも七〇〇をこえる被害がでました。

くびき野には高田平野断層帯が東西（上越市〜妙高市）に存在します。西縁断層帯（約三〇キロ）と東縁断層帯（約二六キロ）です。くびき野の大地はそうした巨大な自然力を地下に秘めております。これが人々の生活力となるか破壊力となるか、私たちの備え一つです。私がかかわるNPO法人のキャッチフレーズ「天地びと」は、天の恵み、地の利、人の智恵の連合ですが、その精神をもって臨めば自然との共生はよろしいと思います。「桃太郎」物語に記されているような生活、おじいさんは山へ柴刈りに、おばあさんは川へ洗濯に、という具合の地域に暮らすのがいいでしょう。

越後高田の太子堂　―大工職人の信仰心―

『竹澤家聖徳太子像由来縁起書』によると、聖徳太子を祀った太子堂（上越市寺町三）はおおよそ以下の経緯をもって建立されました。武蔵国岩槻城主の家系に由来する竹澤監物とその子にあたる新次良は、しばらく越前国に住んだあと、越後国五智に移り住んだ。一六八七（貞享四）年、国分寺の三重塔が落雷を受けて焼失し、一六八九（元禄二）年には金堂ほか大半が焼失した。この事件に臨んで新次良は伽藍再建を決意し、監物は工事の無事を祈って聖徳太子像（孝養像）を刻み、日々信仰した。その祈りが通じたということだろうが、伽藍再建の大業は成就した。なお、監物が彫刻した孝養像は、太子が一六歳のとき父である用明天皇の病気平癒を祈ったという説話をもとにその姿を表している。一〇世紀頃に、太子の伝記である『聖徳太子伝暦』が成立し、普及するようになると、『伝暦』に準拠した様々な聖徳太子像が作られるようになったのであった。

さて、伽藍再建の後、監物の孫にあたる新八は高田城下の大工職人町である大鋸町《おがまち》（現仲町六）に移り住みました。これを機に、寛保年間（一七四一～四四年）に至り、大鋸町の大工職人の間で、霊験あらたかなる聖徳太子像を共同で祀る機運が高まりました。その後さらに二〇年ほど経た一七六五（明和二）年、寺町の威徳院に安置されることとなったのです。それからさらに一五年を経た一七八〇（安永九）年、大工職人たちが協力しあって威徳院境内に太子堂を建立しました。棟梁は中邑次兵衛と江島丹七で、太子堂内に今も残る棟梁位牌にはその名が墨書されています。太子堂が建立されるに際し

て、釿始祭のためにと大鋸町から安房の莫越山《なごしやま》神社まで、直接にか間接にか出向き、御札を拝領してきたものと考えられます。

建立後、正月、五月、九月に祭礼を執り行うこととなりました。一九一一（明治四四）年、高田大工職組合（太子講）ができて以後、講の行事として、春祭り（一月七日）、秋祭り（八月二二日）が挙行されています。なお孝養像は、明治時代に彩色を施されて今日に至っています。ちなみに、大鋸町（太子堂の宮元）に生まれた石塚正英（私）は、二〇一一年二月、南房総市沓見の莫越山神社に参詣して御札を拝領し、太子堂に奉納しました。同年一一月に迎える太子講結成一〇〇周年を記念するためにです。

天然ガス噴出、世界一小さい泥火山

なんと、くびき野に火山があるのです。しかも、現在もさかんに地下から噴出しているのです。ただし、世界一小さい火山（直径四五センチ、標高九センチ）で、噴き上げているのはメタンガスなどの天然ガスのほか泥水です。メタンガスは空気より軽いのですべて上空に拡散していきます。私は、二〇一一年の九月二三日、地学団体研究会新潟支部高田班主催の第二四回「上越の大地をさぐる巡検会」に参加し、日ごろから注目している自然エネルギー関連現場を十日町市で視察しました。①松之山の地熱発電現場と②室野の泥火山天然ガスです。後者はボコボコとわきでるガスに見とれました。火を吹くのでなく泥まみれのメタンガスを吹きあげるのですが、じつにおもしろかった！　田中和広「泥火山および泥火山の生成に係わる地質・地下水現象の応用地球科学的意義」（『地学雑誌』第一一三号、二〇〇九年）によりますと、「十日町市蒲生地区の泥火山が約三万年前に活動し、直径二五〇メートル、深さ一五メートルの陥没地形を形成し」「これらの陥没構造は火山のカルデラと同じように大量の噴出物の放出により形成された」と科学的に推定されます。

くびき野には記紀神話の昔から石油と天然ガスが産出していました。日本書紀六六八（天智天皇七）年に「越国献燃土与燃水」の記録があり、「燃水」とは石油のことらしいのです。また、石油に関連する出土物に瀝青《れきせい》があり、これはアスファルト、石油、石炭、天然ガスなどの天然の炭化水素化合物をさします。昭和初期、牧区の宮口古墳群から瀝青を成分とする玉類、いわゆる「瀝青土製玉類」

泥火山（十日町室野）

が発見されましたが、戦後これは粘土玉に瀝青を塗ったものであることが証明されました。石油のことを江戸期には「臭水（くそうず）」または「草生水（くそうず）」と称し、灯り燃料、防腐剤、皮膚病治療薬、水田防虫剤などとして利用されました。それから天然ガスは気体なので「風草生水」と称し灯りや煮炊きに用いられました（※）。

江戸時代どころか、それらは都市ガスやプロパンガスの普及した今日でも、自家用の燃料として使用されていて、煮炊きのほかお風呂も沸かします。上越市柿崎区の栃窪温泉では池から湧き出る天然ガスを集めて燃料に使用しているのです。これはまさしく地産地消費エネルギーのシーラカンスです。牧区などでは草生水が、柿崎区などでは風草生水が、千年の時をこえて二一世紀の今日に希望と文化の灯りを点してくれるのです。

※…ＮＰＯ頸城野郷土資料室編『くびき野文化事典』、項目「石油」参照

開府三百年記念写真「石垣の高田城」

あと数年（二〇一六年）で高田開府四百年となりますが、開府三百年を記念して旧高田市が一九一三（大正二）年に発行した六枚入り写真（絵はがき）集の一枚に、石垣を備えた「高田城」があります。サンケイ新聞（一九八〇年一月二九日付）にその写真が掲載されました。当該の写真を巡って、一九八〇年当時、歴史研究者のあいだで論争が生じました。石垣ありとするある論者の主張はこうです。「明治四十二年に東京の大手建設会社、銭高組が、同城を解体したさい、石垣も取り壊したことを同社の社史にはっきり記録されている。」「絵画なら別だが、証拠品は立派な写真ですよ。大正二年といえば、まだチョンマゲなどした藩の関係者がたくさんいたころ。こんな時に市がでたらめな写真を発行するなんて考えられない。」石垣なしとするある論者は「造られた動機、現状、当時の記録からみて石垣説は考えられない。」としました。結果はどうでしたでしょうか。問題の写真が実は京都の二条城を撮影したものであるらしいことがのちに判明し、石垣説の根拠は大きく後退しました。

当時、高田市はなぜ、二条城らしき写真を高田城としたのでしょうか。その推測に役立つ資料として、一八八九年に発行された『北越商工便覧』があります。これは、現在ならば商店街マップとか観光ガイドブックのようなものです。商売繁盛を願って、店構えはなるべく立派に描いてほしかったでしょう。本当のところは板葺きでもそこを瓦葺きに、といった具合でした。大阪府堺市の出版元である川崎源太郎は、発注者のそのような要望に応えるべく、三井越後屋のような見事な構えの見本を探

石垣の上の「高田城」（高田藩開府300年記念絵葉書・旧高田市発行）

二条城

してきたと推測されます。

　大正二年はまだ明治人ばかりの時代です。石垣付き城郭写真を見て、これはおかしいと思わないはずがありません。しかし、現在のように著作権や意匠権を持ち出すことのない時代です。写真集編者はこう考えたのではないでしょうか。もはや現物は存在しない。これからの越後高田を全国に売り出すのに、なにか立派な見本を探そう。記念にするのであれば石垣に載っている城の方がいいに決まっている。京都の二条城は高田城と同じ平城であり、徳川家康の京都滞在場所でもありました。家康の六男である松平忠輝の居城だった高田城に相応しいと思ったのかもしれません。古老士族たちも、愛敬とみてこの虚飾文化写真を許容し、〈喩えて妙なるもの〉という遊び心で楽しんだことでしょう。

裏日本ルネッサンス　―直江津港―

「裏日本」という語は、今では差別語として公的には使用を禁じられています。この語は日清・日露戦争のころから差別語として使われだしました。その間に日本政府は、対外的には太平洋を挟んで列強と対峙しつつ東アジアにおける自国の覇権を確立し、対内的には首都東京に陣取る中央集権的明治政府のもとに全土の行政区を序列化し統合する方向を鮮明に打ち出したのです。「裏日本」はその方向に即して中央政府を下支えする役割を果たすこととなったのです。「石垣の上の高田城」（「上越かわらばん」前号）など、多少の虚飾をまじえながら。

その後二度の世界大戦が起きますが、その間に、例えば越後高田は経済的に第十三師団に依存した典型的な軍都として発展していきます。一九〇七（明治四〇）年、第一三師団の誘致にともない大量の野菜供給要請があり、高田・本町二（現在大町三へ移る）に二七の市（一九一〇年）が開設されました。さらに、仲町二（現在大町四へ移る）に四九の市が（一九二〇年）でき、他に直江津にも（現在中央三）三八の市（一九一一年）が開かれていくのです。その動向は、裏とは思えないような活況を呈していただろうと思います。

さて、時代を跳び越え、世界大での殺戮戦争の時代が過ぎて久しい二一世紀初の今日、直江津港が光を放っています。戦後、一九五一年に国の重要港湾に指定された直江津港は、一九六〇年に関川河口の分流工事が完成すると、六〇年代の後半には開港指定を受けて国際港となり、西、中央、東の各

釣り大会でにぎわう直江津港

ふ頭が建設されました。一九七〇年には大型の外国船が常時入港する特定港に指定され、旧ソ連から原木やマンガン鉱、オーストラリアからアルミナ、アメリカからりん鉱石、など工業用原材料が多く輸入され、日本全体の高度経済成長を支える重要な港となったのです。さらに一九七三（昭和四八）年、五万トン級の大型船が接岸できる港として、改修工事が進められ、これによって一段と国際港としての機能が高まりました。

近年、高速交通網の整備も進み、関東・中部・北陸地方を背後圏域とすることで国内交流はもとより、日本海を挟んで東アジア諸国との交流がいっそう見込まれます。その先に、直江津を軸に環日本海のハイブリッド文化圏が展開されましょう。ここに「裏日本」は「内日本《フロント》」となって諸国と向かいあうルネッサンスを迎えるのです。くびき野の湊、直江津港に繁栄あれ！

春日山の歴史的および生活文化的景観

数年前、春日山城址の木々が伐採されはじめた頃、いろいろと意見がたたかわされました。例えば、ここを「禿山」にする意図はなにか？　という問いです。たとえ一〇〇年前であれ昔の状態にもどすことに意味があるのだとすれば、周囲をひろくとって歴史公園あるいは緑地公園とし、周辺住民の生活圏（安全・景観など）を確保する必要があるだろう、といった意見がでました。そのほか次のような意見もありました。むろん、禿山――文字どおりの丸裸でなく一六世紀の山城的景観――は二一世紀の現代社会の生活にはマッチしない。禿山は戦国時代に威風堂々の戦略として意味があったのだろうけれども、それ以前は多少とも樹木が繁っていたことだろう。また上杉の時代が過ぎれば、ふたたび自然に戻ったか、あるいは住民によって活用される入会的な山となったことだろう。

ところで、春日山で犬の散歩をしているある住民にお聞きしてみたところ、山腹には昔の耕作跡がみられるとのことでした。ようするに、春日山は時代によってさまざまな様相を呈してきたということなのです。私の考えを述べますと、春日山については、むろん現在までの鬱蒼たるスギ林を除去するのは賛成です。そうすれば日の光が差し込んでさまざまな植物が育つでしょう。地域住民の散歩コース、憩いの場としてベンチや東屋を設けるのもいいでしょう。あるいは、高田公園（城址）に復元されている三重の櫓のようなモニュメントはあってもいいです。けれども、時の流れを感じさせる景観もまた大切だと思います。地元民の息遣いがのこる耕作跡などぜひ残してほしいですね。奈良平

春日山城址の古井戸

安の仏像は金箔を貼りなおすことはしません。自然の時間的経緯を大切にする素朴な心がそうさせるのです。

私どもが運営しますＮＰＯ法人頸城野郷土資料室は、二〇一〇年『くびき野文化事典』を刊行するに当たって、第一に地域住民の目線からみた郷土遺産・生活文化に意味を持たせました。専門研究者が認定する学術的価値のほかに、地域住民が生活上で実感し、使われてこそ光る文化的価値に重きをおいたわけです。そのような意図からすると、春日山にのこる耕作地跡は使われて今に残った貴重な文化遺産なのです。また、人によっては戦争に関連する遺跡や遺物はなくていい、と考えるかも知れません。しかし今まで人間が生み出してきたものはすべて文化なのです。大切に保存したいです。

黒と白のせめぎあい　―熊野修験と白山修験―

一九九一年八月六日に妙高市（旧妙高村）の関山神社を訪問した際、神社本殿で、同村文化財調査審議委員の故笹川清信氏に次のお話を伺いました。それは縄文の昔を偲ばせるものです。「どちらが勝てば米がみのるとか、畑のものがみのるとかの行事があります。それは七月一七日の火祭りです。」「池の前へ、昔は真中から両方へ三〇けんずつ離れて、若松を組んで立てたものです。真中に葉っぱがついたのを三本立てて、この下へたがをはめて丸太を入れます。そのところに御幣を立てて、神社の神主さんから火打石と火打金、火口を受取って持っていきまして、それで火を付けた場合、東京寄りで火が付けば米がよくみのるし、直江津寄りで付くと畑がいいっていうような事を言うわけです。」ここで畑のものは縄文を、米は弥生を象徴しているように私には思えます。

それから関山神社は、一方で熊野ほかに山岳修験場を開いた裸形上人が開いたとされ熊野修験との関連を漂わせていますが、他方では朝鮮三国時代に由来する銅造菩薩立像があり、新羅様式とされる関山石仏群もあり、泰澄の白山修験との関連を漂わせています。察するに、妙高山麓では黒＝熊野と白＝白山のぶつかり合いがありました。

黒と白のぶつかり合いはまた、糸魚川市の天津神社（通称一の宮）および同市早川地区の日光寺・白山神社で毎春に行われる神事にも観察されます。前者は糸魚川けんか祭り（四月一〇日～一一日）といい、押上・寺町両区の若衆が二基の神輿をはげしくぶつけあうことで知られます。後者は日光寺け

埋け込式関山石仏群の代表（鎌倉期の弥勒菩薩）

んか祭り（四月一八日）といいます。両者とも五穀豊穣、豊漁を祈願して挙行されますが、私の考えでは、この神事はもともと古代における天津神系民族（大和民族ないし熊野信仰）と国津神系民族（出雲・高志民族ないし白山信仰）の領土的係争を背景にしていることでしょう。国津神系の土着民が住んでいた地へ、やがて天津神系の民族が侵攻してくることとなり、その過程で両民族は幾度となく争ったものと思われます。けんか祭りにはその遺制がのこります。そのような異民族対抗の余韻を今に伝える儀礼は、妙高市関山神社の火祭り（七月一七日）にも垣間見られるのです。「黒と白」テーマは「くびき野カレッジ天地びと」講座（四月～八月、九月～一月、第二・四土曜日午後、上越市本町六の高田小町で開催）で早稲田大学の唐澤太輔氏が講じております。

勝山城井戸跡にみる水資源の今日的意義

くびき野の戦国時代は長尾・上杉時代であります。それはまた狼煙《のろし》と山城の時代でした。中心地でありまず春日山城には古井戸が今日に残っています。長年にわたり中世山城の研究に携わってこられた植木宏先生（頸城野博学士）によりますと、戦国時代に糸魚川市青海に存在した勝山城には約二〇メートル四方のスケールを誇る井戸がありました。私はこの古井戸の取水方法に注目しております。第一、この井戸は汲み上げ式でなく湧き水を集めます。また、これは単独でなく扇状に開かれた一〇箇所くらいからなり、地下一メートルほどの井戸底に小砂利が敷かれ、湧き出た水は各々から要にあたる井戸へと導かれます。一九六五年に植木先生が発掘した段階で、表土（五〇センチ）は砂質で覆われ、その下に小砂利層（六〇センチ）があり、最下に木材の腐食層（一〇センチ）があったとのことです。湧き出て下方の中心井戸に流れるに際して濾過作用があったとも考えられます。水質検査の結果、飲料水として問題ないとのことでした。

ということは、一九六五年段階で、糸魚川地方の山間部には潤沢な湧き水を蓄える森や湿地がここかしこに存在していたことになるでしょう。ある地方が衣食住に適した土地であるか、そのバロメータの一つは湧き水の存在とその流量です。かつて近代化の指標として水道水が挙げられました。でも、それは塩素消毒せねば呑めず、美味しくもありません。飲み水の役割を終えております。飲料水はペットボトルから、の時代となっているのです。

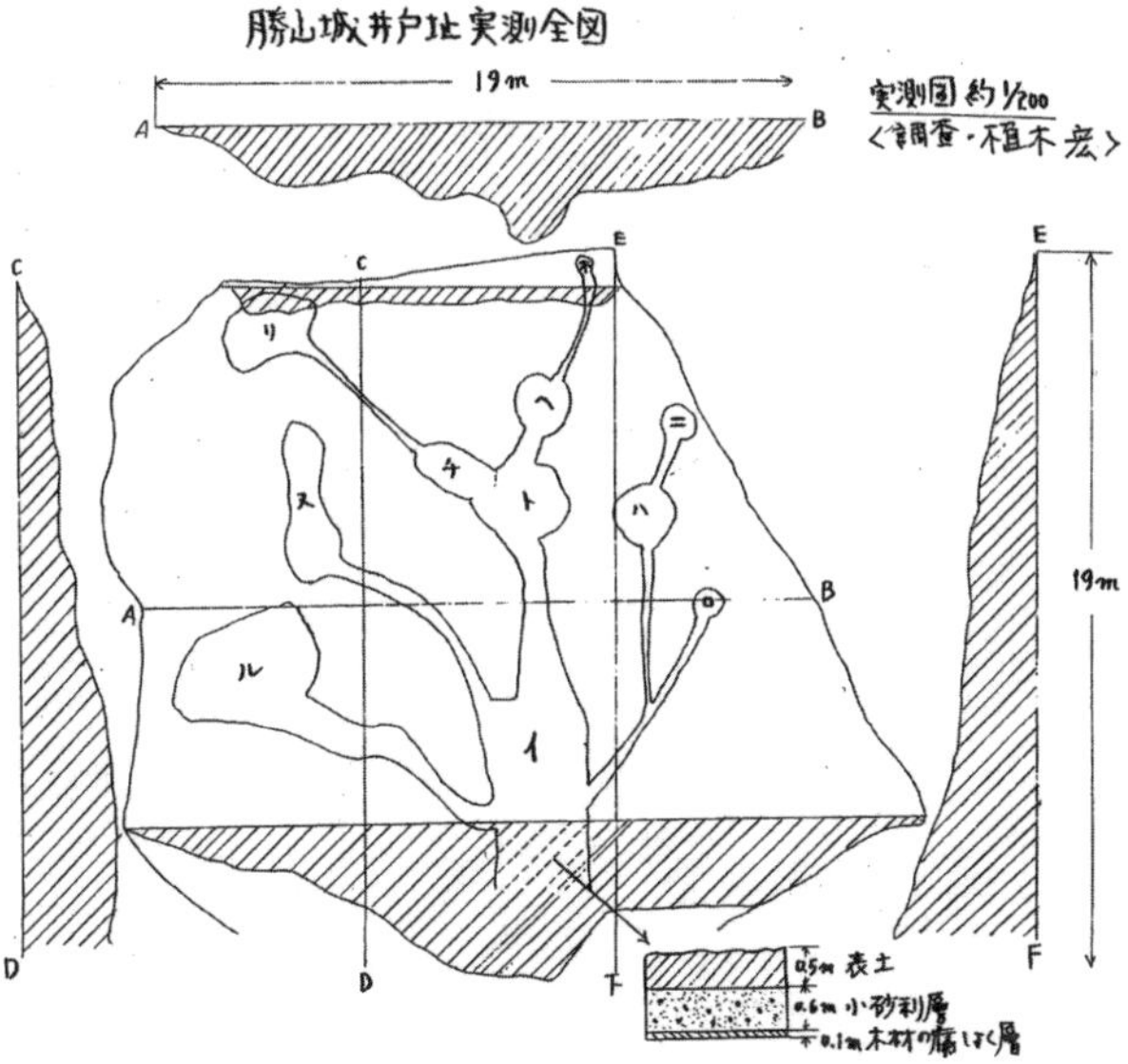

勝山城井戸址整理（一九六五年）

さように、二一世紀の今日、生活環境問題が深刻化しています。飲料水の汚染はとくに生活者の関心を引きます。二〇一一年三月の福島原発事故以来、放射性ヨウ素とかセシウムとかが問題視されていますが、もともと農薬汚染や工場排水汚染など、数限りなく危険な状況が頻発しています。それにつけても、基本的には、塩素など薬品による消毒でなく、濾過による自然的除染の技術が今後に継承されなければなりません。その意味から勝山城井戸跡は重要な文化財と考えられるのです。扇の先端から要へと濾過されて得られる天然水は文化としての湧き水です。「勝山文化滾滾《こんこん》水」と命名して市民に提供してはいかがでしょうか。私ども頸城野郷土資料室の地域文化への思いは、二一世紀の生活に役立つ伝統技術の継承です。過去の遺物保存でなく未来に役立つ文化・技術を意識的に発掘していきたいのです。

悪神敬して避ける　―神さんかえってくんない―

人の心は推し量れないものです。御利益でなく反対に災いしかもたらさない悪神・邪神をも、人びとはときに手厚くもてなすことがあるのです。体裁上恭順の意を表しておかないとどんなひどい目にあわされるかわかったものではないので、悪神といえども、ときに招かれるのです。そのような信仰の代表は疱瘡神です。『近世の流行神』の著者故宮田登氏によると、「疱瘡神はきわめて擬人化して人間生活に密着した形や行為を示している。祀る方が、崇めていれば、他の悪神のような悪疫をもたらすことを止めて、逆に疱瘡にかからないように守護してくれると言うのである」。そのように守護神と化した疫神の例を、宮田氏は新潟県に採集しています。「こうした面の疱瘡神の民俗に眼を向けると、たとえば新潟県中頸城郡源村（現在の吉川区）尾神で、疱瘡にかかった際、藁四、五本でタガを作り、それに笹を二、三葉つけ疱瘡神としておく、疱瘡後七日目に、それを子供の頭の上にかぶせ、祓いといって『疱瘡の神さんご苦労さん』と唱え、母親がお湯をかけるという」。

ちなみに、疱瘡神のことで宮田氏が注目した上越市吉川区の石仏研究家、故吉村博氏のお話によれば、氏がご幼少の頃（昭和初期）、疱瘡をわずらった子供たちは宮田著作に記されたのと同類か、多少違ってはいてもやはり疫病に出ていってもらう儀礼を母親にしてもらったとのことです。また、上越市（旧高田市大鋸町）生まれの私が、一九五三～五四年頃麻疹にかかった折、母は「さんばいし」と称する藁の神さんをつくり、裏手の儀明川に行って、私の頭にのせました。それから笹の葉に水をつけ

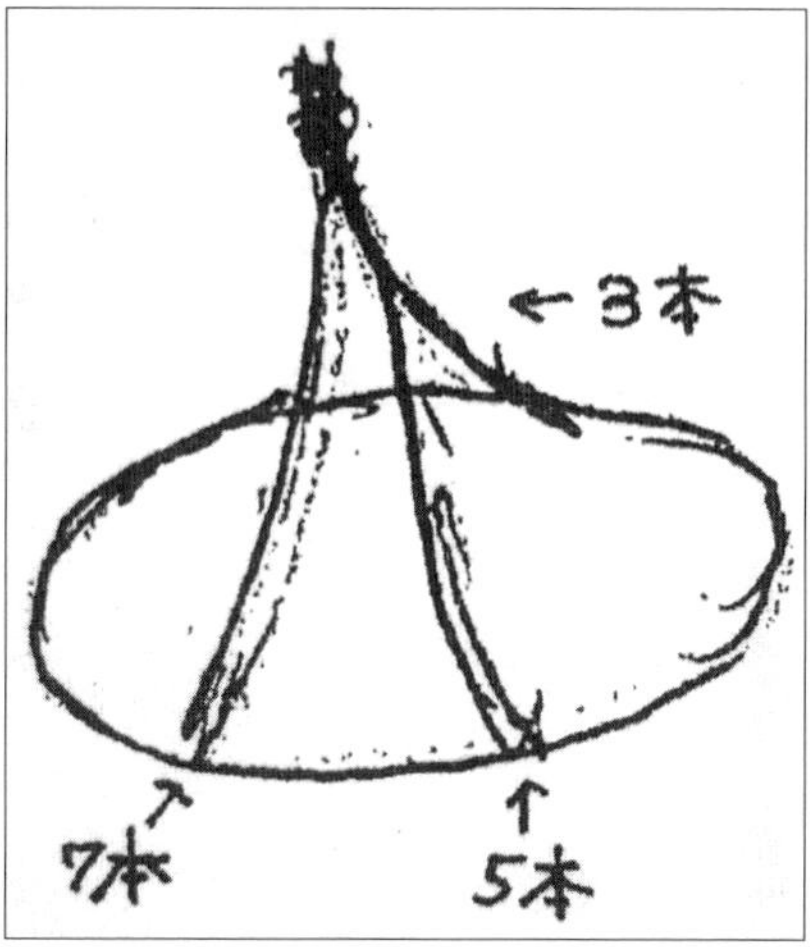

さんばいし（画は吉川区の吉村博先生 1994 年）

てお祓いをしながらこう言ったのです。「神さんかえってくんない」。そのあと母はその藁神にお湯をかけ、それを川に流しました。母は上越市（旧高田市陀羅尼町）生まれで三和区（旧上杉村）育ちですので、わが故郷くびき野には間違いなく「悪神敬して避ける」儀礼が存在し、私自身もそれを体験したのでした。そのような、或るときは神を崇拝し、また或るときは同じ神を敬遠したり疎んじたりする習俗・精神構造をフェティシズムといい、これこそ私が博士論文のテーマとしたものでした。旧約聖書に登場する「鬼神」は、元来エジプトで信仰される動物神だったのですが、やがてそれは悪神にされてしまうが、なかなか信仰は廃れなかったのです。

風の三郎を退治する

疱瘡神以外、「悪神敬して避ける」儀礼のもう一つの代表に風の神儀礼あります。「風の三郎」と称します。故吉村博先生によりますと、中越から上越一帯に営まれてきたこの信仰は、もともとは農耕庶民の営む名もなき儀礼を下敷きにしています。こちらは吹いて欲しくない風（の神）を撃退するか、あるいはせめて村はずれでやり過ごすかするための儀礼です。それが元来の「風の三郎」儀礼なのです。けれども、やがて農山村にも人智のおよぶところとなるや、風の神は仏教や神道の神様と習合し「志那都比古命《しなつひこのみこと》」「風大神」など崇高な名称を備え、本来はやってきてほしくない暴風（風の三郎）を撃退する役を演じるようになるのでした。しかし、もともとの儀礼はそう簡単には廃れません。そこに「風の三郎」儀礼の特徴があるのです。

暴雨を制御する神でなく、暴風そのものにもなる風の神について、農民は鎌で対決する儀礼「風切り儀礼」を行ないました。かつて中里村（現十日町市）ほかで行われていたこの風切り儀礼は、神事としては信州諏訪大社の薙鎌儀礼と関連します。薙鎌は、日本神話における奴奈川姫と建御名方命母子に因む儀礼「薙鎌打ち神事」で用いられる神器でした。鳥の嘴のような形状（元々は蛇と思えます）をし、神木の幹に打ち込んでそのままにしておきます。中には長い年月のあいだに表皮に覆われてしまうものもありました。この儀礼は、糸魚川から諏訪に向かう姫川上流（信越国境）にある境の宮（長野県北安曇郡小谷村戸土）・小倉明神社（長野県北安曇郡小谷村中股）二箇所で諏訪神社（長野県諏訪市）の

安塚区須川菱神社の風神

御柱祭前年、つまり七年に一度、交互に行われてきました。本儀礼は糸魚川地方では「薙鎌祭」として現在に伝えられています。農民たちの間では草刈鎌を打ち込む事例があるのです。ようするに「風神の怒声を鎮め」「風神を征服する」儀礼なのです。

なお、このテーマについては以下の研究書があります。吉村博著・吉村雅夫編『石と語る民俗文化』（北越出版、二〇一〇年）「風まつり」、石塚正英編『裏日本文化ルネッサンス』（社会評論社、二〇一一年）第七章「風の神とその儀礼」。また、風の三郎は宮沢賢治の小品「風の又三郎」のテーマともなっています。その作品においても、又三郎は歓迎されているようでいないようで、微妙な存在となっています。

「どっどど　どどうど　どどうど　どどう　青いくるみも吹きとばせ　すっぱいかりんも吹きとばせ　どっどど　どどうど　どどうど　どどう」

「おが町」から「おおが町」へ　―職人町今昔―

高田城下建設当時から、大鋸町（現仲町六）には大工職人が住んでいました。その町名「大鋸」とは外来（室町期?）の木挽きのこぎりのことで、「オガ」と発音します。大鋸屑《おがくず》のオガです。現在の中国語で「大鋸」は「タージェ」と発音し、韓国固有の名称で鋸《のこぎり》は「トゥム」ですので、近隣諸国語と「オガ」との関連は指摘できません。

輸入元がいずこであれ、江戸時代中期の『和漢三才絵図』には「おが」というルビがふってあり、「俗云於賀」と説明が付けられています。なるほど漢字を見ると「オオガ」と読みたくなるのですが、当初は実物と一緒に「オガ」という音だけが輸入されたと考えられます。ただ、「オガ」はとても大きな鋸だったので、日本では「大きな鋸」と呼び、あるいは「大鋸」と短縮されて記述されたのかもしれないです。けれども、読み方はそのまま「オガ」にしておいたので、「大鋸」を「タイキョ」や「タイコ」とせず「オガ」といい続けたということです。これはほかの外来語と比較しての推理です。タバコを煙草と書き、キセルを煙管と書くのと同様、漢字はあとから意味を表すものとして添えられたのです。

「大鋸」という漢字を町名に転用しても、その読み方は口伝えで「オガ」として後世に知られたことでしょう。高田藩時代、大鋸町の大工職人はわが町を「おがまち」と称していたはずです。富山県高岡市に今も残る「大鋸屋町《おがやまち》」のように。

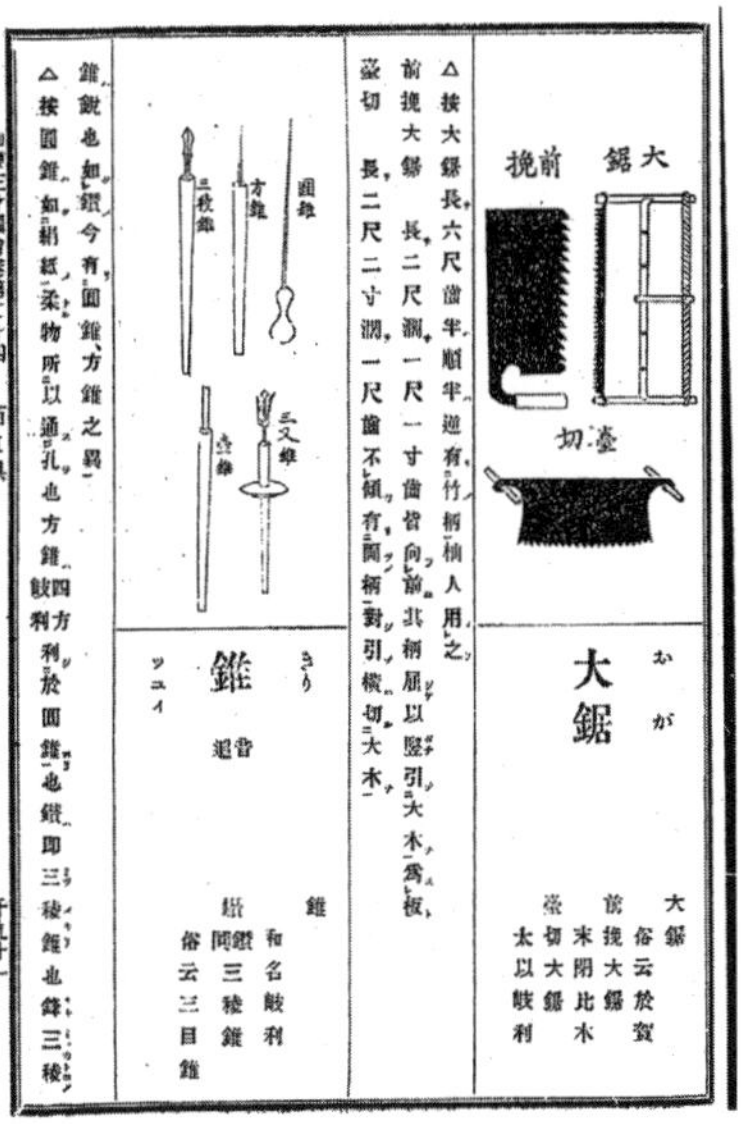
大鋸《おが》

大鋸 俗云於賀
前挽大鋸 末開比木
臺切大鋸 太以岐利

△按大鋸長六尺齒半順半逆有竹柄樵人用之
前挽大鋸　長二尺濶一尺一寸齒皆向前其柄屈以竪引大木為板
臺切　長二尺二寸濶一尺齒不傾有圓柄對引横切大木

錐《きり》 ツユイ 音追

錐 和名岐利
鐟
鑽 同 三稜錐
俗云三目錐

錐鋭也如鑽今有圓錐方錐之異
△按圓錐如錐紙柔物所以通孔也方錐四方利於圓錐也鑽即三稜錐也鋒三稜

和漢三才圖會卷第二十四　百工具　千九十一

大鋸（『和漢三才図会』より）

ところで、一八七二年（学制施行）から初等教育が始まり人々の識字率がいっそう高まりだすと、耳で聞いた「オガ」のほかに、目で見た「オオガ」が認識されるようになりました。たとえば一九〇七年七月三〇日付『上越日報』には「おほが」とルビがついています。また、次第に「オガ」というのこぎり自体を目にすることが少なくなっていきました。その過程で、「大鋸」はのこぎりの名称でなく、町名で知られていくこととなったのです。のこぎりとしての「オガ」が人々の意識から遠のいてゆけば、地図や新聞に文字で記された「大鋸」つまり「オオガ」が居住区の人々になじむところとなったことでしょう。そのような経過をたどって明治後期から大正期になれば、大鋸町の住民は、自らの居住地を「おおがまち」と認識し呼称していくのが自然となったのだと考えられます。高田市史などに「おおが町」と記載された根拠はここにあったと考えられるのです。

日本海を越えてきたシルクロード型獅子像

くびき野にはたくさんの木彫狛犬像が存在します。たとえば、三和区の五十君神社に阿形一体（鎌倉時代）、浦川原区の白山神社に一対（鎌倉後期・低姿勢）、五智の居多神社に一対（鎌倉時代後期・かなり風化）、十日町市松代の松苧神社に一対（室町時代・鏡を背に）、糸魚川市宮平の剣神社に二対（室町時代）、安塚区の安塚神社に一対（室町時代・茶褐色の色彩）。上越市本町一丁目の春日神社に一対（江戸時代初期）。これらの狛犬のうち、鎌倉期のものはおおむね新羅系仏教文化の影響下に誕生したもので、敦煌など西域の獅子像の印象を残しています。これを私は「シルクロード型」と類型化しています。それに対して、角と宝珠を戴いた安塚神社や春日神社のものは日本国内で多少なりの変化を遂げたものので、私は「狛犬唐獅子型」と類型化しています。

ところで朝鮮半島の獅子石像は、古新羅から統一新羅時代までは西域の影響下にありました。その結果、新羅ではオリエントのライオン像のように堂々たる獅子が単体の神像として完成しました。仏国寺の多宝塔に鎮座する一基はその典型です。高麗時代以降の朝鮮半島では、神使・眷属のようにして獅子頭のみ空想上の生物と習合して特徴ある様式に変化しつつ、塔の台座や神殿・王宮の欄干・石階段の手すりにあしらわれるようになりました。けれども日本では、とくに日本海沿岸では単体の獅子像が狛犬となって刻まれ続けたのです。

獅子信仰は石獅子像の概観をまとって朝鮮半島東岸から日本海（東海）に船出し、対馬海潮に流さ

五十君神社の狛犬

れて能登半島・佐渡ヶ島、そして頸城野の海岸に上陸した模様です。それは高志において土着文化と習合しました。それは生活に密着していきました。たとえば中央ではすでに寄木造りの仏像が当たり前になっても、北陸では依然として桂や檜、欅で一木彫りの仏像が造られていくのです。狛犬も同様でした。五十君神社の阿形一体、居多神社の一対、剣神社の二対の造形をみると、江戸期に増産される唐獅子石像との相違を容易に発見できます。高麗犬（狛犬）石像の先駆である仏国寺石獅子に近いと実感することでしょう。「コマ」とは必ずしも「高麗」のことでなく、たんに外国＝異郷という意味をもつ時代もありました。そのような語意を意識しつつ、くびき野における狛犬のルーツを類型にすると「シルクロード獅子型」ということになろうかと思います。

上越地方の子守唄

子守唄というと、なにか物悲しい調べであるような気がします。昔、子守役はたいてい貧しい家の少女でした。子守唄は、自分の辛い心境、奉公先の主人たちに対する恨み、早く家に帰りたいという思い、などが込められています。誰にも言えない心のうちを背中の赤ん坊に聞かせて、鬱憤を晴らしたのです。だから、日本の子守唄には短調の曲が多く、なんとなく暗い雰囲気ですね。聞く人の想いは、自然と詠う子の境遇に寄り添います。

さて、上越地方の子守唄ですが、渡辺富美雄・松沢秀介編『子守歌の基礎的研究』（明治書院、一九七九年）によると、歌詞の内容からみて以下の三種に区分されます。①眠らせ歌、②遊ばせ歌、③口説き歌。旋律では、①は全国的に知られる「江戸子守唄」、②はわらべ歌の「お月様いくつ」、③は群馬の民謡「八木節」に習ったものが多いようです。①の元歌「ねんねんころりよ　おころりよ　ぼうやはよい子だ　ねんねしな」は、上越地方ではおおよそ同じです。しかし、眠ったらご褒美あげるよ、という歌詞もあります。「ネンネネシルコニ　トトジルカケテ　アカイオハシデ　サクサクト」（糸魚川市小滝地区）。旋律も①と違っています。②の元歌「お月さまいくつ。十三七《じゅうさんなな》つ。まだ年や若いな」は、出だしが「ノノサンイクツ」（旧新井市西野谷新田）となったりします。③の歌詞は数え歌風になっているものが多いようです。「イチニャイジメラレ　ニニャニクマレテ」（旧牧村柳島）。そのほか、独り言のような「ネンネンネコノケツ　ガニャハイリコンダ」（かにの歌）もあります。これは子守なん

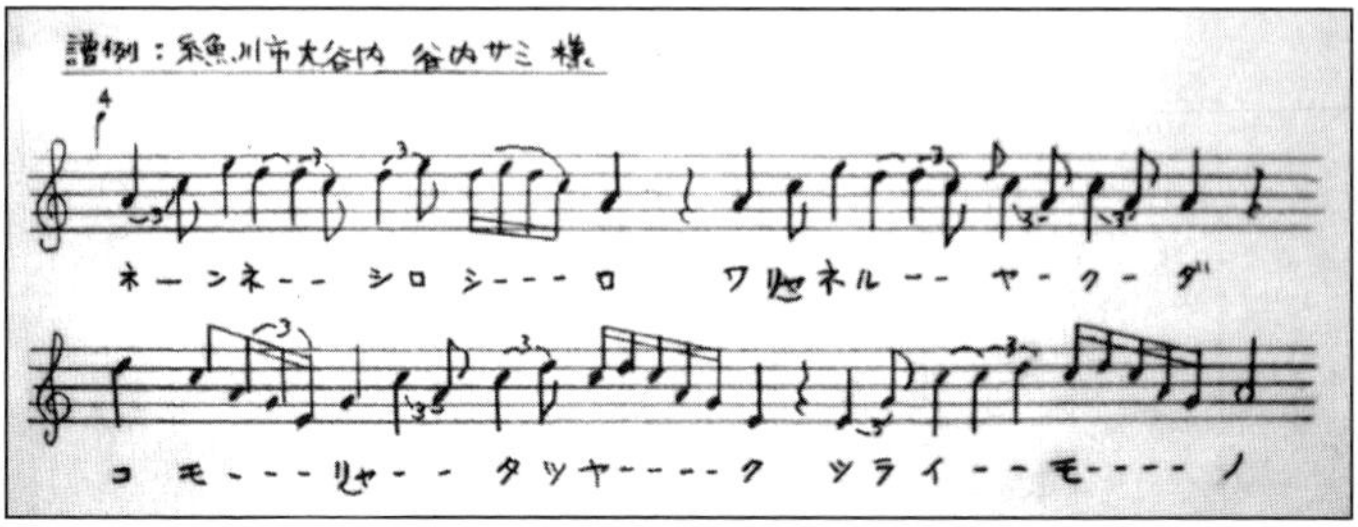

渡辺富美雄・松沢秀介編『子守歌の基礎的研究』
（明治書院、1979年）35頁から転載

かいやだなぁ、と愚痴をこぼしているような感じです。それから、はやしことばは西頸城地方に多くあります。「ねんね」（糸魚川市麻山の坊）、「ようようよう」（糸魚川市根知）、「よいよいよい」（旧能生町一帯）、「のーや」（旧能生街百川）、「ヤーヤーヤー」（旧名立町上瀬戸）などが歌に添えられます。

一九五三年頃、赤ん坊の弟を背中に負ぶって私の手をひいていた私の母は、たしか子守唄を歌っていました。あるいは、私自身が母の背中で聞いたのかもしれませんが、ほのかに懐かしい、優しい母の思い出です。旋律は江戸の子守唄のであったような記憶があります。「ねんねこ　しゃっしゃりませ」（中国地方の子守唄）や「守もいやがる」（竹田の子守唄）でなかったことは確かです。

うまやとひるこ　―清里区・牧区―

清里区に地名としてのこる「馬屋」は、清里が古代から信濃などとの交通の要衝として意義をもっていた傍証ではないかと推測します。「古代中世上越後（頸城）の交通路」（一九六七年）をまとめた故平野団三先生は、その中でこう記しています。「山越街道。この道は、高田平野東山山麓を北から南へ走り、北陸道から信濃路へ連絡する山越道である。」「この道はまた幾多の峠道を合せ横切っている。黒岩峠、安塚街道、牧峠、櫛池峠、関田峠がそれである。」清里区の「馬屋は交通路の転馬所であり、大日堂附近に条里制が認められるとしている。こうした諸条件を置き重ねると、山越街道は関川水系東山山麓諸荘を貫く、荘園聚落の一大幹線であったことが知られよう。」（平野団三『頸城古仏の探究』）

現在の長野県東筑摩郡に位置した錦織《にしごり》駅で東山道（近江→美濃→信濃→上野→下野→陸奥→出羽）から分岐した古道は、現在の上水内郡信濃町あたりに位置した沼辺《ぬまべ》駅から妙高山麓を経由して頸城に入りました。その間、上記の山脇街道を経由したり、いろんな峠を越えたことでしょう。そうして、大きくみて水門駅に向かう道と佐味駅に向かう道の二方向へと更に分岐したことでしょう。また、深坂峠（松之山付近）を越えて三嶋駅で北陸道に合流するルートもあったと考えられます。

ところで、岡野町にのこる市神石祠の祭神は蛭子《ひるこ》（イザナギ・イザナミが最初に生んだが葦の舟で遠方に流された未熟児）ですが、これは遠方からさまざまな文物制度をもたらす神です。また、町《まち》の語源が祭《まつり》で、市《いち》の語源が斎《いつき》であることから、古代においてうまやは、いわば「蝿声《さばえ》なす邪《あ》しき神《かみ》」（日本書紀）

くびき野における絵馬信仰の証

の行き交う地にあって物心さまざまな交易の要衝＝巷《ちまた》であったとみて差し支えないでしょう。それから、上記の「ひるこ」ですが、『慶長二年越後国郡絵図』に「ひるこ峠、飯田ヨリ五里」と添え書きされた図絵が有名です。「飯田」とは頸城平野にある飯田村です。飯田村（上越市）→高津村（同）→油田村（同）→新井村（牧区）→びるこ村（牧区）→まきの村（同）→ひるこ峠と歩むことになります。この峠を「ひるこ」としたのは、遠隔交易とそれによって行き交う文物制度に関係する峠だからではないかと、私は推測します。

野口善吉と頸城自由民権志士

ここに一枚の写真を紹介します。一八八〇年代高田（現新潟県上越市）の自由民権運動にかかわる記念写真（一九〇七年三月撮影）と推測されます。前列右端の人物は、高田町大鋸町（現上越市仲町六）住民の野口善吉（一八四二〜一九一五年）です。野口が右手に持つ黒い布は、民権の志士たちが身元を隠すために使用した手づくりの覆面です。蚊帳の麻布を切り墨塗りしてつくった頭巾です。先般、曾孫にあたる野口征夫氏（埼玉県在住）宅で実物を調査しましたが、これと同じものを一九八六年に御母堂のキクノ様が高田図書館に寄贈されたとのことです。

江戸時代から野口家は家督相続とともに代々「善吉」を襲名し、前述の本人が没したのちは息子の馬治が善吉と改名しました（一九二〇年）。野口家は材木商を営みつつ大鋸町の大工職人の組合（太子講）結成に尽力しました。同時にまた、自由民権志士の活動を経済的に支援した模様です。菩提寺である本覚寺の檀家総代をつとめ、墓地は現在も遺族子孫各位によって手厚く弔われております。そのほか、野口家が建てたとみられる明治元年築の町家（現在は私、石塚正英が所有）は、国の登録有形文化財に認定されています。

さて、一八八〇年代に頸城地方を中心に勢力を伸張してきた自由民権運動は、やがて血気盛んな青年層によって急進化します。その結果、運動に対する弾圧が発生します。高田事件です。本件は、一八八三年三月二〇日に行なわれた一斉検挙に象徴されますが、裁判所と警察が連携して起こした一

野口善吉と頸城自由民権志士

種のフレームアップ事件であり、逮捕されたメンバーのほとんどが冤罪でした。中心的活動家の一人である赤井景韶が起草した「天誅党旨意書」が内乱予備罪に当たるとして、赤井のみが国事犯陰謀の容疑で重禁固九年の判決をうけました。赤井はその後脱獄し、逃亡に際して殺人を犯したため、結局は死刑となったのですが、その刑は高田事件と直接関係してはいません。

高田警察署は、事件で拘束した人物約四〇名を収監する場所として大漁座（後の中劇）を改造するのですが、その工事を請け負ったのは善吉でした。その際、善吉の意図が志士の支援救済にあったことは、ここに掲載する写真によって証明されます。例の頭巾ですが、最新の『上越市史』（通史編五）には「逮捕者に使用された覆面」とありますが、正しくありません。かつて善吉が住んだ家は現在「大鋸町《おがまち》ますや」の屋号を持ちますが、そこに私は半世紀以上前から親子二代にわたり住んでおり、不思議な縁です。

川上善兵衛の放射状道路建設

岩の原葡萄園（上越市北方）の創立者であります川上善兵衛（一八六八〜一九四四年）は、ワインに関心をもつ一方で、独学で学んだ英語やフランス語を通じてヨーロッパ思想の合理主義的側面から日本の将来を構想していきました。そうした川上の面影を今日に遺すものとして、一九〇〇年前後に彼が高士村に建設した放射状道路があります。しかし、川上は、いったいどのような観点から放射状道路に思いを寄せたのでしょうか。道路建設は、川上が高士村の村長をしていた一九〇〇年前後のことですが、このことに関連して、元ＰＰＳ通信社専務の木島章は『川上善兵衛伝』で次のように記しています。

「善兵衛は外遊の経験は一度もなかったが、海外の知識はあらゆる文献から吸収していたらしく、村政のひとつとして学校の建築地を村の中央におき、それを中心として道路網を切ったといわれる。これらの発想はパリの凱旋門からきており、小学校の近所に村役場も郵便局も登記所と一括しておき、そこから道路を放射状に敷いた。」

この引用文に文献的注記はないので、私は、当の道路建設が決議された高士村議会の議事録を上越市公文書館準備室で調べてみました。また、川上の郷里に在住する郷土民俗文化研究家の建入定男氏を訪問し、氏が熱心に研究する善兵衛の道路整備拡張事業について種々の説明を受けました。また、川上が本事業に着手する以前の同地域道路事情を記した地図を閲覧しました。その際に紹介された上

越市森田の丸山正義氏から、高士から岩の原葡萄園方面への道は、昭和初期に改修されいっそう直線的になった、旧道が脇道として今に残っている、との証言を戴きました。そのほか、二〇一〇年九月一三日、一九三七年から五六年まで岩の原葡萄園で働き晩年の川上善兵衛に指導を受けた飯野清蔵翁宅（上越市飯田）で聞き取りを行い、翁は、善兵衛が意識的に放射状道路を建設した旨をはっきりと証言しました。実際に旧道を含め車で走ってもみました。

放射状道路建設に関する一連の調査から判明することは、以下のものです。第一、川上がパリ凱旋門（上掲写真）とそこから延びる放射状道路に直接のヒントを得た確証はもっかのところ得られない。第二、道路拡張工事は小学校校舎新築とリンクしているから、近代化を意識した工事だったことは間違いない。第三、川上は、ヨーロッパの言語と文化を独学する過程で、近代的な民衆観、教育理念、都市設計に思いを寄せた。

高麗八萬大蔵経とくびき野

二〇一〇年六月一九日のNPO法人頸城野郷土資料室の別館「アトリウム御殿山」開設に合わせて、私は記念講演「資料室この一点」を行ないました。この機会に私は、韓国南部の伽耶山海印寺の「高麗八萬大蔵経」とくびき野の関係を解説しました。資料としては、版木から印刷された「般若心経」一枚を展示しました。平成二〇年八月下旬、韓国南部の伽耶山海印寺で入手しました。当初の版木は一二三六年モンゴル軍の侵入で焼失し、その後あらたに刻印されました。高麗八萬大蔵経の板木は横約七〇センチメートル、縦約二四センチメートル、厚さ約二センチメートル、重さ約三キログラムです。材料は巨済島をはじめ南海岸の厚朴木、白樺木、山桜などで、これらの木を伐採して三年間海水の中へ浸し置いた後、版木の大きさで四角く切って塩水で煮てから日陰で充分に乾燥させた後、その上に文字を切りつけたとのことです。完成した経板は一三九八年になってはじめて海印寺に納められました。

この高麗八萬大蔵経の版木から印刷された大蔵経刷版は室町時代に日本に伝わり、現在は東京都の増上寺、京都市の大谷大学に、ほぼ完全に揃った刷版が所蔵されているとのことです。現在、海印寺で分けてくれる「般若心経」は版木から刷られています。原寸大であり裏面に墨も滲み、プリントではありません。かつて般若心経ほか大蔵経をもとめて各地から訪れる仏徒に手渡され、また一九九五年に世界遺産に登録されてからは観光客にも頒布するようになったのでしょう。

越後の守護大名上杉房定《うえすぎふささだ》は、文明一八（一四八六）年、足利幕府（義政）を通して李氏朝鮮から「高麗八萬大蔵経」を輸入し、越後安国寺（足利尊氏が後醍醐天皇ほかの霊を弔って全国に建てた安国寺の一つ）へ納めました。時代は下って、日清日露戦争の頃、浦川原村の顕聖寺に拠点をおいて日韓合邦に活動した武田範之《たけだはんし》（一八六三～一九一一年）は、一説によれば、明治政府の意図（日韓併合支配）とは正反対に、韓国との対等の融合関係を築こうと奔走しました。その一環として「高麗八萬大蔵経」の版木保存を訴えました。顕聖寺の住職だった武田の弟子を自任するワイン製造業者川上善兵衛は、「高麗八萬大蔵経」を顕聖寺境内の黄葉学院に収め、またその運動に資金提供を惜しまなかったということです。ただ、残念なことに、肝心の大蔵経は現在のところ顕聖寺で確認できておりません。なんとか探し出したいと念じております。

伽耶山海印大蔵経書庫

頸城野郷土資料室関連の生活文化（一）

「くびき野学への誘《いざな》い」シリーズは、今回から二年目に入ります。そこで、少し趣きをかえて、私の参加する頸城野郷土資料室の拠点でありますす事務所「大鋸町ますや」（上越市仲町六）と資料室「アトリウム御殿山」（上越市御殿山町二〇）に備わる生活文化財について二回にわたり記してみようと思います。今回は事務所についてです。

一八六八年（慶応四年～明治元年）、越後高田の大工職人町であります大鋸町《おがまち》に「大鋸町ますや」が建造されました。その屋号「ますや」は一九五九年（昭和三四）から石塚鉄男（登記上で第八代の所有者）が用いたものですが、建物自体は一五〇年の歴史を持ちます。差し掛け式で平屋という建築様式は、二階建ての許されなかった江戸時代の名残をとどめるものです。店、茶の間、座敷、ドイン（縁側）、通り庭を備えた町家造りが特徴で、梁や柱にはチョウナやヨキ（江戸時代までのカンナ）の削り跡がくっきりと刻まれています。台所の井戸側は三和区の特産である大光寺石でできています。この町家を建てた人物は材木商で大工の野口善吉（一八四二～一九一五年）と思われます。

その後、一九一七（大正六）年六月、風間熊吉がこの家を購入しました。茶の間にある箱階段の箱に、鯛を釣る戎《えびす》さまの図像とともに「米穀精米、大鋸町、風間商店」という文字の刻印されたカラフルな引き札（広告紙、「大正九年」の年号）が貼りつけてあるので、風間はおそらく米穀商だったのでしょう。この箱階段は、この頃近くの玉井家からもらいうけたものです。階段の裏面板に事情が墨書さ

箱階段引出の引き札

れています。当時の玉井家は本家が呉服屋で、分家が鉄工所だったのです。いずれも一九一八（大正七）～二〇年ころに建て替えていますので、そのどちらかの家から譲りうけたようです。以降、一九二一（大正一〇）年渡辺サク、一九二二（大正一一）年池田宗治がこの家の主となり、一九五九（昭和三四）年、石塚鉄男つまり私の父がこの家を購入しました。

　ところで、二〇一二年二月、大鋸町ますやは国の登録有形文化財に認定されました。その件に関して、文科省から「登録有形文化財登録証」、文化庁から「認証プレート」がとどき、三月、その伝達式を行いました。大鋸町ますや（明治元年築）のほか、麻屋高野（昭和一二年築）、幸村宅（旧玉井宅）（大正一〇年築）も一緒に登録され、一緒に伝達式を行いました。

頸城野郷土資料室関連の生活文化（二）

二〇一〇年六月に完成した図書室でありますアトリウム御殿山（上越市御殿山町）には、名立区に二〇〇年以上前から存在していた農家の一室が移築されています。住む人がいなくなり取り壊しやむなきに至ったところでした。すばらしい偶然事でした。さらには、二〇〇八年六月、ちょうど五智の居多神社（旧社殿）が解体されるときのこと、当日であれば部材を戴けると花ゲ前盛明宮司のお話を戴いたので、お言葉に甘えて、社殿に対して右側の向拝柱を戴き、二年後アトリウムに移築しました。これもラッキーなことでした。よって、アトリウム御殿山は名立（農村文化）・直江津（宗教文化）・高田（高田姫の御殿山）の三文化コラボレーションを実現したのでした。

アトリウムは資料室・図書室ですので、くびき野の生活文化資料が保管されています。図書・図録は現在のところ約八千冊になります。上越市立図書館の郷土資料室蔵書と重複するとしても、くびき野一帯の市町村史をはじめとして、基本的な文献はほぼあります。ジャンルとしては歴史・風土・農耕・民俗・信仰・儀礼・神話・伝承・地域産業などが中心です。著者としては津田左右吉、南方熊楠、柳田國男、高木敏雄、松村武雄、肥後和男ほか、基本中の基本を整えつつあります。濱谷浩の写真集『雪国』もなくてはなりません。くびき地元では金子大栄、小川未明、渡邉慶一、伊丹末雄など孤高の存在です。長岡市（旧越路町）出身の哲学者井上円了『妖怪学講義』ほか井上全集を東洋大学から寄贈されました。そのほか、くびき野に移入された近隣地域に関する資料、中国・韓国の仏教文化や石造文化について

は力を入れています。要するに、くびき文化を世界遺産的な視野で調査研究するための学術的裾野を広げるのがアトリウムの使命なのです。

資料としては、金子正彰氏が長年にわたってくびき野で収集した石造物の拓本が一〇〇本以上、紺屋要次郎（笹川祐作氏）による藍染「第一義」の額、吉川繁氏が掘向瓦窯跡ほかで丹念に収集した瓦（赤瓦・青瓦）などがあります。その中には、江戸の瓦《かわら》職人と在地の瓦職人が協力して高田城の復興にかかわった史料もみつかりました。また、長岡市（旧川口町）の故櫻井徳太郎氏がお持ちだった飛鳥園（小川晴暘が一九二二年に創業）謹製の興福寺阿修羅立像写真（九〇×五〇センチの額装）があります。こちらは真野純子様（旧姓櫻井）から寄贈を受けました。なお、アトリウム御殿山は一般に公開していますし室内での資料閲覧および貸出を実施しています。ご希望の方は事務所にお申し込み下さい。

東京の小川未明と大杉栄

中頸城郡高城村（現上越市幸町）に生をうけ「日本のアンデルセン」「日本近代童話の父」と呼ばれた小川未明（一八八二〜一九六一年）は、一般には、前期・小説作家、後期・童話作家として知られておりますが、もうひとつの顔に「社会主義者」としての側面があります。未明は、一九〇一（明治三四）年、東京専門学校（現早稲田大学）に入学しますが、のちに自伝で次のように語っています。「私は田舎におった時も、貧富の懸隔があることは知っていました。毎日勤労に過している者が、米も高くて買えぬ、そういうしがない生活をしている人を見ると、ほんとうに可哀相だなと思いました。しかし東京へ来てからは、ブルジョアと無産者の生活の激しいちがいが、だんだん目について来たのです。……小説を書くのも世道人心のために筆を執らなければならぬ、と考えておりました。それだけに私は、貧富の懸隔の激しいのを見て、これでよいのかと思ったのです。」

在京中にそのような思いを抱く未明は、一九一三年に社会主義者の大杉栄と出会い、深い感化を受けます。ロシアのクロポトキンにも関心を持ちます。そして一九二〇年、日本社会主義同盟の創立発起人となったのです。そのことを知った父親は上京し、息子と意見を交わします。未明「田舎では正直でまじめに働いている百姓が食うや食わずの貧乏をしているのに、一方では不労所得で悠々と暮らしている地主たちがいるじゃありませんか。東京へきてみても同じです。これを改めることこそ正義だと思う。世の中の理性に訴えてなんとか解決しなければならないと思っています。」父「そうきけ

小川未明「野ばら」文学碑（上越市立大手町小学校）

ば判るな。正義のために筆を執れ。」

未明が東京で親しく接した大杉は、同時期に、未明の親友にして糸魚川出身の相馬御風にも多大な影響を与えました。一九二三（大正一二）年関東大震災に際して虐殺された大杉栄は、幼い頃からフランス語を学んでおり、フランスへの思いは生涯のものでした。御風との間で「社会革命」か「個人革命」かをめぐって数年にわたって意見交流をなしつつも、大杉は『ファーブル昆虫記』を翻訳したり、人類学者ミシェル・ルトゥルノの『男女関係の進化』を翻訳したりして、フランス文化を日本に紹介しました。そのように、大杉にもまた、社会主義者であるとともに文化愛好者の側面があったのです。詳しくは『くびきのアーカイブ』第一一号掲載の米田佑介「心を旅する小川未明」をご覧下さい。また、本書第7章をお読み下さい。

最古の木彫仏像は「裏日本」から

『日本書紀』持統三（六八九）年の箇所を読むと、持統天皇は越の蝦夷と南九州の隼人に対して、仏教による教化政策を採ったことがわかります。その頃の越にヤマトの文化はまだ充分には及んでいませんでした。さらに記述を読み進めますと、蝦夷・隼人のうち、後者には筑紫大宰の河内王に命じて公伝仏教の僧を派遣して強化政策を推進しましたが、越の蝦夷に対しては仏像一体と仏具を送るにとどめました。ようするに当時の越には環日本海的・北陸沿岸的仏教世界が存在したのです。道信など自前の僧もいました。仏像を送られた越文化圏では、それより半世紀以上前に、朝鮮半島から木彫仏あるいはそれを彫る職人が渡来していたのでした。（久野健『仏像風土記』NHKブックス、一九七九年、一一八頁）

その証拠はあります。上野の東京国立博物館（本館二階）に展示されている「菩薩立像」です。高さ約九三センチの像背面に張られた古紙によれば、聖徳太子の時代（七世紀初）に関係することが確認されます。この像は、横から見ると厚みはなく百済観音（クスノキ、七世紀前～中、法隆寺蔵）に似ていますが、表情はもっと西方のシルクロードを偲ばせます。像容は素朴で、止利仏師の様式とは一線を画します。アルカイックスマイルがそこはかとなく伺われます。ただし、クスノキ材ですので、越のどこかで造られたものでしょう。

東京国立博物館（法隆寺宝物館）には、同じ七世紀ですが後半に造られた木彫「如来立像」があり

菩薩立像（国立博物館蔵・高野恒男撮影）

ます（二〇一二年七月見学）。宝物館にある同様の飛鳥諸仏（金銅菩薩立像・金銅如来立像）と同類系ですが、唯一木造なのです。これは他の金銅諸仏と同じく朝鮮三国の感化を受けつつも国産で止利様式に含まれます。アルカイックスマイル「菩薩立像」と止利様式「如来立像」の二体を比較してみますと、越の一帯で信仰を集めた「菩薩立像」は「裏日本」がその昔は「内日本」（フロント）で、「表日本」が「外日本」（ヒンターランド）であったことを物語っています。関山神社には朝鮮三国時代の金銅菩薩像が神体として現存します。数年前にそれを実見した私はこう推理します。このような渡来系菩薩諸像を手にした越の生活者は、六世紀から七世紀にかけて、自前で僧侶を育成しつつ仏教を越に見合うよう土着化していった、と。その過程はヤマトの「公伝仏教」と一線を画し、関山神社妙高堂に安置されている脱衣婆像にみられるように、道教系の民間信仰と習合しながら展開したのでしょう。

勧進と瞽女と親鸞と

神仏虐待儀礼研究の一環として私が石仏調査のフィールド・ワークを始めたのは、ちょうど昭和から平成にかわった頃でしたが、この調査というのは民俗学の手法にならったものであって、農村をはじめ各地の日常生活者に聞き書きをする機会が多くあります。また、地方に在住する人びとが自ら筆をとって記録したものを読むことも多いです。そのような折り、ふと心を揺すぶられてしまい、つい研究のことを忘れて聞き入ったり読み耽ったりすることがあるものです。その一つに「勧進」があります。

勧進とくれば、人によっては「五木の子守歌」を連想するでしょう。熊本県人吉市から球磨川の支流川辺川を約三〇キロほど溯った奥地の里で昔から歌われてきた、哀愁のにじみでた子守歌です。「おどまぁ　かんじん　かーんじん　あん人たーちゃー　よかしー　よかしよか帯　よかきもんー」。

私は、なぜかこの子守歌につよく惹きつけられます。その理由は二つあって、一つは越後瞽女《ごぜ》の存在であり、いま一つは愚禿親鸞の存在です。越後高田に生まれた私は、子どもの頃、祭礼の日になるとよく寺社境内で三味線を弾いては参拝客から施しを受けていた盲目の女性たちを見かけました。作家の水上勉氏はこの瞽女たちに注目して小説を書き、それは映画化されもしました。ですが、水上自らが感じ入っているように、越後瞽女たちは聖《ひじり》に通じる存在です。マレビト信仰の上では、托鉢の行者ばかりでなく雑多な漂白の民は一種の聖なる存在つまり勧進だったのです。村人は偶然か一定の年

月を経てか自村に立ち寄る来訪者を一種の勧進として歓待したのでした。（上掲写真は瞽女の門付再演）

勧進という言葉にまつわる五木の子守歌で心が揺すぶられるもう一つの理由は、親鸞に関連しています。親鸞は鎌倉初期に京都から越後に流され、一人の農民となって田畑を耕す生活者になりました。彼は、原初的生活者としての体験をもとにして、のちにあまりにも有名となる言葉を紡ぎだすのです。――「善人なをもて往生をとぐ、いはんや悪人をや」（『歎異抄』）。その日を生き抜くためには生きものをも殺す。人と喧嘩もする。それほどにあさましい身であればこそ大悲の願心が感じられるのでした。殺生を生業とする猟師や漁師、田畑にへばりつく農民、漂白の商い人、卑賎の輩、安寿と厨子王丸の悲話に出てくる人買いのような悪党、博徒、そして犯罪人、そのような人の世の最下層へ、親鸞は沈淪していったのです。その親鸞は、喜怒哀楽の穢土に執着する勧進聖となって越後の各地を回って歩いたのでした。

自然との共生は生活文化の問題

インターネットにある「クマ出没情報ブログ」によりますと、先月（二〇一二年九月）下旬だけでも、上越地方では次のようにクマ出没が目撃されています。①足跡（安塚区上船倉、一七日）、②一頭徘徊（妙高市杉野沢五八木付近、一九日）、③一頭徘徊（糸魚川市外波）、④子グマ一頭徘徊（妙高市新赤倉、二〇日）、⑤足跡（上越市中郷区二本木、二三日）、⑥一頭徘徊（妙高市杉野沢、二四日）、⑦足跡、トウモロコシ食害（十日町市当間、二六日）、⑧一頭徘徊（糸魚川市山本、三〇日）。

上越市環境情報センターのホームページに次の記事があります。

「クマのエサの凶作…高地にエサが少なく、低地にエサが豊富にあるためエサを求めて低地に移動したと考えられる。里地里山の変化…人とクマの緩衝地帯であった里地里山が、エネルギー転換や人口流出に伴い荒廃し、クマが出没しやすい環境に変化。集落周辺のカキなどの果実や生ごみがクマを誘引している可能性がある。」「人間の食べ物の味を覚えたクマは、人に近付くようになり大変危険なので、山へ入ったときはごみを必ず持ち帰る。」

ところで、鈴を鳴らして歩くということは、クマに居場所を教え、クマを呼び寄せることになる可能性はあります。人間に興味があるのでなく、人間が持っている食べ物にひかれるかもしれないのです。この出来事の責任はむろん人間の側にあります。人間の都合に合わせて森を切り開いたり植生をかえたりし、その都度野生動物の生活圏を破壊してきたのです。いまや、くびき野でも、いわゆる「自

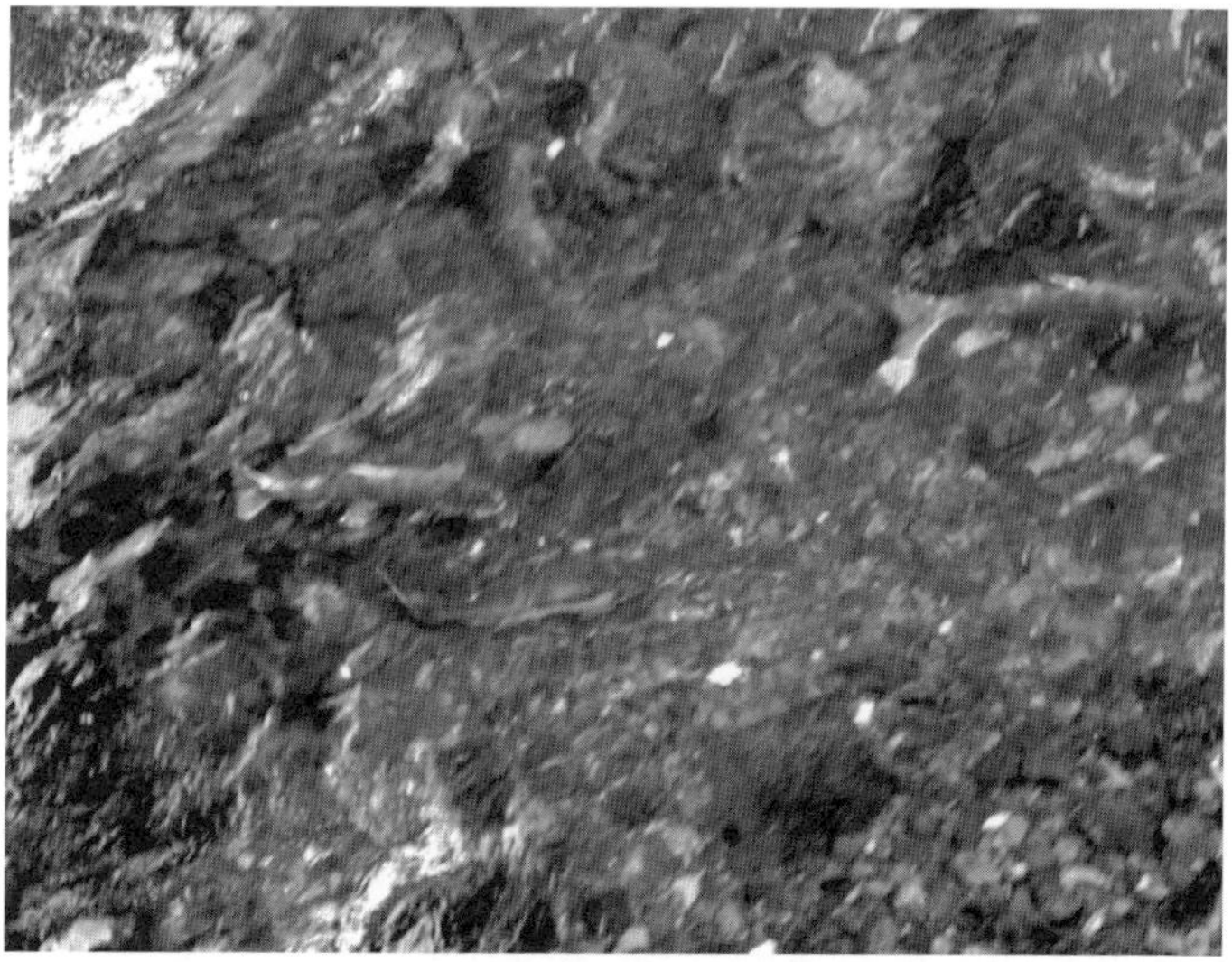

儀明川を溯上するサケ

然と人間の共生」を回復せねばなりません。宮崎監督のアニメ映画『もののけ姫』に登場するイノシシの乙事主たち、そして彼ら「森の生命」を理解しようとするエミシの末裔アシタカ「里の生命」の交流は、古代くびき野の原風景でもあります。文明（出雲や大和）が迫り来る辺境を「クビキ」というのですから、間違いありません。私たちは文明と自然とのはざまに歴史・文化を築き上げてきたのです。雪椿が根雪の下で厳冬を耐え忍ぶように、私たちも雁木の下で持久生活を維持してきました。「幸」という字は元来は幸福を意味するのでなく、手枷足枷に苦しめられる絶体絶命から解放された心境をいいます。その精神でくびき野における自然との共生をはかりましょう。先日、私は儀明川に入ってゴミ清掃に参加しました。近年サケが遡上するようになった河川です。自然との共生は私たちの生活文化にかかわる問題なのです。

西横山のサイノカミ石祠　―オオマラの陰でひっそりと―

上越市西横山では例年一月一五日に「サイノカミ」を行います。いわゆる「桑取谷の小正月行事」の一つで、別名「オオマラ」（マラとは男根のこと）と称します。子どもたちは、竹、木、藁、茅、杉の葉などでつくった円錐形のやぐらに正月飾りを焼きます。災いを防ぎ、無病息災・五穀豊穣を祈る伝統的な火祭り行事です。有名な行事で、毎度新聞記事になります。

ところで、サイノカミとは、本来は塞《さえ》ぎの神であり、古事記に記されている黄泉比良坂《よもつひらさか》の「千引の石」に関連します。黄泉の国とこの世とを遮断する「千引の石」は、道反之大神《ちがへしのおおかみ》あるいは「塞《さや》ります黄泉戸大神《よみどのおおかみ》」と称します。平安時代に至りますと、「さえのかみ」あるいは「ふなどのかみ」と称されるようになりました。

サイノカミは、その性格からして多くが村境に石造物として安置されています。正月に田畑や野原で組み立てられ焼かれるサイノカミとは儀礼の様式や役割が違います。正月のカミは一年の境目における厄払いを任務とするのに対して、村はずれに置かれるカミは、村の境目における厄除けを任務とするのです。この、巷をさ迷う御霊を村境で塞ぎ、村に入ってこようとする疫病神やケガレを撃退する役目を負うサイノカミは、西横山に昔から存在してきたのですが、今ではほとんど忘れ去られています。二〇一二年六月一〇日、頸城野郷土資料室の高野恒男理事とともに、西横山の岩方克己氏宅を訪問し、石造サイノカミに関して詳しい説明を受け、また現場を案内して戴きました。ご自宅のすぐ

前の道路上に「入口」のサイノカミが拝まれます（写真）。総高三七（地中の台座を除く）、幅（屋根）三四、奥行き（屋根）四六・五センチです。宝暦地震で被害を被ったとのことです。そのあと車で数分、徒歩数分にある「出口」のサイノカミに向かいました。こちらは台座を含めた総高五一、幅（屋根）三二、奥行き（屋根）四五センチです。二基は、ほぼそっくりです。「出口」の石祠には右側に「文化三年八月吉日」と刻印されています。

文化三年は一八〇六年ですから、約二〇〇年前の造立です。村はずれとはいえ、道端や別れ道に置かれて信仰されていたのです。ところが、今回の調査では「入口」のサイノカミは昔通りだったのに対して、「出口」のサイノカミはスギ林の中に埋もれていました。岩方氏の話では、石祠付近の杉はみな戦後まもなく植えたものだそうです。信仰の聖地は道もろとも経済林に変えられてしまったのでした。あらためての信仰を切に願います。それは自然信仰としてあり、自然との共生としてあります。

相馬御風の農本的アナキズム

童謡『春よ来い』の作詞で知られる糸魚川出身の相馬御風（一八八三～一九五〇年）は、一九〇六（明治三九）年、早稲田大学を卒業すると早稲田文学社で『早稲田文学』を編集しました。その後明治末年から大正初期にかけて、幸徳秋水らアナキストの運動に共感し、とりわけ大杉栄と交友をもったのでした。ですが、一九一六（大正五）年に『還元録』を刊行し、直後、郷里糸魚川に隠退します。以後御風は、一九五〇（昭和二五）年に亡くなるまで、良寛などの読書と思索、執筆の日々を送ったのです。

さて、御風は、三〇代の若さで、なぜ郷里に隠退する決心をしたのでしょうか。『還元録』にはこう記されています。「謂ふところの凡夫の生活こそ、私の本当の生活なのです。私は今此の所謂凡俗の生活のうちへ、自身を托そうとするのです」。御風は、都市文明は農村文化に基盤をおいたものでなければ無意味あるいは有害であると感じていたのです。彼は三〇代の若さで地方＝辺地に隠退したのではなく、その若さで早くも文化の重層的意味に気付き、郷土＝拠点に出立したのでした。それが「還元」の真の意味だったのです。

御風は、地元に住まう労働大衆について、親しみをこめて「衆愚」と呼びます。「所謂平凡人の生活、所謂衆愚のうちに本当に私自らの求めて来たものの存することを知って、その方へ自分を還元して行くことが自分をより善くして呉れるにちがいないと感じただけで、まだまだ彼等所謂衆愚の幸福な生活の根底を成して居るものの何であるかは充分に選んで居ない」。「然らばその根底を私は今どこに求

早稲田大学校歌都の西北（相馬御風）

めたらよいか。何人によってそれを求めたらよいか。私はそれを私がこれまで接して来た所謂智者達の間に見出さずして、却って彼等によって無智無自覚にして救いがたき者であると一括されて居る田舎の農民の中の善良なるものの生活に見出したのである。何等公けの表彰も受けずに、人知れず黙々として生活して居る強権な、従順な善良な敬神的な農民のうちに見出したのである」。

郷里において衆愚の幸福な生活の根底を成しているものと、自己の文学的実存の根底に据えようと思うものとの一致、そこに御風は真善美を見出したのでした。御風の、内面に深く入り込んでいく自己変革の思想は、いったいどこでどのようにして形成されたのでしょうか。それは、まちがいなくアナキズムとの出逢いによってです。とりわけ一九世紀前半ドイツのマックス・シュティルナーを知ったことによってでした。

琴平神社の文字左右あべこべ社名塔

直江津の琴平神社（上越市直江津中央三）に「琴平」の文字を左右あべこべに刻印した社名塔があります。「平」は左右対称ですので関係ありませんが、「琴」はじつに奇妙です。その文字はなぜあべこべになっているのでしょうか。神奈川県海老名市の海源寺の事例について、樋田豊宏氏は次のように記しています。「十基以上ある今福氏の戒名の墓石の一つに、『〇福氏』（〇今の左右が逆—石塚）とあった。鏡文字の様であるが、左右が逆になっているのは『今』だけで、『福』は正常であった。これは、現世（今）だけでなく、未来まで幸せであってほしいという願いを込めた珍しい字である」（『ちがさきの石仏』第八号、二〇〇五年）。

私は、そうした儀礼習俗の背景に回向《えこう》文字崇拝があると考えます。これはキリスト教ではアダムを唆して罪をなしたエヴァ（Eva）と、神の子を宿したアヴェ（Ave すなわちマリア）の関係にうかがえます。エヴァは禁断の木の実を食べ、人類を罪深い存在にしました。けれども、のちにアヴェ（マリア）がイエスを産み、その子に人々の罪を背負わせることで、全人類を救済しました。Ave Maria の Ave は Eva の逆になっています。人の道はすべからくエヴァの行ないとアヴェの行ないを行き来し、いわば回向をなすのです。

さて、人々は殺生を為さずに生きられません。親鸞『嘆異抄』にはこうあります。「往生は弥陀にはからはれまいらせてすることなれば、わがはからひなるべからず」。死については一切「はからはざる」の態度は、自然を生の伴侶として生き、自然を生の糧として生き、自然を生のからだとして生きることを意味します。自然と人間との間にあるものは、両者二極間の交互作用だけです。そのことを親鸞は往相還相《おうそうげんそう》（往還二回向）で表現したり、浄土と穢土の相互依存性で表現したりするのです。名号は穢土と浄土との両極で称名されるのです。ところで、埼玉県越谷市の天嶽寺にあります太子堂には「南無阿弥陀佛」の六文字が左右あべこべに彫られた石仏があります。その根拠について、私は往還二回向を根拠に説明したいですし、直江津の琴平神社の社名塔や海老名市の海源寺墓石に刻まれた左右あべこべ文字に関しても、何らかの反対願望観念に関連するものと、比較宗教民俗学の見地から直観します。小野小町も詠っています。「いとせめて　恋しき時は　むばたまの　夜の衣を　返してぞきる」と。

岡倉天心と三か所の天心六角堂

二〇一一（平成二三）年三月一一日に発生した巨大津波で、北茨城市五浦海岸の天心六角堂（茨城大学五浦美術文化研究所六角堂、一九〇五年築）は流失してしまいました。二〇〇七年八月二二日、私は五浦海岸に行き、天心が奈良法隆寺の夢殿をヒントにみずから設計したといわれる六角堂の縁側に腰掛け、海岸の景観を愛でてはしばし佇みました。岡倉天心（一八六二〜一九一三年）心ゆかりの六角堂は、日本に三か所あります。一つは東京都台東区谷中五の岡倉天心記念公園（日本美術院の発祥の地）にあるもの、一つはこのたび流失した五浦海岸のもの（日本美術院の後継活動の地）、そして三つ目は天心が晩年を過ごした新潟県妙高市赤倉に関係有志が建てたものです。私はその三つとも訪れました。

ところで、東京美術学校（現・東京藝術大学）の設立に奔走するなどして明治・大正期に活躍した日本美術運動の指導者、日本美術院の創設者岡倉天心は、英語で『茶の本（Book of Tea）』を書いてニューヨークで出版し、その中でこう主張しました。「西洋人は、日本が平和のおだやかな技芸に耽《ふけ》っていたとき、野蛮国とみなしていたものである。だが、日本が満州の戦場で大殺戮を犯しはじめて以来、文明国と呼んでいる。（中略）もしわが国が文明国となるために、身の毛もよだつ戦争の光栄に拠らなければならないとしたら、われわれは喜んで野蛮人でいよう。われわれの技芸と理想にふさわしい尊敬がはらわれる時まで喜んで待とう。」（The Book of Tea, New-York, 1906. 桶谷秀昭訳・解説、平凡社、一九八三年、第一章「人情の碗」から）。その天心は、一九〇六年、赤倉温泉に山荘を建て、一九一三年、

五浦海岸の天心記念碑

療養のため山荘に住むが病状は回復せず、同年九月二日、山荘で亡くなりました。一九六六年、赤倉温泉に岡倉天心史跡記念六角堂が建てられました。

　ところで、村山和夫氏によれば、天心が山荘を開くに先だって、息子の岡倉一雄はレルヒ少佐とともに赤倉を訪れています。その一雄は子どもの名を「古志郎」（頸城の古名に因む）とか「妙」（妙高山に因む）としました。その古志郎は天心と赤倉について次のように書き記しています。「天心は家族同伴で越後の高田から赤倉に旅行したが、赤倉がいたく気に入り、早速ここに土地を買い入れ、高田の料亭富貴楼の建物を購入、移築した。」（岡倉一雄『岡倉天心をめぐる人びと』中央公論美術出版、一九九八年）

　詳しくは本書第4章をお読み下さい。私の天心への思いが強く、深く記されています。

神輿の天辺は宝珠か鳳凰か

上越市仲町六丁目や大町五丁目の神輿には天辺に載せる神飾りとして、鳳凰と宝珠の二種類があります。しかも両町会とも、祭りの違いに応じて神輿に載せる種類を区別しているのです。春の山王祭では鳳凰を載せ、夏の祇園祭では宝珠を載せるのです。これはいったいどうしたことでしょう。山王祭は上越市寺町三丁目の日枝神社とその氏子によるもので、祇園祭は上越市西本町四丁目の八坂神社とその氏子によるものです。

ところで、インドに端を発する宝珠は仏舎利と深く関係し、摩耶宝珠とも如意宝珠とも称され、法隆寺夢殿や栄山寺八角堂、興福寺北円堂にはさまざまな宝珠が載っています。広隆寺桂宮院本堂のものはもっとも質素です。対して鳳凰は中国神話における想像上の霊鳥で、十円硬貨の図柄になっている宇治平等院鳳凰堂（阿弥陀堂）や京都鹿苑寺（金閣寺、舎利殿）の屋根に羽根を休めています。現行の一万円札にも大きく描かれています。

さて、宝珠と鳳凰の関係ですが、神社は仏教寺院に範をとって造られたので、神輿もそのような影響下において最初は宝珠を戴いていたと解釈できます。仏教を国家建設の理念とした聖徳太子の時代、法輪や宝珠は寺院に欠かせない象徴でした。それが平安期に至ると、藤原氏など天皇の姻戚となる勢力が出て西方浄土を黄金色に演出してみたくなり、社殿に金ぴかの鳳凰を配したくなったことでしょう。天皇の乗物だった鳳輦《ほうれん》は鳳凰を戴いております。その飾りが神輿に借用されたのではないで

しょうか。上越市立総合博物館の「御所参内・聚楽第行幸図屏風」に描かれた鳳輦も鳳凰を載せています。中にはきっと後陽成天皇が乗っておられたのでしょう。明治初年の廃仏毀釈後は、宝珠から鳳凰への切替えに拍車がかかったと思います。

それから、衆生救済の象徴である宝珠は、仲町六丁目の事例では火焔が強調されています。町内の方々はこれを「火の玉」と称しています。もともと摩耶宝珠は火焔に包まれて描かれることがありますので、その呼び名は的外れではありません。宝珠もまた金ぴかの衣を纏っている場合もあるのですが、その意味合いはあくまでも赤々と燃えさかる火焔なのです。ちなみに、直江津の八坂神社では、宝珠を載せた昔の神輿はもはや担がれず、現在の神輿は、てっぺんに宝珠でなく鳳凰を載せています。でも、高田の旧職人町では、依然として宝珠すなわち八坂神社の伝統を守り続けているのです。

文明開化の写真師　―鹿野浪衛・末四郎兄弟―

今回は、ペリー来航に端を発する写真の歴史です。松代藩の家老だった鹿野浪衛（一八四三〜一九一五年）は、佐久間象山の勧めで文明開化を象徴する写真師になるべく、明治維新後、横浜（横山松三郎に師事）で修業をしました。客の多くは外国人でした。その後、横浜と同じ開港市の新潟に向から途上、一八七三年、長野（現長野市権堂）に一年だけ滞在して写真師の仕事をします。翌年、高田に移動するのですが、結果的にこの地に留まることになるのでした。のちに芝居の大漁座や映画の中劇会館が建つことになる場所（上越市寺町二）で一九〇七年まで営業し、その後同じ町内斜め向かいの現在地に移転しました。

浪衛の弟にあたる末四郎（一八六九〜一九二六年）は人生の半ばで失明します。けれども末四郎は写真の仕事から離れませんでした。マグネシウムを燃やすフラッシュ装置で独自の技術を開発しました。発火石を用いる方法が一般的となる以前、末四郎はマッチ棒とゴムで巧みに着火装置をこしらえたのです。その光景を想像すると、目が不自由であればこそ、末四郎の人格と技能が煌々と輝いてみえます。

ところで、明治四一年、高田に第十三師団が設置されると、市内では軍隊特有の行事や商売が繁盛するようになりました。朝市が設営され、将校集会所の偕行社がつくられました。そしてもう一つ、写真館が開業されることとなったのです。こうして、明治初期には外国人相手だった写真業は、明治

私の曾祖母と祖母（N.Kano は鹿野浪衛）

明治初年撮影（撮影者、人物名など不明）

後期には軍人相手の職業に転変していったのでした。

さて、越後高田で鹿野兄弟は、すばらしい写真を陸続と世に送ることとなったのでした。一八九五年には小川未明（本名建作）が母チヨと鹿野写真館を訪れ、記念写真を撮影しています。その複写は高田図書館（小川未明文学館）にあります。高田に滞在中のレルヒを撮影した写真も同館に現存しています。明治三四年には、「大隈重信と新潟県高田の名士」（撮影者　高田鹿野浪衛製）と題する写真を撮影しています（早稲田大学所蔵）。

最後に私事で恐縮ですが、ここに掲載した写真は一九〇二年に私の祖母キクノ誕生百日を記念して撮影されたものです。抱いている母親は曾祖母の田村よしです。キクノ（のち佐藤姓）の娘つまり私の母キミエ（のち石塚姓、二〇〇八年死去）によると田村家は糀屋を営んでいたとのことです。自分で言うのもおかしなことですが、鹿野浪衛の芸術・技術は曾祖母の表情に凛と表れています。とてもうれしく思います。

北陸新幹線と「駅の駅」生活文化

東京電機大学と頸城野郷土資料室の二か所で教育・文化活動を継続している私は、頻繁に関越高速道路を利用しています。その際、スピードを優先する場合は新幹線に乗りますが、そうでないときは池袋駅前発の高速バス（西武バス・越後交通・頸城バス連携）を利用します。後者の場合、のんびり四季の景観を楽しみ、思索にふけることができ、またなによりも運賃が前者の半額です。新幹線によるスピードアップは、利用者・地元双方で、利益とともに不利益も生じます。在来線からみれば料金が高くなる。目的地で用が済めば日帰りする。首都圏企業の出張所が減少する。それから、在来線・ローカル線が廃止となる。

さて、北陸新幹線は二〇一五年に開通しています。私たちは鉄道建設理念の転換をはかり、くびき野での生活・文化維持再生の戦略を確定しましょう。まずはこれまでの右肩上がりの時代に流行していた理念「人・モノ・カネ」の三点セットを解体し、「人」を優先させます。物流・金融は人と人の結びつきを疎遠にし、あるいは破壊するためでなく、これを円滑にするためにあるのです。鉄道はローカル間を結ぶインターローカルです。新幹線は上越と富山・金沢、そして関西などのローカル間を結ぶのですが、その意義はローカルを豊かにするサブ・インターローカル、すなわち地域の在来線や循環バス、レンタル交通網の拡充を前提にします。インターローカルにはこのようなハイブリッドが必要なのです。

提言します。ローカルテーマとして「駅の駅」構想を実現しましょう。在来線にもう少し駅を増やし、そこに「道の駅」の駅バージョンを開設します。さらには、そこに行けば郵便局や信金や市役所の出先があり、買い物以外にも大概の用は足せる。利便性が高まれば人はそこへ内外からやってくる。上越には東京からやってきた「じょうえつ東京農大」（さまざまな農作物）「東京電大水車発電」（清流電池ピカリンほかの構想）などの実績があります。「駅の駅」でこれと連携し上越特産文化を生み出すのです。また、富山とは〈のどぐろVSホタルイカ〉決戦、金沢とは〈山城・平城〉参勤交代ツアー、〈能登・直江津・佐渡〉北前船遊覧ユランユラン、といった交流イベントを立ち上げます。さらには韓国の慶州と頸城のK２連合で、慶頸K二メディフェスを企画します。こうして人・モノ・カネから、くびき野の生活・文化をめぐる〈人と人〉イニシアチブへ移行し、モノやカネは結果次第、大切なのは人、カネにならなくても人と人との出会いを楽しくする、というように発想を転換するのです。

自噴する天然ガスで生活する

明治期から昭和前期にかけて、現在の上越市名立区、板倉区、牧区ほかに油田（石油井戸）や製油工場がありました。その歴史は、一九六一（昭和三六）年、牧区から日泉鉱業が撤退することで閉じますが、石油や天然ガスは以後まったく採れなくなったわけではありませんでした。現在でもガスの自噴する個所があり、それは今もって日常生活に用いられているのです。私は、先般（二〇一二年一一月一一日）牧区倉下にお住まいで「牧っ子を育てる会」コーディネーターの大塚敬美氏宅を訪問し、関連するお話をお聞きしましたので、その内容をもとに調査報告を致します。

大塚氏は一九六一年に日泉鉱業からガス利用の権利を買いました。日泉は地上権を保有する家に払い下げたとのことです。企業が撤退したので鉄管は余っており、それを再利用しました。同地区に井戸は現在のところ七本ほど存在していますが、大塚家の場合、都市ガス用の器具がそのまま使えるので、二、三年前に設置したとのことです（次頁写真参照）。ガスの量はバルブで調節し、鋳物製のガス器具は都市ガス用なので、噴出す穴の大きさをクギなどで適当に大きくしています。瞬間湯沸かし器など台所の炊事全般、風呂、部屋の暖房、すべて使って天然ガスであり、都市ガスは引いていないとのことです。

井戸から産出したのは石油を使う家庭もありますが、大塚宅ではガスのみを使用しています。季節によって気化する量に増減があるらしく、また井戸の深さはわかっていません。そうした詳細は権利

譲渡時に知らされることはなかったそうです。

いずれにせよ、近隣に七本ほどあるガス井戸は、どういうわけか、すべてガスの自噴量と質が違います。井戸から自宅まで数メートルから数十メートルはあり、そのあいだを鉄管で送るのですが、そのメンテナンスは自己責任です。天然ガスは空気より軽いので、もしガス漏れがあっても中毒の危険は少ないのですが、火の元管理についてはとくに消防署などへの届けはいらず、すべて自己管理ということです。

ちなみに、石油との関連では、宮口古墳群、水科古墳群などからアスファルト玉が出土していますし、牧区や板倉区では江戸期末頃から草生水《くそうず》すなわち石油井戸の開発が始まっております。また、草生水は湿布薬に用いられたと伝えられます。自噴する石油や天然ガスは、それほどにくびき野の生活文化に密着していたのです。

満鉄中央試験所と丸澤常哉 ―日中友好の架け橋―

二〇〇五年に「戦争と学問」（『歴史知と学問論』社会評論社、二〇〇七年、所収）という拙文を執筆するに際し、南満州鉄道株式会社（満鉄）について研究したときは辿りつかなかったのですが、このほど、村山和夫氏の助言により、中頸城郡新道村（現上越市）富岡生まれの丸澤常哉（一八八三～一九六二年）が戦中に満鉄で重要な働きを為していたことを知りました。満鉄は、満州を中心とする中国一帯の調査から始まり、やがて北はソ連から南は東南アジア全域を調査対象とするようになっていきました。また調査内容は、対象地域の地理、資源関連はむろんのこと、さらには各国各地域の政治経済・軍事防衛力から、文物制度・宗教・思想状況に至るまで、多岐にわたるようになっていきました。けれども一九四五年春になると、満鉄は崩壊状態となり、「調査員は各自都合のよい地方を選び調査報告の後は敢えて調査局に出局に及ばず」と告示するまでになります。

こうした末路、たいていは文書や施設を処分解体するのですが、丸澤はまったく別の行動にでました。戦争末期、大連の中央試験所長に任命された丸澤は、敗戦となっても日本に帰国せず、新中国の再建に尽力するべく、中央試験所の顧問となって現地にとどまったのです。償いでもありました。一九六一年に刊行された丸澤『新中国生活十年の思い出』（安達龍作編集刊行、非売品）には、多くの関係者・教え子が丸澤の人間像、恩師によせる言葉が添えられています。そこには丸澤の決意が偲ばれます。たとえば元満鉄総裁の山崎元幹は以下の文章を載せています。「終戦後の政権は、ソ連から中共、

国府、また中共と猫の目玉の様に変動した。しかして我々は皆、国府と中共とを一体視し、結局、中国は満州すなわち東北も、我々の善隣友好国となるべきものと考え、出来れば、終戦後も引続き、中国に残留して、その経済建設に貢献せんと考えるものもあった。」（序文）その決意は丸澤の人生そのものでした。山口直樹は「日本人研究者に交流の場を」（第二回）で次のように記しています。「丸沢氏は、「科学研究の成果は人類共通の遺産だ」と考えていたようです。これはたとえば七三一部隊のような、研究成果をいちはやく廃棄し、責任者がすぐに「内地」に逃げ帰るというような対応とは対照的なものでした。（※）」この引用に丸澤の人格が端的に現れています。上越市の富岡で少年時代を過ごした丸澤博士、このような人物をわが郷土に発見して、私はとてもうれしいです。詳しくは小関哲也『舎密学の人―丸澤常哉の生涯と生き方―』（二〇〇二年）を参照。

※…　http://j.people.com.cn/96507/97399/6683162.html

大隈重信の高田来訪 ―明治三四年―

明治大正の政治家で教育者でもあった大隈重信（一八三八～一九二二年）は、一九〇一（明治三四）年五月に上越中越を訪問しています。『大隈侯八十五年史』第三巻（大隈侯八十五年史編纂会編、大正一五年）には次のように記されています。「二十三日新潟県の早稲田大学校友会大会に臨席の為出発す、途上上田、高田、長岡、柏崎等に於いて講演を為す」（八三五頁）。おそらくその際に旧高田町で撮影したと思われる一枚の写真「大隈重信と新潟県高田の名士」が早稲田大学大学史資料センターに保管されています。一九五一（昭和二六）年五月に大隈信幸（重信の養子信常の子）が大学に寄贈したものです。撮影者は高田の写真師鹿野浪衛です。撮影場所は未詳ですが、それなりの構えをもった料亭の園庭と推察できます。早稲田大学のデータベース（旧）には大隈のほか、三枝守富・市島謙吉（一八六〇～一九四四年）・増田義一（一八六九～一九四九年）の名が記されていました。そのうち三枝は大隈の妻綾子の実兄、小倉鉄道の取締役です。高田の出身ではありません。市島は衆議院議員をつとめたほか、早稲田大学初代図書館長を歴任した北蒲原郡出身者です。増田は実業之日本社を設立し、一九〇九（明治四二）年に新渡戸稲造を編集顧問に迎えました。中頸城郡板倉村（現上越市板倉区）の出身です。

『八十五年史』によりますと、一八九八（明治三一）年一一月内閣総理大臣の職を辞した大隈は、翌年に入り租税増徴反対の機運が増すのを背景に、政治活動を継続し、東北地方や京阪地方へ遊説に出向きました。そのほか、一九〇〇（明治三三）年には選挙法改正があり、有権者が納税額一五円

大隈重信と高田の名士たち

から一〇円に引き下げられました。さらには、一九〇一（明治三四）年四月には東京専門学校を大学組織に改め基本金十萬円募集を計画します。

そのような動向が大隈をして上越中越に足を運ばせたのでした。この写真に写っている人物には、早稲田大学卒業者にして新たに有権者となった名士がいるかもしれませんね。洋服の人物は東京から大隈に付き添ってきた人物で、その他和服の人物たちは地元の面々でしょうか。高田の名士たちはきっと沢山醵金したことでしょう。翌年、大隈ら関係者は東京専門学校を早稲田大学と改称し、一九〇七（明治四〇）年、大隈は早稲田大学総長に就任することになるのです。その直前に小川未明や相馬御風は早稲田大学を卒業するのでした。なお、大隈死去に際し、増田義一は『実業之日本』において「大隈重信侯哀悼号」（一九二二年二月一日）を編集しています。

多重塔心柱の伝統的制振技術

法隆寺五重塔に代表される多重塔の起原は、古代インドでまんじゅう型に土を盛り上げた墓「ストゥーパ」にあります。それは卒塔婆、塔婆、さらに塔と略記されてきました。その土台には仏陀（釈迦）やその弟子など聖者の遺骨、遺髪、所持品などが埋葬されました。聖人の遺骨崇拝は世界各地に残存しています。日本では、例えば鎌倉初期の俊乗房重源は、信濃善光寺において念仏の百万遍を成就した際、阿弥陀如来から夢告を受け、金色に光る舎利を「呑むべし」と差し出され、それを呑んだとのことです。その逸話は私の研究テーマ「カニバリズム」にもってこいです。

さて、法隆寺の五重塔は木造建築なのに、なぜ一三〇〇年ももっているのでしょうか。この塔には一本の太い柱（心柱、真柱）が土台附近から塔の先端に突き出ている相輪まで貫かれているのです。ドイツの建築家ブルーノ・タウト（一八八〇〜一九三八年）によりますと、「諸方の寺院にある五重塔はどんな大地震にも堪えるのであるが、それは長大な心柱が塔のまん中を貫いているからだと言われる。このような心柱は、礎石の上に立っていることはむしろ稀で、もっと上方の梁の上に立てられるか、さもなければ上端を塔の最上部で吊ってある。」（『日本の家屋と生活』岩波訳本、一八八頁）心柱と塔の小屋組みとは、ただ一箇所のみで接しています。明治時代、上越市五智にのこる国分寺三重塔の建築にかかわった江崎兄弟（規定・定一）の名著『規矩階梯』にはこう記されています。「真柱（心柱）三重目土居ノ処ニテ鉄物ニテ釣置ク　根本少々スカシテ釣置ク」。こうしておくと、地震が来た時、

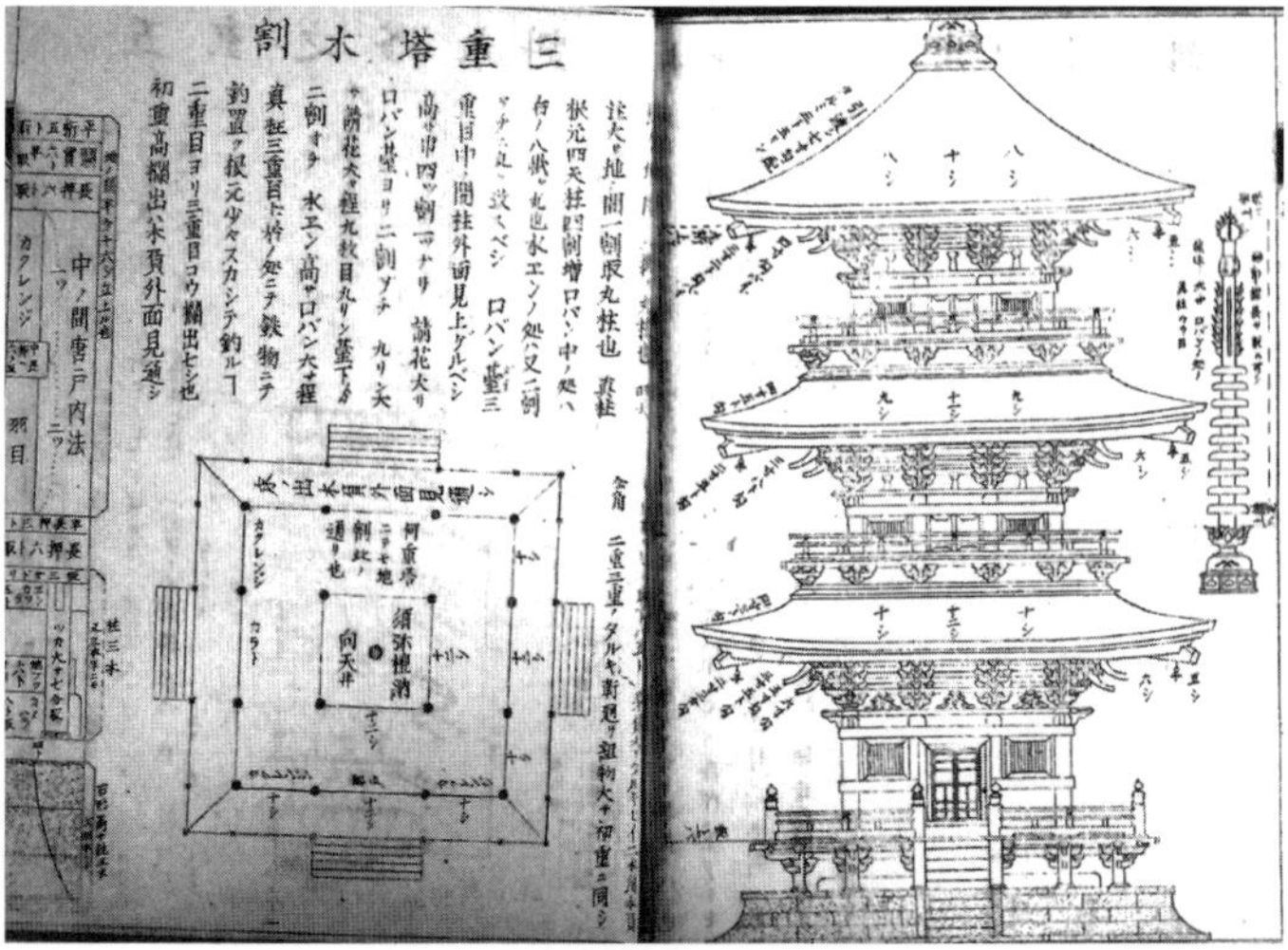

三重塔真柱を吊るす

心柱と外側の構造体とで違った振動をなし、互いに打ち消し合って大揺れを防ぐのです。天井から宙ぶらりんの心柱は振り子のようです。一五八三年、イタリアのガリレオ・ガリレイは、振り子の等時性を発見しました。すなわち、天井から釣り下がった物は、風の強さが変わっても一往復する時間に変わりはないことに気づいたのでした。

多重塔の制振システムは、東京スカイツリーに応用されました。ここで採用されたシステムは先に引用したタウトの言葉のうち「このような心柱は、礎石の上に立っていることはむしろ稀で、もっと上方の梁の上に立てられる」に当たります。このシステムは耐震でなく、免振でもなく、制振であって、古代日本の建築様式に存在したものだったのです。すばらしい！

軍都高田の凱旋行進 ―第十三師団招致の意味―

ここに紹介します写真は日露戦争勝利（一九〇五年）を祝した凱旋の行列です。場所はのちに私が生まれることになる大鋸《おが》町（現上越市仲町六丁目）と推測されます。このような凱旋パレードは東京を中心に日本各地で挙行され、凱旋門もたくさんにわか造りされました。日露戦争では高田においても戦意の高揚が起こりました。高田から従軍した兵士は第二師団に所属し、約七〇〇名が戦争に参加しました。戦争前後、高田では都市の経済的充実を図るために大企業や官営事業の誘致、俘虜収容所の設置運動が起こりましたが、いずれも実りませんでした（『高田市史』）。しかしながら、戦後の軍備拡大の必要性によって、明治四一年一一月一日高田に第十三師団が招致されるに至り、地元の経済活動は急速にアップテンポとなりました。軍人対象に大量の野菜供給が要請され、一九〇八（明治四三）年、高田の本町二丁目（現在大町三）に二七の市が開設されました。

そのように、第十三師団が高田に誘致されたことは、近代都市の拡大という面でも重要な出来事でした。元来、高田は城下町であり、多くのほかの城下町と同様、軍隊を招聘することに熱心でした。第十三師団が高田に入城すると、軍隊特有の行事が高田に持ち込まれ、将校集会所として偕行社もつくられました。舟見倹二氏によりますと、戦争が激しくなる前、将校たちは公式の場では軍歌を歌うのですが、プライベートな場では蓄音機をまわしてラベルのボレロなどクラシックを楽しみ、教養として哲学やドイツ語、博物学に親しんだということです。サモワールという紅茶温め器でお茶を味わっ

凱旋の山車が大鋸町（現仲町六）を行く

たりしたとのことです。

なお、旧城跡の桜植樹は在郷軍人会によるものでした。一九一〇（明治四三）年一一月、陸軍の在郷軍人会全国組織である帝国在郷軍人会が創設され（一九四八年廃止）、当時の高田町でもその分会が設置されました。ちなみに、軍部が在郷軍人会の地域組織の整備とその活動への指導を本格的に開始するのは、第一次世界大戦を契機としています。軍都高田での動きははやく、大正末年には軍事思想の普及と相俟って在郷軍人会の組織化がすすんでいきました。そもそも高田にはこれといった産業が存在せず、第十三師団をはじめとする軍関係者の消費に依存する経済構造をもっていたこともあって、そうした背景が在郷軍人会の組織化に影響を及ぼしたのでした。（ちなみに、軍都高田を交通面で支えるシステム構築について、以下の文献を参照。石川伊織「鉄道と文学と『裏日本』」、NPO法人頸城野郷土資料室編『「裏日本」文化ルネッサンス』社会評論社、二〇一一年、所収。）

くびき野に埋もれていた海獣葡萄鏡

みなさん、三角縁神獣鏡という古代の出土品はご存知でしょう。でも海獣葡萄鏡についてはどうでしょうか。これは上越市の子安遺跡（平安前半九世紀中頃の層）から一九九四（平成六）年に出土した古鏡です。「海獣」とは海の外の獣の意です。葡萄唐草の上に禽獣を重ねた文様のこの鏡は、定説によれば西域からシルクロード、遣唐船を介して日本にもたらされました。正倉院や香取神宮には現存し、遺跡出土では高松塚古墳の例があります。そのほか国内での複製品もあります。子安遺跡の鏡は、それが出土した地層の堆積年代からみて、出雲が倭に征服されたあと科野《しなの》を経て高志へ運ばれたとも考えられます。

しかし、その年代の地層に埋もれるには、鏡がその年代かそれより以前に高志に存在していなければなりません。また、北九州や山陰のみならず北陸から北の日本海沿岸には、早くから民間ルートを通じて大陸の諸文化が伝えられていました。例えば道教ないしそれに起因する民間信仰は、飛鳥の欽明天皇時代における仏教公伝（五三八年、ないし五五二年）よりもずっと早くから高志の一帯に浸透していました。また、飛鳥時代には、高志のことを「蝦夷」とも称していましたが、当時「蝦夷」とは倭＝朝廷に服従しない蛮族の意味があったのです。したがって、西域起源のこの海獣葡萄鏡は、高志にいた土着の有力者が独自のルートで入手したとも考えられましょう。倭＝ヤマトの国の有力者が高志に派遣されるとき携えてきた、ないし都から取り寄せたと考えるよりも、飛鳥時代にすでに高志に

海獣葡萄鏡（上越市教育委員会提供）

は倭が一目をおくべき土着の権力者が存在したと考えることもできるのではないでしょうか。

その推測について文献上の傍証になるのは、日本書紀の持統三（六八九）年の箇所です。そこを読むと、持統天皇は越《こし》の蝦夷《えみし》と南九州の隼人《はやと》に対して仏教による教化政策をとったことがわかります。つまり、その頃の高志に倭の勢力は未だ十分には浸透していなかったということなのです。そのことについては、前項「最古の木彫仏像は「裏日本」から」（152頁）でふれました。どうぞ参照して戴きたく存じます。

なお、四世紀前半に築かれたとされる胎内市の古墳に関しては、その当時大和朝廷と交流のあったことを証明しますが、畿内政権の支配がそこに確立していた証拠とはいえないと思います。状況は上越地方も下越地方もさして変わらなかったのではないでしょうか。

渡来仏定義の基準　―関山神社銅造菩薩立像―

関山神社（妙高市）の本殿には、朝鮮三国時代（七世紀）と推定される銅造菩薩立像（写真）が安置されています（宗教法人関山神社所蔵、写真提供妙高市教育委員会）。これと同時代かその前後に造られた同様の金銅像は、東京国立博物館の法隆寺宝物館に数十体展示されています。しかし、その多くは渡来人の子孫になる止利仏師の工房で造られた日本製なのです。朝鮮半島など海外の造形様式で造られた古代の仏像が日本に存在する根拠として、職人・用材・製作地の組み合わせから、以下の類型が考えられます。第一、現地の職人が現地の用材で造り完成品として日本に運ばれて来る。関山神社の金銅仏はこの事例です。第二、現地から職人（技術）のみが日本に来て日本の用材で造る。止利仏師を広義の意味で渡来人とみれば、法隆寺宝物殿の止利系金銅仏はこの事例です。前者は朝鮮半島のもの、後者は日本列島のもの、と言えそうです。詳しくは本書第3章をごらん下さい。

ところが、もうひとつ、区別立てが実に悩ましい事例があります。京都の広隆寺におわします宝冠弥勒半跏思惟像です。この像はアカマツの一木造りです。クスノキを用いた当時の仏像群の中で唯一です。ただし、背中を彫って内部を空洞にした後に背中に取り付ける板材に、日本でしか自生しないクスノキが使われていることから、この像は日本で造られたという説が一九六八年に登場したのです。しかし、私の結論として、アカマツ用材の一木で造った仏像は当時この像のほかにないこと、背面の板は後世に取り換えたと推測できるし、背部にもともとあった衣文は取替え時にあらためて彫刻できるので、広隆寺の弥勒菩薩像は日本列島に関係するよりも朝鮮半島にいっそう深く関係しているということです。当時、一木造りは朝鮮半島に稀で日本列島に屡でしたが、用材と細部の技法に限定するならば、たとえ日本列島で造られたとしても、この仏像は半島出自でありましょう。

宝冠弥勒菩薩半跏像はどこの国の文化遺産か？　という発想は国民国家の時代に生まれた近代的観念なのです。それ以前、とくに古代にあって関山神社や法隆寺、広隆寺の諸像は、西端の地中海から東端の日本列島まで連なるシルクロード上に生まれた混合・混在・融合文化を体現する信仰と儀礼の対象でした。半島にも列島にも単一国家は存在していなかったのです。関山仏も法隆寺仏も、広隆寺仏もみな、ガンダーラ↓西域↓中国↓半島↓列島のアンサンブルとして意義を有するのです。

関山神社銅造菩薩立像

関山神社の左右におわす脇侍的二神体

妙高山および山麓の関山神社で一番古い神体はどれかというと、第一に妙高山、そして第二に朝鮮三国時代（七世紀）の作とされる銅造菩薩立像を揚げるのが普通です。しかし、私は、二〇世紀も終わろうとする頃から、この立像よりも古く、神社創建よりも古いと察せられる神体があるのではないかという思いに駆られるようになりました。その思いを抑えることが出来ず、一九九四年五月七日、妙高山麓の関山神社を三たび訪れて調査しました。その直前、私は、にわかに浮上してきたある一つの調査目的を抱いておりました。同年五月二日付で笹川清信氏（関山村誌編纂委員、二〇〇〇年死去）から郵送して戴いた説明資料に記されてあった「南弁財天」「北弁財天」を実見することでした。説明文から推測すると、これは関山神社でもっとも古い神体であろうと、私は直感したのでした。

そもそも神社本殿には、ご神体（中尊）として上記の銅造菩薩立像が安置されています。社伝で新羅仏と称されるこの立像は、東北・北陸で最古の菩薩像です。そして妙高堂脇と神社の四方周辺には、平安～鎌倉時代に造られたいけ込み式の石仏群が数十体散在しております。そのほか神社御手洗池に猿亀石（鎌倉時代、石材は地元ですが技法は故平野団三氏によれば新羅系）一基と中郷村福崎の稲荷神社に石（鎌倉時代、石材は地元ですが技法は同じく新羅系）一基が安置されています。これらの神体ないし石造物を確認しただけで、高志がいかに独自の古代文化を形成していたかがわかります。

けれども、五月七日当日、七〇代の関山明良氏（関山神社宮司、二〇〇〇年死去）、八〇代の笹川清信

氏にご案内戴いて本殿の両サイドに位置する弁財天を調査してみて、くびき野の信仰文化の古さはけっして尋常でない印象が電撃的に私の胸を打ちました。弁財天などという神名は後世の習合を物語っているだけのことでした。本殿から各々百メートル位のところにおわすこの南北両神体は、大きな岩山でした。大正時代、南（写真）は石材ほしさの不心得者によりダイナマイトで爆破され、ひび割れました。本殿は、むろん神体（龍でもあり阿弥陀でもあります）の妙高山を背景に建立されているのですが、その両サイドに、神体の妙高と同じように先史から縄文の日常生活者に崇拝されていた岩神がおわしたのです。この岩神は、妙高山麓では銅造菩薩立像よりも古く本殿よりも古く、そして石仏群よりも古くから存在しているのです。巨岩信仰は山岳信仰とともに先史文化の代表なのです。

ほほゑみて　うつつごころ　―會津八一―

二〇一三（平成二五）年一月、銀座の鳩居堂画廊で第三一回東雲会書展を鑑賞したときのことです。書は芸術作品ですが、そこに記された短歌に芸術性がかもし出された一幅の前にたたずみ、私はやんごとなき心持となりました。「ほほゑみて　うつつごころに　ありたたす　くだらぼとけに　しくものぞなき」（會津八一）　法隆寺で百済観音の前に立つ八一の姿が彷彿とされます。

一八八一（明治一四）年新潟市に生まれた會津八一は、一九〇二年に東京専門学校（現早稲田大学）に入学します。坪内逍遥に感化を受け、またラフカディオ・ハーンにも学びます。同級に上越出身の相馬御風や一年先輩に小川未明がおり、一九〇六年卒業後、中頸城郡板倉村（現上越市板倉区）の有恒学舎（増村朴斎が開学）の英語教師となります。赴任中、「高田新聞」の俳句選者を担当しましたが、一九一〇年に上京し、大正一〇年以降、奈良を中心に寺社巡りの旅行人生が開始したのです。行く先々で短歌をつくるのでした。たとえば、「ふぢはらの　おほききさきを　うつしみに　あひみるごとくあかきくちびる」（法隆寺十一面観音の前で）、「みすずかる　しなののはての　むらやまの　みねふきわたる　みなつきのかぜ」（長野県山田温泉で）「あかきくちびる」はわが友人高野恒男氏の愛する俳句です。

そのような折に携えていたカバンに、八一は訪問先の地名を書き綴っていきました。その地名をみると、彼の足取りが判明するのですが、それは西国ばかりではありません。村上など、八一の出身

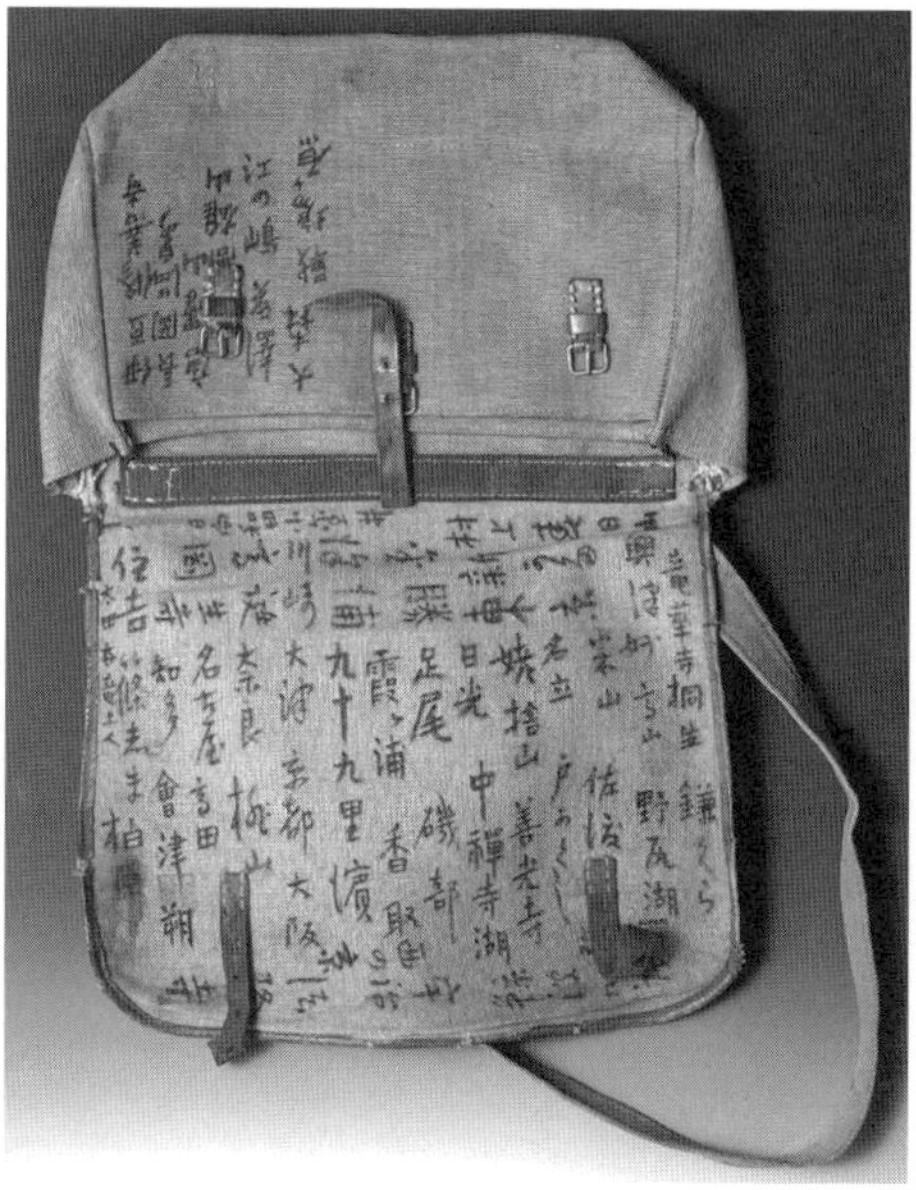

新潟市會津八一記念館提供

地新潟県も多く記されています。上越地方では、野尻湖、妙高山、米山、名立、そして高田。ただし、筆記していく順番では、高田は上越の地名から離れ、名古屋の下、会津の右、奈良、桃山の左にあります。米山のすぐ下に佐渡があるので、妙高山から高田を素通りして米山→佐渡という行程をとったのでしょうね。

さて、會津八一は一九四五年四月、新潟に疎開し、以後は県内に居住しつつ、一九四六年に相馬御風を糸魚川に訪ねるなどしていきます。一九五一年には懐かしの新潟県立有恒高校に「朴斎先生碑」を建立しています。同年に新潟市名誉市民に推薦されました。文学・芸術・民俗の人生行路を歩んでのち、一九五六年に死去しました。一九四七年に写真家浜谷浩が新潟市寄居浜で撮影した一枚を私は好みます。

郷土誌を企図する上越郷土研究会

一九八五年七月に国書刊行会から発刊された『頸城文化（合本・上）』の巻頭に掲載された「合本『頸城文化』発刊によせて」（上越郷土研究会会長・渡邊慶一）を読むと、次のことがわかります。執筆者の渡邊慶一氏は、昭和初期に『中頸城郡誌』編纂に参加して頸城地方を調査してまわりましたが、その後一九四八年当時、新潟大学高田分校に在職していた日本史研究者・北島正元氏（一九一二～八三年）の求めに応じて、再度史料探訪を目的に北島氏を連れて頸城地方を調査されました。その際、北島氏からこう言われたそうです。「こういう珍しい文書などを発見しても、発表する機関がありませんね。上越にも同好の士が沢山いますから、郷土史の雑誌を作りませんか。」

北島氏は、その後一九五一年四月に都立大学へ転任となり、さらに一九七七年に立正大学へ転任となりました。その一九七七年当時、私は立正大学大学院の学生でありまして、自然に北島先生の講義を聴講することとなったしだいです。けれども、その時点では、先生が上越郷土研究会と『頸城文化』の創立にかかわる中心的存在であることを存じませんでした。北島研究室にうかがってとくに真剣に教わった分野は日本近世史でなく、古代東アジア外交史でした。「先生、きょうは隋唐を中心とする東アジア冊封体制の意義をご教授願えればと存じます。」「それはまさに中国古代王朝がアジア国際関係を規定した基本的な秩序ですね（云々）」といった具合でした。

その北島先生が、わが上越郷土研究会の創立者のお一人であられたことを、私は平成初期（一九九〇

年頃）になってから、高田市立（現上越市立）城北中学校時代の担任、剣持利夫先生からおうかがい致しました。一九九〇年に平野団三氏（元副会長）のご指導で行なった法定寺系石仏群調査の折り、その報告書にあたる論文を剣持先生におおくりしたときのことです。剣持先生は、「北島先生は私の大学時代の恩師です」、と私に告げられました。私の恩師北島先生が私の恩師剣持先生の恩師だったということですから、重ねてビックリ致しました。北島先生は一九八三年にお亡くなりになり、剣持先生は二〇〇五年にお亡くなりになられましたが、お二人とも私にとって学問上の大切な先達として、いつまでも心中に刻印されていくことでしょう。（石塚「頸城文化を創刊号から読む①」『頸城文化』第五四号参照）

なお上掲写真はＮＰＯ法人頸城野郷土資料室が所蔵する『頸城文化』バックナンバーです。上越郷土研究会の学術的価値はこの雑誌に示されています。

くびき野を行き来する古代交通路

くびき地方には、おおまかに概観して、関川水系と姫川水系に即した街道が古代文化伝達の動脈となっていました。その点を充分に考慮した論文として、平野団三「古代中世上越後（頸城）の交通路」（平野団三『頸城古仏の探究』東京電機大学石塚正英研究室、二〇〇〇年刊、五八〜八〇頁）があります。

「信越の交通路として姫川筋と関川沿道が用いられたことは、既に知られている。越後国府（直江津）より信濃国府への支道が、奈良朝には確実に成立していたであろう。これが後世の信濃街道、中山街道、江戸期の北国街道である。」（六四頁）

くびき古代の交通路を考える場合、今ひとつ、海の道を忘れてはならないでしょう。『日本古代の神話と歴史』（吉川弘文館、一九九二年）の著者米沢康は次のように述べています。「私は、八千矛神と高志国の沼河比売との神婚伝承にも、海の問題を考えないわけにいかない。とくに、北陸道の神済の存在に着目すると、『高志国の沼河比売』といわれるその背景には、この神済における渡海祭儀の実修が、大きな役割を担っていたのではないかと推考される」（同書、二二頁）。ここに出てくる「神済」とは、北陸道の越中と越後の境界の河ないし沿岸海域を指します。沼河比売神婚神話は出雲から能登を経て佐渡に伝わり、佐渡からさらにその東方海域に「浮かぶ」とみなされた「高志」ないし「古志」に汀線文化として伝えられたと仮定すれば、沼河比売をことさら越後国頸城郡の奴奈川神社や沼川郷に結びつけなくともよいことになるでしょう。

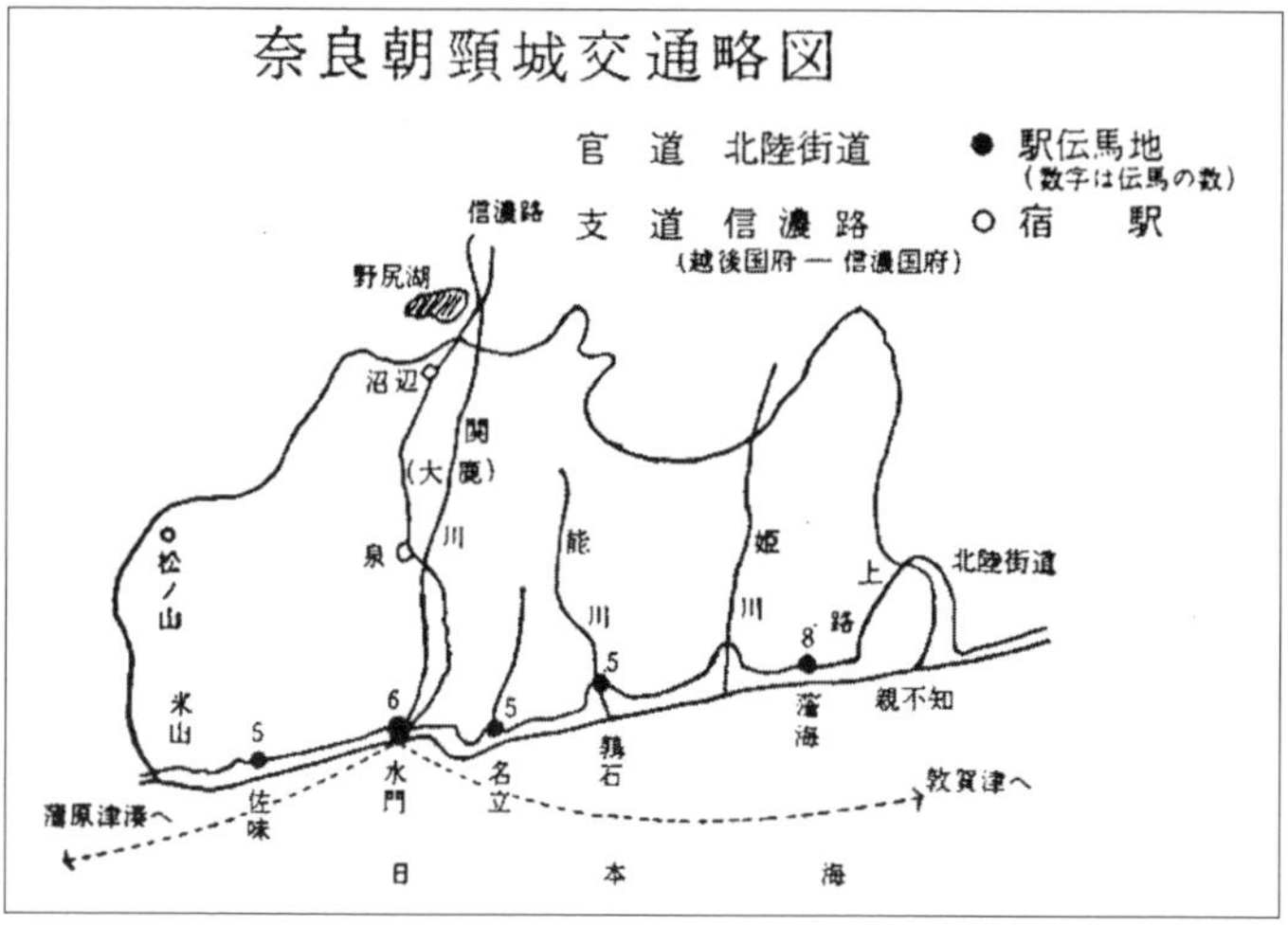

まとめましょう。くびき野には北陸（若狭、越前、加賀、能登、越中、越後）を結ぶ北陸道（加賀街道）と、信濃追分で中山道から分岐し信越（小諸、上田、長野、高田、直江津）を結ぶ北国街道が交差しています。近隣にはそのほか、上州高崎で中山道から分岐し三国峠を越えて出雲崎に至る三国街道、糸魚川から姫川沿いに信濃へと通じる姫川街道などがあります。信越国境にはそのほか関田峠を越える関田街道、富倉峠を越える飯山街道（富倉街道）、北国街道の高田と三国街道の塩沢宿を結ぶ松之山街道、野尻湖に源を発する関川に沿う関川街道、現在は信越トレイルのコースに関係する梨平峠、牧峠、深坂峠など多くの街道・峠道が開かれました。上杉謙信の時代には軍用道路として機能し、江戸期には塩の道などの経済動脈として機能しました。詳しくは本書第1章をごらん下さい。

三途の川の子と鬼とお地蔵さん

上越市のいわゆる裏寺町（寺町三丁目）に曹洞宗長徳寺という寺院があります。私は幼い頃、母の実家がある浄興寺（寺町二丁目）前からこの裏寺町を通って自宅（仲町六丁目）に帰ることがよくあり、そのたびに長徳寺の前で足を止めました。道路から寺内に向かって三途の川というか賽の河原というか、こわい風景がこしらえてあるのです。川のこちら側には泣く子どもがいます。その先には鬼が金棒をもってデンと立っております。怖いもの見たさでこの場を通るのでした。

地蔵信仰はインドを発祥の地としますが、わが国には奈良時代に伝えられました。地蔵は、釈迦入滅（死去）後から弥勒菩薩が如来となって現れるまで無仏となったこの世の衆生（いっさいの生き物）を救済する役目を負っているのです。近世になってたくさん造立されるようになった石の地蔵は、作神、子育て、治病、延命、除災など庶民の様々な現世利益を叶える役目を負いました。なかには、特定の祈願の対象となるお地蔵さんもあり、祈願の内容を示す呼称で親しまれます。例えば、イボ取り地蔵、雨ごい地蔵、刺ぬき地蔵など。

地蔵とくれば子どもがつきものです。お地蔵さんはことのほか子どもたちが好きで、手厚く庇護したり身代りになったりします。こうした一般観念は、一一〇〇年頃に編纂された『今昔物語』巻一七の地蔵説話に記されているように、地蔵は子どもの姿で現れ霊託を宣する、という言伝えから生まれたのでしょう。なるほど見れば確かに地蔵は、頭は修行僧風だが顔は子どもっぽいです。あるお地蔵さんは、子どもの百日咳をとめてやって咳止め地蔵と呼ばれ、あるお地蔵さんは子どもの病気を引き受けてやったので身代り地蔵と呼ばれます。子どもと仲のよいお地蔵さんはいつも子どもたちに連れ出され、一緒に小川に入って水遊びをしたりします。ときには腹いせに曳き倒されたり、頭から地面に叩きつけられ鼻をへし折られたりもします。それでも石地蔵は少しも怒らないのです。

長徳寺賽の河原脇の掲示板に児童文学者杉みき子さんの文章が添えられています。「世に幼な児の死ほど悲しくいたましいものはない。地蔵和讃に描かれた賽の河原の物語には、子どもの死後の世界がせめて安らかであれと願う親の、ひたすらな祈りがこめられている。」

「郷土」概念を提起する伊東多三郎

『頸城文化』創刊号（一九五二年）には、以下の論文が掲載されました。伊東多三郎「郷土史研究の態度について」。当時、東京大学史料編纂所員でした伊東氏は、その中で次の問題設定を行いました。「郷土史とは何か。一般史に対する特殊の地方史の意味か。その地方史をそこに住む者の郷土的感情によって反映をさせたものであるか。郷土とは何か。」（一頁）この論考は、郷土を中央に対する地方としてではなく、自立した社会経済的環境と歴史文化的環境とを有する圏域として主体的実践的に把握しなおすことを求めています。「郷土、郷土生活なる概念が主体的に把握されたものであることを理解するならば、郷土史の本質はおのずから明らかとなるであろう。即ち父祖の生活を受け継ぎ、更に之を発展させる自覚を以て、郷土生活の由来を研究するものと云うことができる。」（創刊号、二頁）

この構えは、私の定義する「文化の第二類型」に関連します。私は『歴史知と学問論』（社会評論社、二〇〇七年）において、文化の概念を以下のように区別しております。「地方（文化）」と「中央（文化）」がセット（対）になるのを第一類型概念とし、「郷土（文化）」はそれのみ単独で価値をもつ、というのを第二類型概念としています。地方という概念と違って、郷土という概念には中心もなければ辺地もありません。例えばくびき野を郷土とする我々は、この地ですべてを受け止め、また、この地に立ってすべてを見通してきたのです。くびき野に生まれ育った者と、この地に根を張って生きるようになった者は、くびき野を郷土とするのです。ここに生きる者たちは、環日本海を介して、否が応でも世界

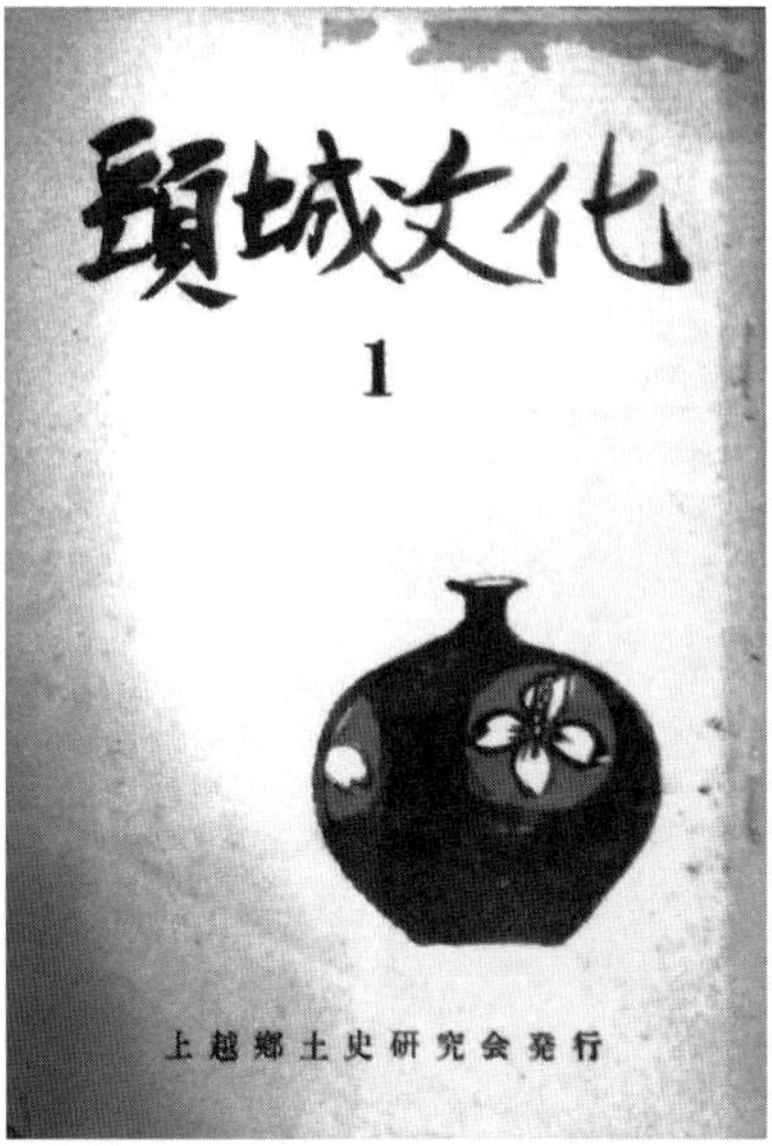

史の現場とダイレクトに接触してきたのです。

なお、NPO法人頸城野郷土資料室の設立趣旨書には、「郷土」について以下のように記されています。「これまで幾世紀にわたって、字《あざ》単位で形成されてきた頸城各地の郷土文化を、文字通りの意味での上越後地方における郷土文化へと連合する運動、すなわち『頸城野文化運動（Kubikino Culture-Movement　略称KCM）』を開始することが肝要と思われる。この運動は個性あふれる地域文化の連合・再編成を目指すのであって、中央的な文化への統合ではあり得ないし、いわんや単一文化への融合（地域文化の切捨て）ではあり得ない。具体的な活動としては、民俗文化や歴史的建造物を文化資料として保護し、それらの基礎資料・研究資料を収集・整理し、後世に引き継いでいくことに努めたい。」

山田の中の一本足の案山子♪

近世の農民たちは、無意識ながら蛇神を田畑のなかに立たせ、カカシ（案山子）として大切にしました。カカシとは、ヤマカカシという名のヘビから推測できるように、ヘビのことです。童謡唱歌の一つに「案山子」（一九一一年）があります。歌詞は「山田の中の　一本足の案山子　天氣のよいのに蓑笠着けて　朝から晩まで　ただ立ちどほし　歩けないのか　山田の案山子」です。山田とは丘陵地の焼畑（火田）のことです。ヤマカカシ（山の案山子）はそうした焼畑を守る神のことでした。縄文期の焼畑農業においては、農作物の大半は地下に実るので、モグラやネズミの天敵であるヘビを田畑に棲まわすのが何よりでした。これに対して弥生期の水田耕作においては農作物の大半は穂に実るので鳥害が主となりました。したがって、その時代になると、足のないヘビたちは、足ではなく尻尾でたって田畑を守ることとなったのです。そのうちにはヘビでなく人間の姿をした案山子が両手で鳥を追うのがよいとなったのでしょう。かつての蛇そのものは、後世には蛇モドキに転じるのでした。

こうして近世の農民たちは、それと知ってか知らずか、蛇モドキを稲作儀礼の一つに数えていくのでした。例えばカカシを「田の神」とみなしたカカシ祭りがくびき野に伝えられています。石田耕吾は次のように説明しています。「十月十日のトウカンヤ――今は一月遅れの十一月十日が多い。『カカセアゲ』『カカセマツリ』などというところが多く、稲刈りが終ると案山子さんがお帰りになる、案山子さんのお祭りだという。案山子は農神（田の神）の依り代であり、田の神が山へお帰りになり、

山の神になるという意のものである。妙高高原町杉野沢では十一月十五日を『カカシアゲ』といい、当日はトロロを食べることを禁じていた。案山子さんが足をすべらせて天へ帰れないからだという。」（石田耕吾『頸城の祭りと民俗信仰』北越出版、一九八七年）

蛇はカカシのほか神社や神棚の注連縄、正月のお飾り、それから夏越払いの茅輪にも変身しています。よくヘビの形で表現される宇賀神の「ウガ」は食料を意味する「ウカ」「ウケ」と関連していて、先史時代の農耕神です。日本神話の「ウケモチノカミ」「トヨウケヒメ」はみな仲間の神々です。なお、蛇は脱皮をくりかえして成長するので、永遠に若返りを繰り返すと信じられていました。そのような古来の神様をみなさん最近はすっかり忘れてしまい、正月飾りも外国産ですませたりしています。（写真はマラソンを応援するカカシ。上越市ＨＰから引用）

岡倉天心の中の上越赤倉

　福井越前藩士を父にもつ岡倉天心こと岡倉覚三は、一九一三（大正二）年八月、赤倉温泉（山荘）に向かいました。同地は結果的に終焉の地となります（九月二日死去）。その岡倉は一九〇六（明治三九）年ニューヨークで刊行した英文『茶の本』に以下の文章を綴りました。「われわれに現実的なものは飢えのほかに何もない。自分の欲望のほかに神聖なものは何もない。神社仏閣は次つぎにわれわれの眼の前で崩壊してしまった。（中略）われわれの神は偉いものであり、金銭はその予言者である！われわれはこの神にいけにえを捧げるために自然を荒している。物質を征服したと自慢しているが、われわれを奴隷にしているものが物質であることを忘れている。教養と風雅の名によって何という残虐を犯していることであろうか！」（『茶の本』桶谷秀昭訳、平凡社、一九八三年、七二頁）

　岡倉天心のことを、国粋主義者と評価する人たちがいます。その根拠の一つに、彼の英文『東洋の理想』（一九〇四年）冒頭の一文「アジアは一なり（Asia is one）」があげられます。ヴィヴェーカーナンダの思想「不二一元（アドヴァイタ）」に発するこの言葉の、天心なりの意味は、インド・中国・日本などの文化的通時性共時性を称えることです。また、生前には刊行されず孫の古志郎が一九三八（昭和一三）年に翻訳刊行した『アジアの覚醒』（原題「理想の再建」）はインド人民衆に対してイギリスからの独立を促すことを目的としてはいましたが、そのフィールドは政治でなくヒンディズム文化にありました。この原稿には、『東洋の理想』に序文を寄せたアイルランド人ニヴェディタ（ベンガル

天心肖像 明治三一年頃
（茨城県天心記念五浦美術館所蔵）

語で「献身」）が全般にわたって添削し、彼女による草稿メモには彼女の筆になる「Asia is one」というフレーズが今に残されています（大久保三春「インドにおける天心」『比較文学・文化論集』第二巻、二〇一一年、一六頁、参照）。

天心は一時、日本美術院を赤倉に移そうとまで考えました。横山大観たちと過ごした茨城県五浦海岸でなく、息子一雄を介して知った赤倉になぜ魂魄をとどめようとしたのでしょうか。一九一三（大正二）年四月一日、直江津から米原までの北陸本線が全線開通したことが原因とも思われます。「天心岡倉覚三は、病を得て、鉄道の地方幹線網整備が進む大正二年九月に、上越の『麗しい』赤倉山荘から高田、直江津方面を望み、さらには郷里福井を『遠望したい』と念じつつ、この世を去った」（清水多吉『岡倉天心―美と裏切り―』中央公論新社、二〇一三年、二五七頁）。

西横山のオオマラ　―郷土民俗の普遍性―

すでに紹介ずみの「西横山のサイノカミ石祠―オオマラの陰でひっそりと」（158頁）では説明を省略したのですが、この「オオマラ」は、民俗学的にみて全国各地に存在する神仏虐待儀礼「悪口雑言」の代表格なのです。道祖神信仰における神仏虐待の事例を各地に拾ってみましょう。悪口雑言のサンプルには、以下のものがあります。「バーカよ　バカよ　道祖神はバーカよ」（山梨県富士吉田市上吉田）、「どうろく神という人は　頭にこっぱすでかした　切っても　焼いても　なおらない　ヨイヤアノーグワーン」（長野県上高井郡小布施町都住）、「せいの神のじんじいは　火の子にむせて　湯のめ　茶のめ　ヤイヤノウェー　ヤイヤノウェー」（長野県茅野市）。信徒はなぜ己れの神にむかって悪口雑言を吐くのでしょうか。その分析は後回しにして、さらにサンプルを引用します。「道祖神はオン馬鹿だ、蜂にマラ刺されて、痛いとも言えず、かゆいとも言えず、ただ泣くばかり」（山梨県の久那土村車田、マラとは男根のこと）、「ヤァ　オーマラ　オーマラ　オーマラ」（新潟県中頸城郡谷浜）。この最後の事例は大護八郎『道祖神―路傍の石仏Ⅱ―』（真珠書院、一九六六年）からの引用ですが、西横山の事例と同じです。これらの囃し言葉は必ずしも悪口とはいえませんが、滑稽な感じから悪ふざけの雰囲気はよくでています。また、道祖神を直接罵倒してはいないものの、祭りで子どもたちの喜捨乞いに快く応じなかった家に対しドンド焼きの場で「〇〇さの田圃は荒れちまーえ」「××さのぢんぢ（爺）ばんば（媼）早く死ーね」などと囃しながら道祖神を火中に投じたり用水に蹴落とした事例もあります。ケチな村

西横山小正月（中川幹太氏提供）

人への八つ当りのような囃し言葉で、間接的に道祖神を虐待していることになります。

ついでに、他県ですが、縛り上げないし引摺りの儀礼を紹介します。長野県下伊那郡高森町大島山では、祭りに際してサイノカミを注連縄で結えて火の中に入れたり、火の周りを引き廻したりしました。祭りには直接関係しないのですが、神奈川県の秦野市ではお産が近づくと、道祖神の塔を倒しておき、安産だったら塔を立て直します。同県の中井町ではお産が近づくと道祖神をうつぶせにしますが、それは子どもの役目でした。そのほか神奈川県ではドント焼きに際して道祖神などの石造物は荒縄で縛り上げられ引きずられるなど、子どもたちに弄ばれます。あげくの果てにドント焼きの火中に放り投げられることもありました。

詳しくは、石塚正英『歴史知とフェティシズム』（理想社、二〇〇〇年）をご覧下さい。

仏教美術史家平野団三の業績

頸城地方で一九九〇（平成二）年から石仏調査を継続しています私は、ほぼ毎回平野団三先生に現地をご案内戴き、じきじきにご教授戴きました。同時に私は、お許しをえてフィールドにおける先生との会話をテープに録音し続けました。その録音時間は、ゆうに二〇時間を越えています。そのようにして平野先生に多くを学んだ私は、二〇〇〇（平成一二）年六月、すなわち先生がお亡くなりになる月に、先生が長い年月を費やして執筆された石仏関係の主要論文を一書に編集し刊行し、五月には印刷を終えて先生に謹呈させて戴きました。『頸城古仏の探究』です。

そのようにして平野先生の石仏関連論文集を刊行した理由はじつに明快です。フィールドとしてはたしかに頸城地方を直接の研究対象としつつも、先生はこれを中央の添え物、補助の研究とするのでなく、頸城という一地域の歴史と文化とを中央から独立させて探究し、石仏研究を普遍史的見地から叙述した、ということです。その平野先生から石仏のみならず古代国府、中世荘園などを含め全体として包括的に頸城史を学んだ私は、その限り私の責任において、普遍史的な見地に結びつく平野学説を以下に紹介してみたく思います。それは三和区や浦川原区に残る地名「ひだもり、いぎみ」の古名に関連します。

九三四（承平四）年頃成立の和名抄にはすでに「夷守《ひなもり》」と称する郷に関する記述が存在しています。「夷《ひな》」とは、「鄙」とも書き、都から遠い「ひなびた」ところ、辺境という意味です。したがって「夷

守」とは、一見すると辺境を守る（人）の意味になります。具体的には蝦夷の攻撃から大和朝廷が国土を守るという意味になるようです。しかし、平野団三「古代頸城文化の内証」（『頸城古仏の探究』九～一〇頁）によれば、「夷守」とは蝦夷の里を意味します。頸城地方に大和朝廷の勢力が及んでもなおしばらく蝦夷は自民族の根拠地を確保しており、それを大和朝廷側は「夷守」とか「五十公《いぎみ》」とか称したのです。なお「五十公」は当初「夷君」と記しましたが、やがて時が経つにつれ「夷」が嫌われて「五君」「五十君」「五十公」などと改称されたようです。また「守」は「かみ」とも読むので、「夷守」は「ひなのかみ」と読んで「夷君」ともども大和朝廷側が蝦夷の首長を遇するのに用いたと考えられます。とにかくも、古代の頸城地方には大和朝廷に打ち負かされない文化をもった先住民がいたことになるのです。

猫又退治　―妖怪伝説の里・上越市中ノ俣―

山間部における水車発電プロジェクト推進の件で、二〇一一（平成二三）年六月に上越市中ノ俣の石川正一氏宅を訪問した際、美恵子夫人から「猫又絶治実記《たえじ》」を紹介されました。同地区に古くから語り継がれてきた妖怪伝説です。頃は一六八〇年代、高田藩主松平光長の御家騒動のさなか、尻尾が二股に分かれた全長九尺四寸（三メートル弱）の猫らしき獣が中の俣村近くの繁倉山に棲んでいて、村人三名を食い殺していた。そこで村人は代官所に頼んでこれを退治してもらうこととなった。しかし「わんと云《い》て」飛びかかる猫又はすこぶる凶暴で、足軽たちの手におえるものでなかった。そのとき、「大力仕業諸人に勝れし者」だった百姓吉十郎は病身でありつつも討死に覚悟で猫又退治を引き受けた。吉十郎は「太股を咬まれながら心付《づき》腰の刀をすらりと抜き咽《のど》の呪《かじり》を突貫《つきつらぬき》」、相討ち共倒れで始末をつけたのでした。

ところで、このような妖怪は、果たして悪者でしょうか。吉十郎の手がらを横取りしようとたくらんだ足軽たちのほうがよほどワルです。前近代において人と自然の関係は、たとえばこうした妖怪奇談に示されます。自然に対しておかしてはならない領分を一つには神々のすむ聖域（結界）とし、一つには妖怪のすむ異界としておきました。ある意味で、どちらも異界ではあります。どうしてもそこに分け入らねばならないときは「六根清浄」と清めの祈りを唱えつつ、さもなくば同じ言葉を繰り返せない妖怪に「もしもし、もしもし」と声をかけつつ、足早に抜けるのでした。神々や妖怪は怖

猫又退治絵（上越市地球環境学校提供）

いですが、祈願の対象にもなります。たとえば風の神は、たいがいは災いをもたらす厄介な存在です。しかし、風（の神）なくして田植え後に稲（風媒花）は生長しません。風の神との付き合い方は双方向であらねばならないのです。あるときは、鎌で切りつけて撃退する。あるときは村はずれで多少暴れてもらいつつ退散願う。稲穂が実れば、むろん感謝祭を執り行う。対決・妥協・歓迎、これが前近代における人と自然の関係であったのです。しかし近代人は、自然界に神はいない、神にお伺いをたてなくても自然を一方的に支配してかまわないという自然破壊者・環境破壊者になったのです。繁倉山に棲む猫又は、アニメ『もののけ姫』に出てくる猪神「乙事主」さまと同じような神だったのかも知れません。

歴史研究の動機付け　―渡邊慶一の実証主義―

歴史研究の動機付けには二類型があります。その一つは、魅力ある課題に出会ってそれに合致する資・史料を求めるタイプです。その典型は、巨石文化を研究した鳥居龍藏です。『鳥居龍藏全集』第四巻の解題に次の記述があります。鳥居は「わが国にも記紀に暗示されるように巨石記念物がなくてはならないと考えた。博士は全国にわたり多数のメンヒル、ストンサークル、ドルメンの存在を指摘した。それは『鳥居さんのドルメン』といわれ、主観的なものであり、真偽不明なものであるとされた」。（『鳥居龍藏全集』第四巻、朝日新聞社、一九七五年、六三七頁）

そしていま一つ、魅力ある資・史料に出会ってそれに合致する課題を求めるタイプがあります。その一代表に日本政治外交史を専門とする三谷太一郎がおります。三谷は、「史料との出会い」で述べています。「歴史研究者がこれはと思う史料に恵まれる時、それは『出会い』というにふさわしい。……すなわち想像力を触発する史料に出会った歴史研究者は、多くの場合その史料のために（つまりその史料を引用するために）作品を構想するのである。逆にいえば、史料への愛着がそれだけ深まらなければ、歴史は書けないものなのである」。（三谷太一郎「史料との出会い」、『みすず』第二七六号、みすず書房、一九八三年、二九頁。）

さて、上越郷土研究会の組織化に尽力された歴史家の渡邊慶一先生は、会誌『頸城文化』創刊号（昭和二七年六月）に「越後松平家没落に於ける家臣の土着形態の一例」を載せたのですが、それを草す

る動機として、是非とも取り組みたい研究課題があったのです。それは徳川幕府による初期支配方策に関する疑問解決でした。とはいえ、渡邊先生は、これにふさわしい史料はお持ちでなかった。ところが、一五年ほど後、昭和四二年六月に上田市立博物館を訪問したとき、この課題に適した史料を偶然発見し、論文「交通史料から見た越後騒動後日談」を書き上げ、『頸城文化』第二五号（一九六七年八月）に発表したのでした。歴史家邊慶一の実証主義はくびき野史壇の金字塔です。

　思いかえせば、大学生時代の私にもそのような動機は作用しました。一九世紀ドイツの落ちぶれゆく手工業職人の反抗精神に触れて、卒業論文を書きあげるに至ったのでした。

三和区北代の石仏と街道祭り

中世上杉氏が領内で採用した駅伝の一種に「宿《しゅく》送り」があります。北国街道などで領民が公用物資を背負って宿駅間を行き来しました。伝馬でなく人力に頼るから輸送力に限りがあり、「歴代古案」によると一時に二〇～三〇人の大人数の継立を命ぜられる場合が多かったとのことです。ただし、物資のほかさまざまな文物制度・習俗慣習が村送りで伝えられた点はくびき野の文化圏形成にとって意義深いことです。

ところで、三和区北代の石仏を関山神社まで村送りで背負って運んだと伝えられる「街道祭り」はその名残と思われます。この石仏は、本章の「神仏虐待儀礼に晒された石仏」（100頁）で触れました三和区の雨降り地蔵の一つです。昔は郷倉の近く旧街道沿いにあったのが耕地拡大により阿弥陀寺南側の現在地に移されたらしいです。北代の石仏には、以下のような伝承が今に遺されています。かつて街道祭りという行事があって、それが催される時には、村の者が石仏を背負って街道を進む。街道に沿って北代から塔ノ輪、島倉、浮島、井ノ口、中村へと村送りで、次々に背負う人が交代しつつ、北代の石仏は宮街道（北国街道の一つ）を通って関山神社の妙高堂にまで運ばれる。村々では、村外れまで石仏を運び終わると草履を各村社の神木に吊し、祭りを始めた。

この伝承は実証的な証拠に乏しいのですが、伝承それ自体は宗教民俗学的研究上、実に興味深いです。なぜならば、法定寺石仏群中の一体、北代の石仏が、次々と別々の村人たちの――法定寺に直接

関係しない人々の――背を経て、ついに妙高山麓まで運ばれたということは、この宗教的儀礼が明らかに一つの社会制度の中世的表現にほかならないことを意味するからです。くびき野の海岸線から妙高山麓まで、いや妙高山頂までが、一つの共通した形式の石仏群を通じて、一つの宗教的儀礼で結びつけられていたのです。

この街道祭りは例年五月三日に行なわれたと伝えられますが、この行事の由来として、木曽義仲が妙高山に阿弥陀仏を寄進し山頂に祠を建てたとの伝承が残っています（『頸城郡誌稿』一三二頁）。これを機に定期的に祠を建て替えて山開きをしに妙高登山が行なわれ、街道祭りが始まったとされます。また、故平野団三先生は「五月三日では妙高開きには早過ぎる」ので、くびき野から関山を通り信濃に抜ける街道の完成に由因しているのではなかろうか、と推測しています。

小学校歌に燦然と輝く妙高山

ＮＰＯ法人頸城野郷土資料室の事業として、よく文化調査のフィールドに出かけるのですが、そのたびに、くびき平のかなたこなたに山並みを仰ぎ見ます。そのランドスケープは縄文弥生の時代から人々の心を癒してきたのでしょう。くびき野に生まれた私は、そのことを小学校歌に見出しております。とくに妙高山が歌いこまれた校歌に注目してきました。二〇一三年一〇月に上越市有線放送電話協会が編集発行した『学び舎のうたが聞こえる』を拝見しますと、次のような歌詞に接します。

「み空に高き妙高や」（八千浦小）、「ながめとうとき妙高山の」（直江津小）、「妙高山を仰ぎ見て」（直江津美並小、和田小）、「紫におう妙高に」（北諏訪小）、「妙高南葉の峰青く」（保倉小・春日新田小）、「妙高火打米山の」（国府小）、「妙高の峰ゆるぎなく」（上教大付属小）、「天を衝く妙高の峰」（南本町小）、「妙高米山西東」（富岡小）、「妙高火打万岳の」（稲田小）、「空にそびえる妙高や」（大和小）、「高くそびえる妙高や」（諏訪小）、「火打妙高山晴れて」（三郷小）、「空にそびえる妙高の」（大町小）、「妙高南葉の山なみこえて」（高田西小）などなど。

「妙高」以外の山々で歌詞に読まれるものに「米山」「南葉山」があります。数は少ないですが「春日山」もあります。故郷の風景とくれば「山河」ですので、河川も追ってみましたが、「荒川」が多いことに気づきました。この名称は今では関川にかえられていますが、平成に入ったころの地図帳（帝国書院発行）には「関川（荒川）」と記されています。それ以降に新設された小学校はありませんから、

同窓会で校歌を歌うときは「荒川」のほうが懐かしいのです。海は、あたりまえですが「日本海」で占められています。

二〇一三年六月、新幹線駅名が「上越妙高」に決まり発表されました。その駅舎があります上越市（脇野田）から妙高市（旧新井市）にかけて弥生遺跡群が散在しています。その処々からくびき平を眺めやってください。信越県境に頸城三山、日本海に目をやれば尾神岳や米山を遠望できます。なんとすばらしいロケーションでしょう。最後に、わが母校の校歌から引用します。「空にそびえる妙高の」（大町小）、「白妙輝よう妙高の」（城北中）、「妙高山は峨々として」（高田高）。あぁ、還暦を過ぎ古希なんなん、馬齢を食むばかりのわが心身は、幼いころに培った帰巣本能に従って上越妙高に向かうのです！

学校開設の機運 ―羽峯・朴斎・八一―

現時点で開講から八年目となりますNPO学園「くびき野カレッジ天地びと」（真野俊和学園長）では、これまでくびき地方に関連する数かずの歴史・文化講座を開催してきました。その一つに、内藤隆講師によります「くびき野の近代教育」（第二期第一〇講、二〇一一年八月二七日）があります。内藤氏は、会津藩出身の人物南摩綱紀《なんまつなのり》（羽峯、一八二三～一九〇九年）が明治初期のくびき野で数々の地元教育家―東条琴台、小林百哺、岡田保、増村度弘ほか―を育てた経緯をかいつまんで講義されました。

二〇一三年のNHK大河ドラマ『八重の桜』で印象的な場面でした戊辰戦争における会津藩降服後、藩士のうち一七四二名が降服人として高田藩に移住します。その中に学識豊かな羽峯がいました。岡田らは、一八七〇（明治三）年六月、会津降服人が許され藩を去ろうとする南摩を高田に引き止めました。羽峯はそれにこたえて翌年まで滞在し、正心学舎を設立しました。こうしてくびき野における学校開設の機運は明治五年学制発布を挟んで、いやましに高まります。

その動きに竿差した教育家に、漢学者増村度弘《のりひろ》の子、増村度次《たくじ》（朴斎、一八六八～一九四二年）がいます。彼は一八八二（明治一五）年に上京し、当時東京で要職にあった羽峯に教えを受けます。やがて父の死後、その意思をついで有恒学舎（現県立有恒高校）を一八九五（明治二八）年に創立します。その朴斎は、一九〇六（明治三九）年、親交深き漢詩人武石貞松の紹介で新進気鋭の會津八一《やいち》（一八八一～一九五六年）を英語教師として有恒学舎に迎えます。八一は、坪内逍遥に呼ばれ東京に移るまでの四年間を有恒学舎で過ごします。

東京に福沢創立の慶應義塾があり、京都に新島創立の同志社があったとすれば、上越（中頸城郡）には増村創立の有恒学舎ありき、だったのです。私は、二〇一三年一一月一〇日に行われた頸城野郷土資料室主催の「くびき野文学碑めぐり」に参加し、板倉区針の増村朴斎記念館を見学しました。そこで、幼少のころより朴斎は神童の才能を発揮していたことを知り、大いなる感銘を受けました。明治期くびき野で学校開設の機運醸成に貢献した羽峯・朴斎・八一は、わが郷土の精神的風土となっているのです。NPO法人頸城野郷土資料室はそれを忘れません。

増村朴斎像
（増村朴斎記念館）

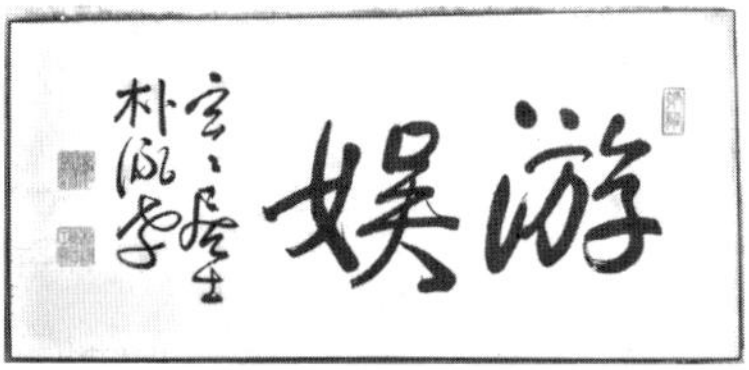

朴斎「游娯」扁額
（NPO法人頸城野郷土資料室所蔵）

愛の風あるいは東《あゆ》の風

上越市の西方、滝寺から下正善寺にかけての小高い丘を吹き抜ける風、あるいはその丘陵地帯の名称として「愛の風」があります。その丘は、現在は「愛の風公園」として上越市民の憩いの場となっていて、モンキアゲハやギフチョウの舞う丘から眼下に高田平野が、北方に春日山、日本海が望まれます。

ところで、古来、風は「風土」に象徴されるように土と深くかかわってきましたが、もう一つ海との関係も強かったと言えます。それを象徴する言葉に「あゆのかぜ（東の風）」があります。日本海沿岸で吹く東よりの風を指しています。この風は、江戸時代に日本海を航路とした松前船が順風として利用した風です。かつて海上輸送の帆船が上りの順風として利用したようです。さらに昔、国守として越中にあった大伴家持は長歌に「東《あゆ》の風いたく吹くらし奈呉《なご》の海人《あま》の釣りする小舟《おぶね》漕ぎ隠る見ゆ」と詠みました。万葉時代の越の国（現在の北陸地方）では、春に東から吹いてくる風を〝あゆの風〟と呼び、幸福を運んでくるものと信じられていたそうです。東の風《あゆかぜ》と愛の風はおそらく同じ語源に発しているのでしょう。いずれも伝統と風土の人間文化を醸し出す語句です。

風は自然現象の一つです。風とか水とか土とか、それらを肌に接して人は何かを感じるでしょう。たとえば自然観について、文化人と科学者と信仰家では次のように相違するかもしれません。文化人にとって「沃土・清水・涼風」は、科学者にとって「窒素・炭素・水素・気圧」でしょうし、信仰家

愛の風公園（上越市滝寺）

には「地神・聖水・神のいぶき」だったりすることでしょう。

　また、草木の動きなどで風の動きが感じられるのを風の色と言います。青葉の上を吹き渡っていく爽やかな風は緑風。秋の野山に吹く、吹く様子は見えないけれども、確かに秋のひびきを持つ風を色なき風といいます。漢詩では、春に青、夏に朱、秋に白、冬に玄の色を配していて、この考えは古くから日本にも伝わっていました。「石山の石より白し秋の風（芭蕉）」古来、秋風は「素風」「白風」ともいい、その白の感覚を石の白さに喩えています。那谷寺《なたでら》（石川県小松市）境内の白い石山にふく秋風は、この石山の石より白々として、底知れぬ物悲しさを帯びています。対して、上越の愛の風はとても爽やかです。丘の上で飯盒炊さんして楽しんだ小学生時代がなつかしいです。

道路元標と追分地蔵　―元祖ナビゲーター―

道路の起点と終点、経過地を示すための標識を道路元標と言います。道路には国道八号線あるいは主要地方道新井柿崎線というように一つ一つ名前があります。その道路には起点と終点があり、それを示すために道路元標が設置されました。先駆としては一六〇四（慶長九）年に江戸の日本橋脇に建てた「里程標」があります。明治期になり、一八七三（明治六）年の大政官通達により、道路元標の設置は、東京は日本橋、京都は三條大橋の中央、大阪府及び各県はその本庁（県庁）所在地四達枢要の場所に「木標」を建てることになりました。さらに一九一九（大正八）年の内閣総理大臣通達により道路元標は各市町村に一個置くこととなり、石材その他の耐久性材料を使用すること、大きさは高さ六〇センチメートル、正面、奥行二五センチメートル×二五センチメートルと定められました。しかし一九五三（昭和二八）年の道路法改正により道路元標は「道路の付属物」として位置づけられ、本来の機能を失い、道路の整備、区画整理などによって破壊または移動放置という運命をたどることになったのでした。頸城野郷土資料室監修『日本海沿いの町　直江津往還』（社会評論社、二〇一三年）には「直江津町道路元標」の写真が掲載されています。

路傍に佇む道標や一里塚、あるいは銘文を刻んだお地蔵さんにであうと、つい何て書いてあるのかな？　と近寄ってしまいます。また平安時代に山岳の伽藍への参道に設置されたのに始まる町石（丁石）は、その後近世にかけ庶民の間にも山岳信仰（秋葉権現など）が普及するにつれ、笠塔婆・板碑・

五輪など様々な像容で表現されるようになりました。

ところで、街道の分岐点、分かれ道を追分と称します。昔は、旅人や行商人がここにさしかかると、いろんな不安がつのったり、道に迷ったり、事故にあったり、といったことが想定されました。それで、追分には石仏がたてられ、道しるべや供養塔などの役割を果しました。上越市の木田新田には、昔、今町（直江津）と加賀街道とへの分かれ道に追分地蔵がたっていました。地蔵には「右いままち、左かかかいたう（加賀街道）」と記してありました。けれども、一九五三（昭和二八）年に高田地区と直江津地区を結ぶ国道一八号線（現在の上越大通り）ができると、しだいに旧街道はさびれて、ここの追分地蔵も人々に感謝されることが少なくなりました。また、本町七丁目あたりにも分かれ道があって、そこには道標があり、「左かがみち、右おうしう道」と刻んでありました。つまり、奥州街道と加賀街道への分かれ道にあたっていたのです。

夏目漱石の主治医・森成麟造

上越郷土研究会初代会長の森成麟造（一八八四～一九五五年）は、文豪夏目漱石の主治医（東京市麹町区内幸町胃腸病院勤務）でありました。漱石は、一九一〇（明治四三）年八月に修善寺温泉での胃潰瘍療養中に胃痙攣をおこし吐血もしました。そのとき診察にあたったのが森成でした。漱石危篤、と思われるほど緊張した現場を、本会現副会長の村山和夫先生は著書『高田摘誌』（北越出版、二〇〇一年、三三四～三三五頁）で次のように描写されています。

「この時、東京朝日新聞社の依頼で長与病院から派遣され、漱石のいわゆる『修善寺の大患』の診察に当たったのは、森成麟造であった。麟造は、当時の状況について『漱石さんの思出』の中に次のように記している。（中略）二四日午後、杉本副院長が来診され、責任の一半を解除され、肩の重荷を下ろした様な感じもした。杉本さんはすこぶる呑気な顔で大丈夫です。間もなく帰京出来ますよと断言したので、一同愁眉を開いた様に見受けられた。杉本さんと私がひと風呂浴びて暫時休もうとした刹那、『誰か来て下さいよ、森成さんー』と奥さんの声がした。周章狼狽して駆け付けた時は真紅の血が迸り散って、目も当てられぬ。室の中央に奥さんの膝に腑臥しておられる蒼白の漱石さんを見出したのである。」

その森成麟造は、『頸城文化』創刊の辞において、どうしたわけか、会の名称を「上越郷土研究会」（現在）でなく、「上越郷土史研究会」と記しました。「史」の一字が多いのです。いや、「創刊の辞」ばかりではありません。創刊号の表紙にも「史」の字のついた名称が印刷されております。それに対して、奥付に附された名称には「史」はありませんし、編集後記（渡邊慶二）にも、巻末の「会則」にも「史」の字はありません。その訳は次のようです。会を組織する時には郷土史研究を志向していたので当初は「史」がついていたのですが、ほどなく自然科学まで範囲を広める方向を取り出したので「史」を削ることにしました。けれども、創刊時の諸事情下にあって表紙と創刊の辞に「史」がのこった模様です。写真は、漱石が森成に感謝して贈った煙草入れで、「朝寒も夜寒も人の情けかな」とあります。

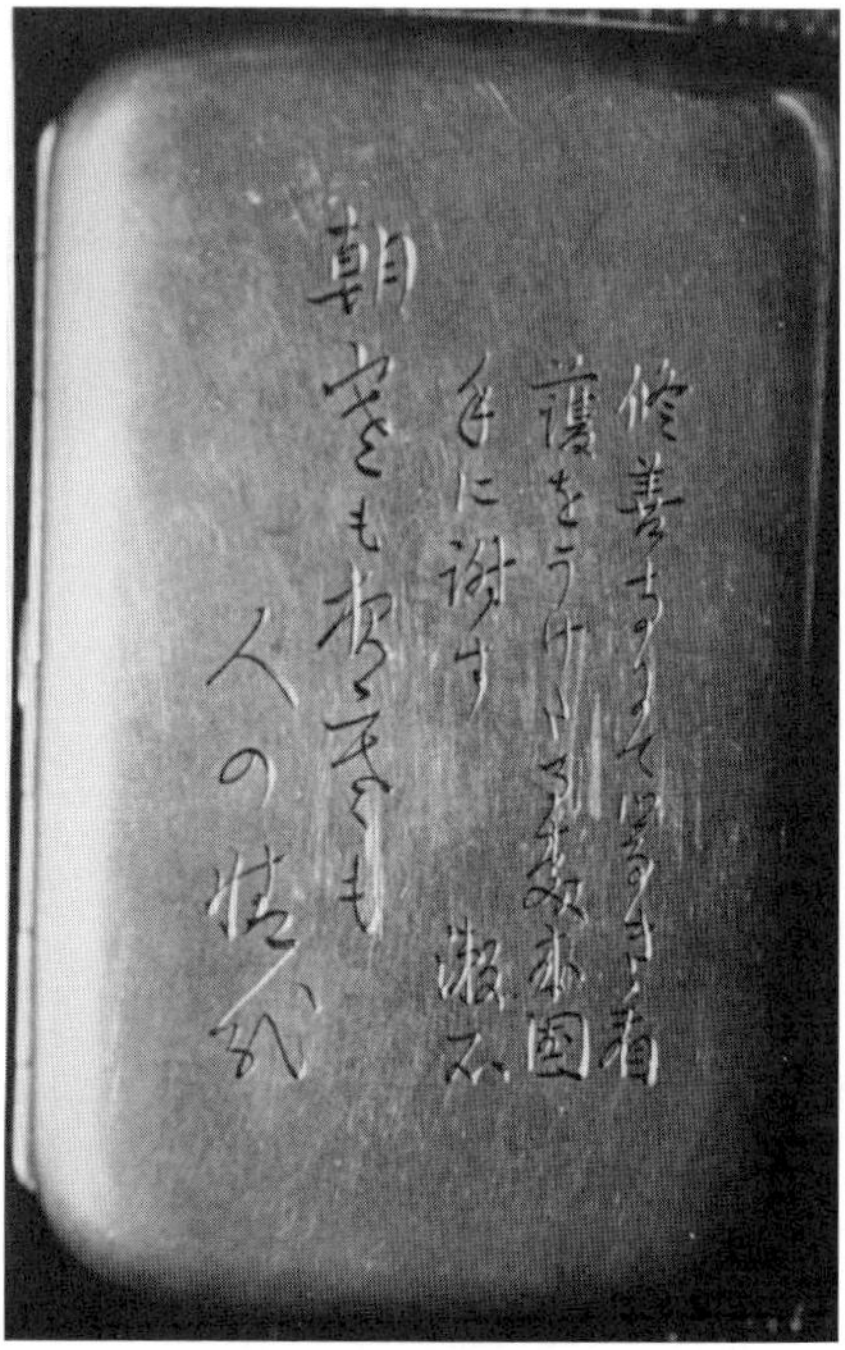

宗教家武田範之と黄葉学院

日本ワインの父、あるいはブドウの神様と称される川上善兵衛は豪農の出身で、かねて川上家と縁の深かった勝海舟を私邸に訪ねフランスなど外国の事情を聴き知りました。その川上は、晩年の一九四二（昭和一七）年に至り、「神武天皇祭日」の日付をもって、アジア主義者武田範之の伝記『武田範之伝　興亜前提史』をまとめあげています。武田範之は、善兵衛の実母コウの実家がある新潟県東頸城郡浦川原村（現上越市浦川原区）の顕聖寺で住職をも務めましたが、善兵衛は一九〇二（明治三五）年に範之の知遇を得た模様です。

国立国会図書館の武田範之関係文書（憲政資料、マイクロフィルム）に付された略歴によりますと、福岡久留米生まれの武田範之（一八六三〜一九一一年）は、一八八三年に顕聖寺で僧職につきました。その後、一八九三年に韓国の釜山に渡航し、翌年、天佑侠《てんゆうきょう》に参加しました。さらにその後一八九五年、三浦梧楼公使らによる閔妃殺害事件に参画したとして（本人は根拠を示して否定）逮捕され広島監獄に収監されます。翌年、広島地裁で無罪免訴となり、一九〇〇年、顕聖寺の住職となるのですが、翌年、黒龍会同人となり、一九〇六年には内田良平と韓国に渡り、一進会で活動します。その後宗教問題を軸に日韓間の交流に奔走し、日韓合邦運動を展開しました。また、伽耶山海印寺（韓国南部）に版木のある「高麗版大蔵経」の保護に努め、さらには顕聖寺に土蔵造りの「黄葉学院」を設けて日本内外の仏典を収集し、「黄葉学院蔵版」書籍を刊行して、僧侶の識見向上に努めたのでした。

　ところで、上記伝記（一九八七年刊行）の巻末に解説「朝鮮との融合を切望した禅僧」を寄せた東方学院院長（解説当時）の中村元は武田を次のように評しています。「この書（武田範之『円宗六諦論』）の中では当時の朝鮮の宗教事情を詳論し批判している。その実情を知らないわたくしにはなかなか理解できないが、朝鮮との融合を切望し、日本の政策を批判した禅僧がいたということに世間の人々が留意されるに至ったならば、幸甚である。日本が同じ過ちを繰返さないためにも、日本の朝鮮統治政策に批判的であったこの禅僧の、高く飛翔する想いに耳を傾けるべきであろう。」また、上越市の久保田好郎氏によると「彼の理想は単なる領国の政治的合併だけではなく、むしろ思想的・宗教的理想実現の一つの過程に過ぎなかったのである。」（『新潟県人物百年史・続頸城編』二二一頁）その武田範之の精神を具現する土蔵造りの「黄葉学院」は、顕聖寺に現存しています。

神輿の天辺は宝珠か鳳凰か　―なっとく篇―

二〇一三年五月六日、東京は上野の国立博物館で「大神社展」を楽しみました。香取神宮（千葉県）の海獣葡萄鏡、宗像大社（福岡県）の三角縁神獣鏡、鞆淵八幡神社（和歌山県）の沃懸地螺鈿金銅装神輿など、貴重な文化資料を実見しました。東京に居ながらにして日本各地の逸品を堪能できるのは、すばらしいことです。ところで、その中の沃懸地螺鈿金銅装神輿について、これはおかしいな、という思いがしました。和歌山県紀の川市（旧粉河町）の鞆淵八幡神社に安置されているこの神輿は、平安時代に神輿が造られ、しかもその天辺に鳳凰が載っているではありませんか。これまでの私の調査では、古い神輿は鳳凰でなく宝珠を載せている結果を得ているからです。また、「大神社展」図録に記された東京国立博物館上席研究員である池田宏氏の説明によると、これは現在の意味での神輿でなく鳳輦《ほうれん》（天皇の乗り物）といえるのです。さらには、「文化財保護五〇周年記念　日本国宝展」（二〇〇〇年）図録によると、当初は屋蓋の上に宝珠を据えた葱花輦《そうかれん》だったのです。こちらも皇族・貴族が使用したものです。それらの調査を踏まえると、鞆淵八幡神社の沃懸地螺鈿金銅装神輿は、神輿でなく葱花輦だったと結論付けられます。

そのような古式ゆかしい形式の神輿は、くびき野では直江津の八坂神社におわします。祇園祭用の御神輿です。現在は新旧二基が並んでいますが、古いほうの重量感あふれる神輿をとくとごらんあれ。明治期に作られた神輿、それが戴く宝珠にご注目！　私は、二〇一三年五月九日、これをじっくり

←中ノ俣菱神社神輿

八坂神社神輿↑

眼に刻んでまいりました。新しい方は鳳凰を戴いております。八坂神社に鳳凰、これはなにかの間違いです。祇園とくれば牛頭天王、それは国津神系で、天津神系の象徴である鳳凰とは相容れません。宝珠＝火焔は直江津の誇りなのです。その宝珠神輿の伝統は、例えば上越市中ノ俣、気比神社に息づいています。天保年間、京都で造られた宝珠神輿を同村の山崎家が寄進したとされます。幾度かの改修を経ていますが、天辺の宝珠は残されました。宝珠といえば寺社仏閣や橋の欄干に載っているギボシ（擬宝珠）を連想します。これは文字通り宝珠に範をとっています。元来、宝珠は舎利を収めるものでしたから、聖と俗を仕切る結界を設けるのに役立ったのです。

一九五〇年代、私は子どもながら、父親が町内の男衆とともに八坂神社の宝珠御輿を担ぐ姿に、なんとなくあこがれました。

野尻湖のゾウ化石と先史遺跡群

本シリーズ「くびき野学への誘《いざな》い」初回は、長野県北部の野尻湖における、私のナウマンゾウ化石発掘体験から題材を得ました。その体験は、野尻湖で一九四八年に偶然ナウマンゾウの化石（臼歯）が発見されてのち、一九六二年から本格的に開始した先史文化総合調査の一端を担うものでした。ナウマンゾウはパレオロクソドン象の日本的亜種であり、更新世後期に生息しました。明治期にこの化石を調査したドイツ人地質学者ナウマンの名をとって命名されたのです。もう一つの化石生物オオツノシカは、更新世の後期から完新世の初期に生息した掌状角をもつ大型鹿です。このように長野県信濃町にある野尻湖は、湖底から多くのナウマンゾウやオオツノシカの化石骨や旧石器時代の石器が出土することで知られています。古生物学者の故井尻正二の提案で一九六二年に始まった野尻湖発掘は、多くの一般市民が参加する独自の形態で知られています。第一回発掘調査においてはじめてナウマンゾウの大腿骨を発見したのは、高田市立（現上越市立）城北中学校地質クラブほかの中学生たちでした。私は一九六五年第四次発掘に参加したのです。現在も発掘は継続されており、日本各地の「野尻湖友の会」が発掘参加の窓口となっていますが、上越市にも「上越野尻湖友の会」が置かれています。私は二〇〇七年一二月野尻湖に行き、四二年ぶりに第一七次へ向けた予備調査に参加しました。

その野尻湖畔一帯には先史時代の遺跡群が存在しています。約三万年前以降の後期旧石器時代を中心に縄文時代草創期の遺跡が多い。同遺跡群は、野尻湖ナウマンゾウ博物館、長野県立歴史館などの

ナウマン象だよ（野尻湖ナウマンゾウ博物館玄関で）

調査研究によって日本における旧石器文化のまとまった事例を提供することとなり、学界への貢献は甚大となりました。また、出土品の一つ約二万年前のナイフ形石器については、関東の茂呂型、東北の杉久保型、近畿・瀬戸内の国府型など日本列島各地のものが混在しており、先史時代にあって、野尻湖周辺を経由して日本列島諸地域間の交易が継続されていたことを推測できるのです。この野尻湖遺跡群と上越市の釜蓋・吹上遺跡から推論できること、それは、旧石器時代にはナイフ型旧石器を携えた人々が、縄文から弥生時代にかけては翡翠や土器を携えた人々が、頸城の関川水系から妙高山麓へ、或いは姫川水系から黒姫山と妙高山の間にある乙見山峠へ往還的に移動していたということです。（頸城野郷土資料室編『「裏日本」文化ルネッサンス』社会評論社、二〇一一年、参照）

くびき野の民俗行事・伝統建築美に注目

本章で幾度か紹介しました渡邊慶一先生は、文献史学の王道を歩むとともに、ときに民俗学の手法であるフィールド調査も行なわれました。その成果を収めた論文の一つに「桑取村訪問記」(『頸城文化』第三号、一九五三年五月) があります。先生は以下のように記されております。

「桑取村で唯一ヶ所にしか行はれない横畑部落の俗称『馬』の奇習を見に向つて皆口を立つ頃は全く眼も口もあかぬ大雪であつた。(中略) やがて『馬』をやる青年がどやどやと入つてきて、最初二人が長い青竹を持つて二、三回前後した頃馬の形に四ツン這いになつた四人の青年が室の隅々で『ヒヒン』と馬のいなきを真似てハネ廻つた。実に動作が機敏で実物の馬を思はせるものがあり、見るからに壮快である。」(六九頁)

さて、文献史学と違って、民俗学の資料は、口碑伝承や習俗慣習をもとにしているだけに、確実性・史実性に欠けるようにみえます。けれども、いったん文字 (文献資料) に記されそれゆえ固定されてしまった文物制度は、たえず動き変化してやまない人間の行動様式・時代精神を到底取り込めるものではありません。とはいえ人間の行動にはたえず深層心理が働いており、その心理は人間の個別の行動等式を歴史貫通的に支配しています。そこに民俗学の重要性があるのです。

それから、渡邊先生は「相馬御風氏の三周忌に臨んで」(『頸城文化』第二号、一九五二年一一月) において、糸魚川市宮平の剣神社を事例に、伝統的建築の美に言及しております。「先年私は西頸城郡上

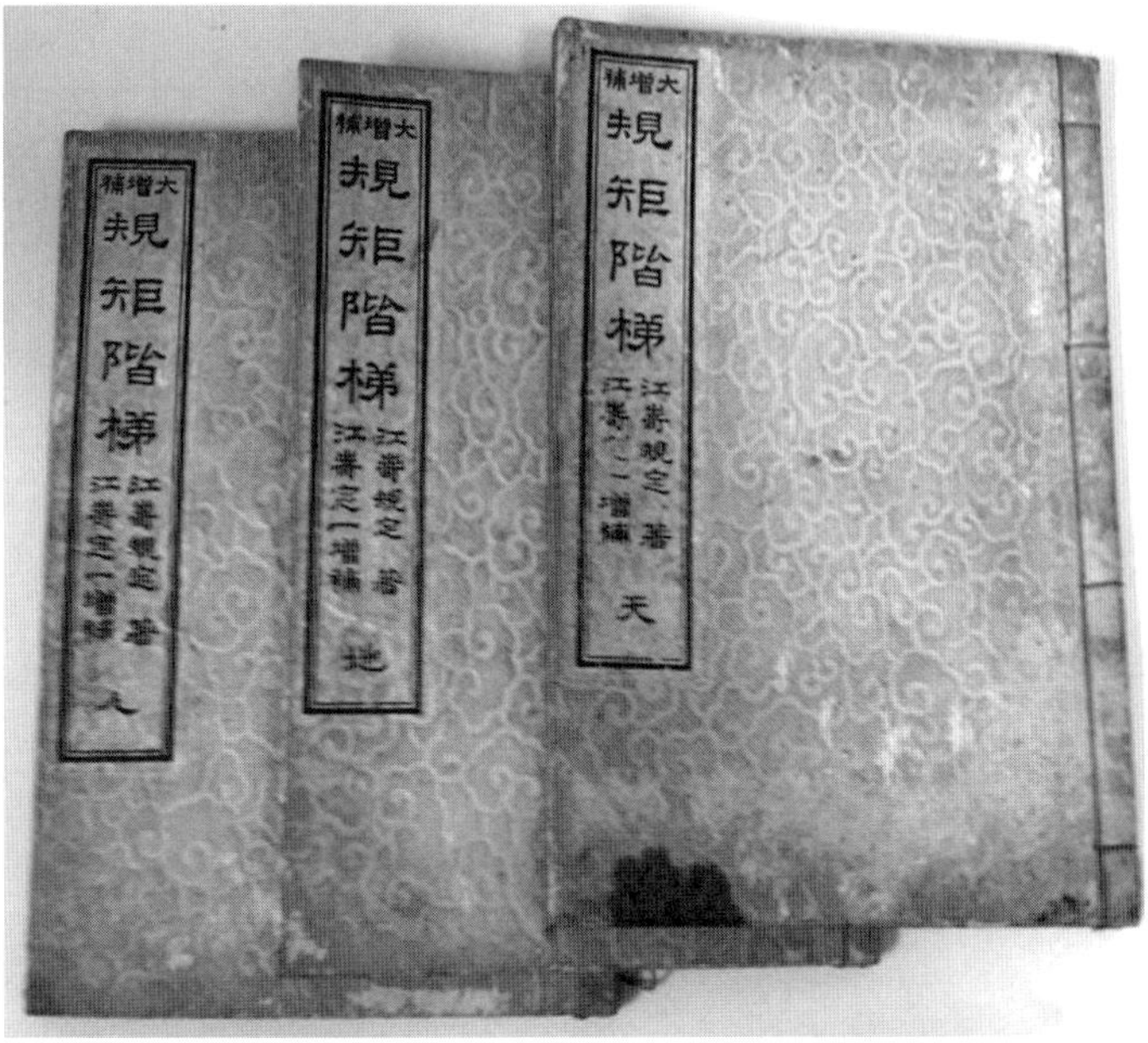

早川村へ史料調査に参りました時に同村宮平にある剣神社の建物が享保年間相馬先生の数代前の先祖が作ったもので実に見事なのに驚いたのであります。小さな神社ではありますがその建物といい、彫刻といい、江戸時代に於ける田舎の宮大工の作などとは思へない傑作であります。」（四五頁）その技法は、例えば名立の宮大工江崎規定『規矩階梯』（一八八二年発行、一九一一年、弟の江崎定一が増補、天地人三分冊）に刻印されています。その中には五智国分寺に現存する三重塔に関連する木割が記されています。心柱を設置するにあたっての心得など、すぐれた筆致です。

　なお、私は二〇〇八年八月に糸魚川宮平の剣神社を訪れ、彫刻などを見学しました。

近世頸城農村の近代化を見通す

頸城平野は、近世における新田開発を通じて、日本全国有数の穀倉地帯に発展してきました。さて、その動向ははたして日本の近代化に貢献するものだったのでしょうか。とかく農村は封建的な制度や習俗を温存してきたから、農村社会で特徴づけられる頸城野は日本の近代化に対してマイナスの作用をなしたのではないか、という推論は成り立ちます。しかし、私は原因と結果を別様に考えるものです。つまり、日本では封建的生産様式が残存したから農村社会の近代化が遅れたのではなく、農村における資本主義的生産様式の形成が遅れたから農村社会の近代化も遅れをとった、ということです。

明治維新の変革、とりわけ地租改正によって形成された地主的土地所有が零細農（小作）経営を基盤としていたことをもって、その土地所有をすぐさま前近代的だと言ってはならないのです。地主・小作関係が前近代的としても、そこから生れて来る生産物が商品であり、しかも地租改正による土地の商品化を経た明治以降であれば、日本は近代化の道をたしかに歩みだしたのです。

こうして、日本においては農村を踏み台にして都市の近代化が進んだのです。別の表現をすれば、社会の近代化を犠牲にした国家の近代化が推し進められたのです。その際、なぜそうした現象が結果するのかを探る視座として、あるいは日本の近世農村社会を分析する視座として、研究者は歴史の転回を押しとどめる要因以上に、その転回を推進する要因を追究するべきなのです。その点で意義ある論考が、『頸城文化』の創刊号に掲載されました。北島正元「封建制度下の越後の農村」です。北島

先生の当該論考には、次のような解説があります。頸城野の農民は東北の農民に比べ、商品作物の生産などである程度の社会的成長を遂げ、その分だけ自立的方向をとってきた。なるほど藩権力よる上からの隷農制の再編成があったことは事実だが、「東北地方のように、明治になってからも、多数の名子を隷属され、大規模な地主経営を行つている農奴主が少からずいたのと比べると、越後の農村の相対的進歩がみとめられるのである。」（一〇頁）（石塚「頸城文化を創刊号から読む④」『頸城文化』第五六号参照）

ところで、上掲写真はNPO法人頸城野郷土資料室の蔵書ですが、市町村史については旧版もすべてそろえる努力をしています。明治期・大正期・昭和期の各々の時代において、編集方針や資料の取捨に特徴があるからなのです。

第6章

大《お》鋸《が》町《まち》ますや参上

本章は、二〇一〇年から一年間、エフエム上越で毎週放送されたラジオ番組「大鋸町ますや参上」の対談（最初三回）を文章化したものです。

人の「地産地消」をめざして
―頸城野郷土資料室―

第一回放送（二〇一〇年四月五日）

森田君夫（以下、K）　今日から始まりました「大鋸町ますや参上」。上越市仲町六丁目、昔の呼び方は大鋸町と言いました。現在でも大鋸町のマルマルと屋号で呼ぶ人も少なくありません。そんな大鋸町のますやことますや正英さんのお話です。よろしくお願いします。

ますや正英（以下、M）　はい、ますや正英です。みなさんこんにちは。

K　ますや正英さんはNPO法人頸城野郷土資料室（KFA）の理事長でもあります。さまざまな活動を行っていらっしゃいます。簡単に言いますと、頸城野の文化を保存し、なおかつその文化を郷土に生かして発展させる、そんな活動です。今日は最初の放送ですので、頸城野郷土資料室とは何を目指すのか、ますやさんがなぜその行動を起こしたのか、この点をお話願いたいと思います。お願いします。

M　はい、みなさん初めまして。私がこういう運動を起こそうと思ったきっかけは、多少私の職業とも関連します。私はいま東京で大学の教員をしているのですが、いわゆる民俗学の調査を二〇年くらいやってきました。ただ、早くに大学の職に就ければ問題なかったんですが、それが出来なかった。つまり食えなかったのです。本当は海外に行き、地中海でフィールド調査をしたかったのですが、それができない。それでその代替のような形でもって頸城野で調査を始めました。

　何をテーマにしていたかと言いますと、私の研究はフェティシズムと言います。フェチとかそういうので気楽に言えばみなさんお分かりかと思います。人間って、最愛のものをときには虐待するんですね。あるいは、最も大切なものはぜったい手放したくない。それで、それを縛ったりします。地中海にはヘラクレスという神様がいます。ものすごく強い神様です。こん棒を持って敵をやっつける神様なんです。これを篤く信仰しているテュロスというフェニキア人都市の人たちは、ギリシア本土を征服したマケドニアのアレクサンドロスっていう武将が攻めて来るというのでこう言いました。「おいヘラクレス、逃げるんじゃねーぞ！」って。その上さらにヘラクレス像を縄で縛りました。あるいはまた、地中海にはいろんな女神やキューピットがいますね。背中に羽根がついていますよね。これが問題。よそに飛んで行ってほしくないので、その羽根をもぎちぎります。こういうふうにしておけば、女神は自分の村から絶対に出ていけませんから。

　各地の民俗に観察されますこのようなイジメの深層心理が私には非常に面白く思われました。とくに地中海の神話や伝説に惹かれて調査しようと思ったんですけれど、先ほどお話したように、あまりお金のない下積み時代だったんです。それで海外の代替として日本に似たようなものがないかなと思って探していたら、なんと私が生まれ育った頸城野にあったんですね。しかも、現役で実際にイジメをやっていました、三和村（現三和区）で。ここは天水が頼りだったので、江戸時代にはため池が掘られました。田植えの時期、雨が降らずに干天が続くと、池畔のお地蔵さんを祠から引っ張り出してきて縛り上げます。そして、鞭うつような罵声を浴びせるんです。相手は神様ですよ、それを縛って叩くもんですから尋常じゃないです。でも本当に神様が憎ければそこで信仰が終わってしまいますよね。心底から苛立ってますが、憎んではいない。叩いたり罵声を浴びせる、そうすることが儀礼なものですから、何百年も続いてきたわけです。

大学での私の研究テーマでいうとフェティシズムって言います。…下世話な言い方すると、最愛のものをしばく、あれです。ロウソク垂らすとか、あれですよ。あれはけっしておかしなことではなくて、人間の深層心理の中でもっとも大切な観念なんです。

K　そこから来ているとは思わなかったです。

M　それで私は研究会ではフェチな男って間違われることがあるんですけれども、決してその線のフェチをやっているわけではないんです。やってみたいなと思わないわけじゃないけども、まぁ研究テーマとしてまっとうにやっています（笑）。

そのフェチの最大のものが三和区の越柳と井ノ口にあります。お地蔵さんにまつわる雨乞い儀礼です。越柳のは大光石でできているんです。地元産の石で神々ができている、これが、そもそも私が上越の文化資料を調査しようと思ったきっかけです。西暦で一九九〇年、平成二年頃ですね。あれから二〇年はたちました。意義や成果は増すばかりです。ならばきちんとした調査をやるべきだっていうことで、NPO法人頸城野郷土資料室を創設したのです。私の個人的なルーツからみると、そういうふうになります。

K　仏像を手始めにして、その後どんどん広がっていったということになるんですかね？
M　そうですね、はい。やっぱり村の人たちの考えの中にそういう荒っぽいものがあるっていうことは、それは真剣な証拠ですよね。いい加減じゃないです。それからですね、もう一つ私が上越に関心を持った理由があります。それはですね、これはずっと後のこと、平成時代になるのです。東頸城郡の一部で風の神への信仰があります。「風の三郎」っていいます、宮沢賢治の小説「風の又三郎」にもなるような伝承です。風は農耕に重要な役割をもっています。稲の花が咲くころ、風が吹かないと受粉しないですよね。稲は風媒花ですね。受粉した後だと、話は別です。台風シーズンが来ると風など吹いてほしくないわけですよ。暴風雨に来られたら困る。でも自然はどうしようもない。せめて風の勢いをコントロールしようということで、農民たちは風の神様がやってくる村はずれでもって、「来るなー」とか叫ぶ。受粉のころは「来てくれー」という、まったく調子がいいですよ。来てほしい時は「来てくれ、来てくれー」です。でも、来てほしくない時は「来るなーっ」て。これでは風の神をいじめていますね。
　このようなことを生業にしてきた上越というか頸城野の農民、その子孫である我々はけっこう野蛮で、そうとうな人たちだなって思いまして、ますます好きになりました。これが二つめの理由ですね。
K　縄文、弥生からずっと、それは我々の血の中に繋がってきていると考えていいんでしょうかね？
M　そうです、フィールドの時空をもう少し広げれば、ある種の縄文土偶は最初から壊すことを前提にしてつくっていますから。
K　そうなんですか。
M　頭っていうか首、胴体、手、足を別々につくって、それをつなげてもう一回焼くんです。それでポンっとぶん投げるとバラっと壊れるようにつくってあるんです。あれね、畑に作物植える前とかあるいは植えた直後に儀礼としてその女神をぶん投げてぶっ壊して、そこから芽が出てくる。これは古事記など日本神話の中にもありますけれどもね。女神のホトや尻から何か生えてくるとかあれがそうですね。

K　様々な活動をしている頸城野郷土資料室なんですね。今はちょっと仏像の話をしたんですが、それ以外にもフィールドがたくさんあります。いくつか教えていただけますか？

M　はい。このNPOは頸城野郷土資料室といい、英語でKubikino Folk-Archive（略してKFA）と書きます。二〇〇八年二月につくったんですけれども、その時に私たちが目指したものは、今お話ししたように上越に固有というか上越ならではの文化資料に注目しようということだったんです。けれども、目的はもう一つあります。それは、社会的な活動でして、過疎化の激しい山間部の問題です。限界集落とか称しているような過疎化を防止し、地域のおじいちゃんおばあちゃんを活気づけるためにどうしたらいいかということが課題です。「そうだ、昔からの伝統的な技術を再評価しよう！」ということで、中ノ俣で木造水車をつくってですね、これで粉を引くんじゃなくて電気を起こそう、という企画です。名付けて「くびき野発電プロジェクト」です。

それからですね、先ほどの石の話、お地蔵さんの話をしましたが、実はですね、上越には地元特産の石材がいくつかあるんです。また後に詳しく言いますけれども、とにかく上越地域の石材産地を調べながら、生活資料として使われている石の調査もやりました。とくに二〇〇九（平成二一）年は浦川原区に特化して、浦川原区石造物悉皆調査と銘打ってやりました。それで、報告書を出版して高田、直江津などの市立図書館や浦川原総合事務所に贈呈させていただいたんです。これがまぁ、活動の一つですね。それからですね、文化資料をただ調査するのではなくて、それをきちんと後世に残すために文化事典をつくっているんですよ、今。

K　文化資料の事典ですか？
M　はい。名付けて『くびき野文化事典』と言います。私たちの上越くびき野で地元の歴史や民俗について研究をされてきた、今七〇歳代から八〇歳代になる先生方を中心に、大体一〇数人でもって編集会議をつくっています。その下に四〇人から五〇人の方々に執筆を依頼してですね、一〇〇〇項目からなる事典を編集しています。
K　相当厚くなりそうですね。
M　そうですね、付録を入れると原稿量だけで四〇〇字で二〇〇〇枚は超えますので、机の上にドンと置けるようになっていますね。
K　ちょっと斜めから見ると、それは行政の仕事じゃないのかなとチラっと思うんです。
M　そうですね。行政の方も今この放送を聞いていらっしゃるだろうけども、行政にはなかなかできないような、つまり市民の目線というか生活者の目線から文化資料を見ていくっていうことを基調にしています。なので、行政の方からはたいへん期待されているんです。これこそがNPOならではの活動だと思いますね。
K　なるほど、さぁその頸城野郷土資料室で資料を集めつつ、研究しつつ、何に役立てようとしてらっしゃるんでしょうか？
M　はい、今お話した事典を編集しているスタッフには長年地域を研究してきた方々もいらっしゃいます。けれども、この方々は例えば中央や行政の面から見ると、調査研究の土台はなすけどもオリジナルなものとして評価されないんですよ。まったく無視されたとは言えないんですが、しかし等身大には扱われない。それではダメで、地域の文化を地域ならではの価値基準で評価し、またそれを地域自らが率先して記録に残していくことが必要です。文化の地産地消ですね。今までこの「地産地消」という言葉は産物について使われてきました。ある地域で採れた産物をその地域で消費すると地域経済が潤う、これがいわゆる地産地消なんですが、私はちょっと変えました。物じゃなくて人です。人の地産地消をやるのが我々KFAの最大の使命だと思いますね。例えば「こんな素晴らしい文化資料がある、何で残さないんだ」って言ったて、現実にその場で生活が成り立たなければ残せないし、またその文化を文化だと認識できる、そういう力というかですね、愛というか、そういうものがなければ残らないですよ。

K　はい、そうですね。

M　だから、そういう意味で地域の経済や地域の文化を見通すことのできる人、さらにそれを持続し発展させる人を育てなきゃいけない。その人は、若い時東京に行っていたっていいですよ。しかし、上越ならではという、そうゆう意義や愛を見出すのならば、早く帰ってきてほしい。そして、その時には、我々が今「くびき野カレッジ天地びと」という民間アカデミーというかカレッジをつくって用意していますから、そこに一度入っていただくというかですね、ちょっと学んでいただくといい。そうすれば「あぁ、上越ってすっごい面白いことがいっぱいあるんだな〜」ということで活力になる。そういう人たちが増えていくのを支援するというのが、私たちがこれから何をしたいかという、大きい目標ですね。

K　やっぱり基本的には人づくりということになりますかね？

M　そうですね。

K　はい、その今ちょっとお話に出てまいりました「くびき野カレッジ天地びと」、実はこれ天地人と書いてひとと読ませているんですが、あのNHK大河ドラマ『天地人』が先にその名前を使って広まったのですが、実はこちらの「天地びと」こそ元々先だったんですね。

M　そうです。このまま「てんちじん」とするのがシャクだったので、「てんちびと」としたのです。

K　もう真似したって言われるのが嫌だったと。

M　本当にそうでした。

K　私も「天地びと」の方がいいと思います。

M　ありがとうございます。まず「天」の意味なんですけれども、これは天の恵みという意味なんです。ところで皆さん、天の恵みと聞くと燦々と輝く太陽、豊かな稲穂が実るという意味でのそうゆう恵みだと思われるけれども、私はそう思っていません。私が言う天の恵みはですね、この上越・頸城野の夏に関係します。夏になるととんでもないフェーン現象で連日三五度だとかになります。昔、うちのお袋なんて真夜中の一二時、一時まで外にでて涼んでいたようです。そんなフェーン現象の夏とうって変わって、冬になると、とくに今年（二〇一〇年冬）そうだったんですが、まぁ何メートルの雪に埋もれるという事態になる。よその人からすれば、そんなことでいったい何が恵みだ、というふうに思われる。でも、私はそれこそが恵みだと言っているんです。そういうものに鍛えられることが、我々が強く生きていくための一つの試練とかアリーナなんです。反転した発想ですね。

それから、「地」の意味ですけれども、これは地の利です。ただ、私の言っている地の利も天の恵みと同じように反転したところがあるんです。地元の若者はみんな東京に行ってしまう。それから、東京から来る新幹線も地元をかすめてファ～っと富山のほうに行ってしまう。これじゃあ地の利なんてないじゃないか、と言うことですけれども、そういう所でこそ何とか凌いでいく、コミュニケーションやコラボレーションしていく、という意思を喚起し、やっていくといった気持ちにさせる。そのところに地の利が生まれて来るのだろうと。そういう意味で言うと、あんまり文明が入ってこない方が地の利はよくなるんではなかろうか、ということですね。それから「ひと」の意味は、人の智恵です。ただ、私なりのオリジナルを申せば、先ほどお話したように人の地産地消という意味です。

K　最後になりますけれども聞いてらっしゃる方に

メッセージを。

M　はい、私はここに生まれて育ってだいぶ経ちます。還暦を過ぎましたが、一八歳の頃ですね、高田を離れる、上越を離れるときの気持ちから変わっておりません。そのようなことはありえないのも分かっていますが、あえてそう言いたい。ですから、そういう意味でけっこう年齢と外れたようなダジャレなど連発するかと思うんですが、それがますや正英なんだな、と思っていただければ何よりです。みなさん、これから一年間よろしくお願いいたします。

K　はい、この地を離れてこそこの地の事が遠くから見てよく分かる。実はますや正英さんも、次男坊なんですね。

M　そうです。

K　お兄さんがいて弟がいる男三人兄弟の真ん中で、一八歳の頃は当然もうここに帰ってこないと思って行かれたんじゃないかと思うんですが？

M　その通りですね。親も誰も子どもが帰ってこないからということで、家を建て替えるということも考えないで、そのまま残しておいた。それで親が死んだ、うちの親たちが亡くなった時、兄弟三人で話し合って、この家屋を残そう、文化的な価値があるから残そうと思った。そのきっかけになったこととして、うちがですね平屋で小さい家なんだけれども、明治元年築だったと、造っている間に明治維新になったということがあります。そのような年代ものはみなさん、とても壊せるもんじゃないですよ。いろんな住民が喜怒哀楽の痕跡を残してきたこの町家を、つぶせますか？

K　仲町六丁目の大鋸町にあります「ますや」を、ぜひ見学に行って頂きたいな、というふうに思います。

「あ、上越に来たな。」
―くびき野ストーンの温かみ―

第二回放送（二〇一〇年四月一二日）

Ｋ　先週から始まりました「大鋸町ますや参上」。二回目はくびき野ストーンについて伺います。「くびき野ストーン」って何でしょう？

Ｍ　耳にするのは皆さん初めてだと思います。くびき野というのはもちろんご存じだし、それからストーンが石であることもご存じです。しかし、その合わさった言葉は初めてだろうと思います。それもそのはず、私がつい最近名づけたものだからです。

さて、それは何であるか説明させていただきます。お話したとおり、私はそもそも三〇年前からフェティシズムの儀礼（神仏虐待儀礼）に関心を持ってきました。お地蔵さんがその犠牲になってブン投げられていた、とお話ししましたね。それで、その代表格である越柳の阿弥陀さんは、パックリと背中から袈裟がけに割れています。

Ｋ　割れているんですか？

Ｍ　割れているんです。それを針金、番線で縛って補強しているんですね。一九九四年の話ですけれども、本当に雨が降らないために田植えも上手くいかないということで、やらせではなくて実際に雨乞い儀礼をした時、越柳の石仏をブン投げたんですね。これは朝日新聞、新潟日報、それにＮＨＫニュースも報道しました。私は、現場でそれを見ていた農家のおばあちゃんに「これ、こんなにパックリ割れているのを番線で縛ってあるんだけど、おばあちゃん、これはもう隠居させてあげてね、レプリカって言うんだけどそっくりさん造ったらどうなの？」って尋ねたら「何せってんだね、駄目だわね」というふうに叱られました。

Ｋ　いやぁそうですか。

Ｍ　いや〜、とんでもない質問したなと後悔しました。でもね、そういう返事が来ること、私はよく知っていたんですね。その反応、これはフェティシズムっていうものなんだと、ね。その現場では本当に憎たらしくてブン投げるんです。神様には仕事（雨降り）をしてもらわなくてはならないのに、してくれない。

それでブン投げる。そのご利益は、毎回働いてくれるお地蔵さん、同じお地蔵さんじゃなきゃ引き出せないんです。そのパックリ割れの石仏はもうね逃れられないですよ。ところで、それは三和区に昔から産出する大光寺石でできています。そのダイコウジイシ自身も、なにか神様のように大切に思われていました。そこから次にはですね、じゃあその大光寺石を切り出す石切場も、きっと神様の在所のように尊敬されているんじゃないか、とふと思ったんですね。それで、石切場に行きましたら、石切場に入る直前の所に大光寺石の大きな岩があって、その上に石の祠が置いてあるわけなんです。それももちろん大光寺石。つまり大光寺石は岩山全体がいわば神体だったわけですね。

K　なるほど。

M　その昔、付近に大光寺という寺院があったという意味ではもともと神様や仏様に関連したのかもしれないですが、いずれにしても岩山が神様であるからこそ、そこから切り出してきた石仏、お地蔵さんも神様なんですわ。

K　なるほど。

M　そこに目を付けて、つまり素材である石、岩山そのものが神様であるのであれば、この地域の人たちはそれに感謝しているだろうということで大光寺石を調べだしました。臼、水盤、風呂、井戸側それから雁木の敷石と、様々な用途に使われていることを見出しました。この目で次々に確かめていった結果、この石の文化は絶対にくびき野の我々に染みついているはずだと、思いましたね。すると各方面から、向こうにもあるよ、こっちにもあるよ、っていう話をいただくようになったんです。

そのうちの一つは安塚区の切越ってところにある切越石です。私が見なくても、もうすでに地元の研究者たちによる調べがついていて、そこは三和区の大光寺石切場辺りから岩層がずっと続いているんです、安塚までね。ところがそこにまた別の話が乗っかりまして、柿崎区の中山ってところにも昔から中山石が採れるっていうんです。どうやら、これも三和・安塚から続く同じ岩層なんです。しかし、柿崎区の人も安塚区の人も三和区の人も、みんな昔からオラんところの石だ、と言っているわけですよ。これがオラんとこの特産の石だ、って言っている。

そのような他地域の人たち同士が先年、平成の大合併で一緒になったわけですね。

合併したら新上越市特産の石になるわけなんで、三和の特産とか安塚の特産とか言ってるわけにいかないし、またそんなこと知っている人もいなくなっちゃってる。とまぁ、その二つの問題をどう解決するかということですが、ならば新しい特産物をつくろう、というのが私の目玉でしたね、一つのアイデアですね。

K　それは経済的なことを念頭に置いてでしょうか？

M　含めます。なんというか郷土愛を連合させるという意味もあるけれど、経済的な意味もあります。前回、地産地消と言いましたけども、ヒトの地産地消はむろんモノをも動かしますが、それにぴったり合うものの一つとして特産の石を知らしめ、ヴァージョン・チェンジしてもう一回復活させよう、と。また、中山石は三つの中で一番黄ばんでいるんですが、これと同じような色が上杉景勝・直江兼続の移封先である米沢にあります。

K　そうですか。

M　米沢林泉寺に安置されている兼続の墓なんかは同じ色なんですよ。それで、ある方がこう言いました。「米沢に移る時に墓石持って行ったんだわね」。あるいは「大光寺石持って行ったんだわね」ということで、なるほど素晴らしい想定だなぁと思って、私は米沢の教育委員会に電話をしたり、実際に現地に赴き調査したりしました。似たような石材が米沢の近くにもあったんですよ、出るんですよ。それは大光寺石よりも中山石と色が似てますね。高畠石といいます。

そういうことで、こちらのを持って行ったというのは事実じゃないいんですが、でも上越では凝灰岩のそういう石でやってたんだから、米沢近辺にも同じ石はないだろうかって探したかもしれない。

K　そうですね。

M　そしたらあった！　素晴らしいじゃないですか。そのような大光寺石と中山石と切越石を、それぞれ皆、まえまえからの愛着は各々に保ちながら、新しいアイデンティティ産物に組み換える意図で私が考えたのが「くびき野ストーン」なんです。

K　なるほど。

M　ストーンとすることで若い人たちにもストーンってこう気持ちに入っていただきたいというのが本心です、ダジャレですけれどね…。

K　くびき野ストーンの採れる切越というように、場所がその後についてくるというような感じで、そこで構成を示せばいいわけですね、全体としてはくびき野ストーンだと。なるほど、兼続さんはさすがにね、ここから持って行くということは無理だったでしょうけれどもね。あれもあの夫婦並んで綺麗な石が墓石として並んでいて、いざという時には敵を防ぐための塀になるようにやってあるというものですよね。

M　あれラントウ(欄塔)という種類の祠なんです。穴がいっぱいあいています。

K　あいてますね。

M　あのラン、欄外に書くとかの「欄」という意味で、それはですね、あの中にまた墓石を入れたものです。あの中がまた一つの聖なる場所、その大切な石を包むように造ってある、ラントウがそのまま墓所になったんですね。

K　この近くに、そんな石切り場があるなんていうのは全然考えたこともなかったです。僕は小学校五年の時までくず屋(茅葺屋)に住んでいたんですが、僕の記憶ではうちのくず屋の水盤、いわゆる流しはもうタイルになってました。でも隣のうちのくず屋は見事な石の、あの掘って掘りだした、窪ましたものでしたね。これはもう近所から切り出してきたということなんですね。

M　そうですね。それと似たようなのが北本町一丁目の高野醤油味噌店にあります。あそこのお宅の仕事場にある水盤は、これはすごい圧巻ですね。醤油の瓶を洗うために醤油瓶の中にブラシを入れます。瓶の中をゴシゴシすれば瓶の底は水盤にコンコン当たるんですね。底の当たった所がそのまま削れていきます。

これはもう何十年にわたって、いや百数十年にもわたって、ここでガラスの一升瓶を洗って来たんだなということが分かってきます。その窪みを、窪みのままで残すことが我々には大事じゃないかなと思いますね。生活文化です。

K　一升瓶のガラスのお尻で石が削れて窪んでいる。それは現役なわけですね。

M　そうです現役です。今も味噌・醤油屋さんをやってますからね。私も味噌と醤油を購入しまして、ヤマタカ印のブランドを味わっています。

K　すごいですね。石の文化というような言葉が出てきましたけれど、日本っていうのはようするに家を造る時には、ヨーロッパのように石じゃなくて一番沢山ある木材を使っている、日本建築は木ということなんですけれども。石の文化ということまであんまり頭がいってなかったんです。生活していく中で当然あの木・木材も必要ですけど、石ってゆうのはひょっとしたらそれ以上に神聖で大切なものだったかもしれませんね。

M　そうですね、頸城あるいは妙高から頸城辺りの所にはですね、大きな岩盤・岩壁というか懸崖はないんです。ですから、磨崖仏のようなでっかいもの、大分の熊野磨崖仏のようなものは彫られません。

しかし石そのものはないわけじゃない。関山石（輝石安山岩）でいろんなものを造ってきたこともあります。それから、先ほどお地蔵さんの話をしましたけれども、江戸時代には街道祭ってのがあって、三和区北代の阿弥陀寺池の畔にある石仏、この大光寺石は四〇キロくらいですけれど、これを五月のお祭になると妙高山麓の関山神社脇にある妙高堂まで背負って行ったもんです。そういうふうにして、妙高の信仰とそれから三和というか頸城平野の信仰が交流していたということです。

そう聞くと、石というのはかなりの程度でもってこの我々の頸城には深い意味があることが分かります。それが建材にも使われるのは当然のことだったと思いますね。

K　くびき野ストーンの特性を教えてください。

M　くびき野ストーンは、ちょっと古い話ですが、団子三兄弟みたいに三兄弟あることは先ほどお話しました。大光寺石、切越石、それから中山石ですね。灰がかたまるって書いて凝灰岩というので出来ています。これは火山灰が降って固まったのです。特性としては柔らかくて加工しやすいです。火山灰ですので気泡がたくさん開いていて、ちょっとザラザラしているので敷石なんかに適しています。実際、高田の雁木に敷かれていました。下駄の時代はどうだったか忘れましたが、現在は革靴など底がツルツルしていることがあり、滑りにくい凝灰岩なら安心なんですがねぇ。雨が降ってもツルツルしませんし。

K　現在でも使われて残っているものもあります？

M　あります。私らNPOで調査してあります。旧高田市内の雁木にも沢山残っています。立派なのは戸野目の旧小柳医院の雁木、映画『ふみ子の海』のロケで有名なところですけれど、あそこには素晴らしいものが残っています。柔らかいから敷石にいいことのほか、火に強いので、釜戸にもいい。耐火性に富んでいます。しかし、同じことがマイナス面にもなります。柔らかいから風化しやすいのです。したがって、長く持たせようとすると、ちょっと難しいかもしれません。でも皆さん、永久に持たせる必要はないんです。お風呂の垢だし軽石みたいに、ある程度すり減っていったら、それで感謝してですね、石供養をやればいいんですよ。そして次の代、また次の代へとサイクルすれば経済的にも成り立ちますし。コンクリートで固めなかったら、「いっせいのせい」でひっくり返すと出てくるわけですね。

K　なるほど、裏が使えます。くびき野ストーンはますやさんの中では、このくびき野の広い土地にどんなふうに広がっていくんでしょうか？

M　いい質問いただきましたね。私はですね、今考えていることがあります。

高速道路で遠路はるばるやってきて高田のインターで降りたとしましょう。山麓線でもいい、市内に入って来たとたん、「おやこれは」と思うような色がそこから始まります。大光寺石はですね、クリーム色と茶色系が斑模様になってます。切越石は白っぽいか灰色っぽいです。中山石は山吹色に近いです。この三色をそろえた石が、道路の脇や、あるいは標識になっていろんなところに見出されて御覧なさい。「あ、上越に来たな」って思いますよ。

それからですね、新幹線。どういう駅名になるかっていうことに関心があるんですけれども、新駅、新幹線の新駅には何としても、くびき野ストーン三兄弟を使っていただきたいです。（新駅は「上越妙高」となった。――編集後記）

K　なるほど。

M　ただし、新駅は旧新井に近いです、妙高市に近いです。したがって、あそこの特産の千草石とも兄弟を組めばおもしろい。千草石は安山岩で、堅い火山岩です。これは堅いがゆえに墓石なんかに使われたりします。永久に持つような意味の石でもあるので、それはそれでいいでしょう。ちなみに安山岩の安山というのはアンデス山脈の意味です。アンデス山脈をかたちづくる岩石に因んで安山岩となったんですけれども、そういう意味でいくとくびき野ストーン三兄弟とアンデスのが、なんかこう混合したような意味もあって、私はこれを実現させたいなと思って、いろんなところに働きかけています。

K　素敵な石があるということですね。その石を使ってみる。新駅の玄関口が温かみのある石、これで造られると本当にイメージ広がっていっていいですね。

客人と文物交流のハブ拠点
―東アジアの中の頸城野―

第三回放送（二〇一〇年四月一九日）

K　今日のお話は上越地域の位置です。日本の、日本海側でまぁ中くらいですかね、そうした位置にあります。この場所というのはですね、地理的に文化的にいろいろ面白い位置にあるということです。それで今回は、もっと俯瞰的に見て、空の高いところからみたこの上越は、日本の中で、世界の中でどんな位置なのか、こんなお話をしていただきたいと思います。

M　私は高田高校に入った時、ロングというニックネームの山崎先生（地理の先生）からですね、「君らはいい所に住んでいるな」と言われました。「地図出してみろ」って言ってね、たしか帝国書院の日本地図で見開きで日本全体が入るページがあったんですが、「君たちはこの地図の折れ目に住んでいるんだよ」って言われて感動しましたですね。でも、よく考えてみると、上越がそういう地図の折れ目ってだけで何が意味があるのかなってことですよね。たんなる偶然っていうか、折ったところにあるって話と、それからそれがなぜいいかってこととは直接結びつかなかったんです。けれども、その時ロング先生は、どこに旅するのにもちょうどいい、旅費も安くてどうのこうのってレベルの話だったんですね。ですけどね、後にますや正英に変貌する私っていう人間は、一九六六年の春に野尻湖でナウマンゾウ発掘合宿にかかわって以来、ぷらぷら歩くのが好きになったんです。のちには民俗学に関心がでてきて、関山神社などに調査見学しに行くようになりました。関山神社のことを民俗学や宗教関係のフィールドワークの人たちが別名新羅神社っていうふうに言うんで…

K　シラギ？

M　ええ。韓国の古代に新羅という国があったんですね。百済とか高句麗とか、三国時代といったんです。四世紀から七世紀くらいですけど、その新羅から渡ってきた仏像、観音様なんですけれど、銅造菩薩観音像があるんです。七世紀頃のものらしいです。それからですね、神社近くにある石仏群の彫方というか、方式が新羅風だと、地元上越の石仏研究者平野団三先生がそういう風におっしゃってました。石は地元で採取される角閃石安山岩いわゆる関山石、彫り方は新羅方式。そうするとこれは妙高山麓まで新羅からの外来文化とそれを伝える人びと、たとえば白山修験の行者などが来てるなと思いますよね。

K　そうですね。

M　その新羅系諸仏とは別に私が調べたのはですね、関山神社脇の妙高堂にある二体の脱衣婆です。木で作ってあるんですけれど、いわゆる山姥というか鬼婆というか、山の神みたいのがいるんです。上半身裸になっている婆から脱衣婆。ダツエバって発音ですね。これはね仏教でなく道教の神様なんです。それで、どうもあの新羅神社といい、それから仏教とは違う妙な神様が関山神社にいるのでいろいろ考えてみると、関山に集まった外来文化は、どうも日本海沿岸からあがって海岸伝いか、あるいはストレートに上越一帯の河口からあがって関川沿いか、あるいはその周りの道か何かを経由して妙高山麓に到達したんではないか、ということです。

大和を経由せず、あるいは大和に政権が登場する以前から、宗教文化的な拠点が自前で出来たんじゃないかって思います。そうするとですね、地理的に韓半島というか中国大陸というか、さらには東アジアからというか東アジアへというかですね、そちらに開かれたくびき野というのが浮かんできます。

K　地面を人がテクテク来たようなイメージがあるんですが？

M　今でこそ新幹線だ何だって、飛行機もありますけれど、何かそういう事で先を急ぎますけれど、昔になればなるほど、陸上よりも海上の方が速く来られたんですよ。海上ですから見通しはいい。海賊が来れば水平線から見えますしね。ところが山地だと山賊が陰に隠れていても分からない。あの西遊記で有名な三蔵法師は陸でもって天竺、インドまで行きました。海で行くのが当然楽だって分かっていても、それでも陸から行ったのには別の理由が、まぁ修行というか何かがあるんでしょうけどね。でも文物、制度が伝わるにはやっぱり海っていうは遥かによかったんですね。

K　そういえば茶屋ヶ原の乳母ヶ岳神社に韓国人がおっぱい出るようにとお参りに来たって話を聞いたことがあります。

M　そうですか。信仰には後からいろんなものがくっ付いたりするから、像におっぱい見たらそう思う人、それから別のこと思う人もいろいろあるでしょう。けれどそれはそれで、一つ理のあることというか、そうだと思いますよね。それとですね、文化の面でくびき野が一つの東アジア交流の場だったという証拠がもう一つあります。一九九四年になりますけれども、上越市の子安遺跡ってところから、海獣葡萄鏡という鏡が出ました。海獣というのは海の獣と書いて、シルクロードを渡って西域からやってきたという意味で、葡萄というのは唐草文様のようなことで、要するに向こうから来た文様だということで海獣葡萄鏡と称しています。

K　発掘された所は今、公園になっていますね。

M　あれが発見され調査されたあと現場に行ってみたんです。遺物の埋まっている地層が九世紀くらいなのでですね、遺物自体はそれ以前に上越に来ているわけです。そういった事から考えてみても、これは奈良っていうか京都っていうか、都から運ばれたものじゃなくて、韓国や大陸から日本海を渡ってやって来たものだろうというふうに思います。

もう一つ不思議なのですがね、ちょっと堅い話になりますけれど、日本書紀に七世紀後半の持統天皇の時代の記事にこうあります。持統天皇は蝦夷、高志に仏具とか仏像とかそういうものを授けるんです。同じ時に南九州の隼人の方にも授けるんですけれど、九州の方にはお坊さんを付けて授けるんですよね。でも高志にはお坊さんは付けないんです。

K　そうなんですか。

M　つまり自前のお坊さんがいたんですよ。

K　こちらにってことですか。

M　ええ、いたんです。蝦夷の沙門「道信」がいた。自前のお坊さんがちゃんといたからことさら僧を付けなくてよい、というふうに明確には結論できないけれども、もう日本書紀成立の頃には、とにかくお坊さんを付けてないと考えていいでしょう。

ということは、くびき野の古代人はかなり自力で、大陸から文物制度をダイレクトに運び入れていたのだろうというふうに思います。

K　金谷山の中腹にあります医王寺ですけれども、こちらの国宝の飛鳥仏、二五、六センチですかね、あれは持統天皇の時に北陸道を誰かが懐に入れてテクテク運んで来たんだという話がありますね。
M　そういう仏具、仏像などは来たんだけれど、お坊さんは来なかったということです。たぶん、京都、都から見たら下らない坊さんだったかもしれないけれど、我々のこういう野人的な文化、それは居直りになろうが、くびき野が生み出したという意味でオリジナル地域文化ですよね。それからですね、もう一つ私が非常に関心をもっているのは狛犬です。くびき野のいろんな所の神社にですね、古い狛犬があるんです。皆さん知っているのは、神社の前か鳥居の後ろかなんかにある、石の狛犬ですけれども、あれはだいたい江戸時代に作られるんです。
　私が注目するのはそれとは別の系統で、直江津の居多神社とか糸魚川の剣神社とか、浦川原区虫川の白山神社とかにあります、鎌倉時代の古い木彫の狛犬です。これは神殿の中にあるんです。
K　居多神社のものは、丸く削れちゃって、顔が少しちっちゃくなった様な狛犬で。あれは花ヶ前宮司さんの話によると、上杉謙信のあとね、神社は負ける方の景虎組に付いた。それで神社は福井まで逃げちゃったんですね。狛犬だけあとに残されちゃったので雨ざらしになったらしいです。
M　でも白山神社のも、それから剣神社のも、ずっと神社の中にあるので保存状態は割合いいんです。でも、やっぱり木だから腐ります。それはそうなんですが、問題は姿、恰好なんです。いわゆる蹲踞《そんきょ》の姿勢をしています。お相撲さんが土俵に上がった時にとるような、胸をはるような格好です。これは新羅の都だった慶州にあるお寺の仏国寺《ブルグッサ》にある狛犬の、まぁ末裔だと思います。仏国寺のは木像でなく石像ですが威風堂々の蹲踞をとっています。狛犬というより、獅子像です。そのほうがより正確な表現です。私はその一群を「シルクロード獅子型」と命名して、江戸で盛んに造られる「狛犬唐獅子型」と区別しています。

それはそれとして、その後韓国では高麗時代以降、狛犬（獅子）文化は衰えちゃうんですよ。現在、韓国に狛犬はほとんどないです。でも、鎌倉時代前後、狛犬文化は韓半島南部から海流に押し流されつつ能登から出雲崎のあたりに伝わって来たものと宗教民俗学的に推定します。仏像も鏡も獅子像もみな日本海を伝わってきているから、やはりどう見ても、このくびき野っていうところはですね、東アジアの中での文物交流の一中継点、ハブ拠点だったんじゃないかなと思いますね。

K　我々はその末裔であると。

M　そうです。それからですね、ちょっと視点を変えて「余所者」という発想、アウトサイダーというか、客人《マロウド》って民俗学では言うんですが、くびき野にはそういう人が多いですね、よそからやってきてくびき野の歴史をつくってきた。一番有名なのは、先ほど話題になりました居多神社にやって来た親鸞ですね。罪人になって流れてくるんですけれども、くびき野の野人にナンマンダブ、ナンマンダブーを教えてくれました。そのほかいろんな人たちがいます。これもマロウドと言ってもいいと思うんですけれど、レルヒ少佐がそうですね。

K　マロウドですね。

M　レルヒ少佐が来たおかげで、いわゆるレルヒ伝説が生まれるんですよ。先日、高田の仲町六丁目、わが大鋸町で昔盛んにスキーを製造販売していたお宅のおばあちゃんに話を聞きました。明治時代、家にレルヒ少佐がやって来て、ここでスキー作るといいよって言われたのです。それまで大八車の輪っかをつくってたのですが、以後スキーを作るようになったって。たしか、風間スキーの元社長さんも似たような事を教えてくださいましたね。

K　そうですか。

M　これレルヒ客人神話としていいんじゃないかと思い、私なりに名づけているんですけれどね。弘法大師や日本武尊、坂上田村麻呂にまつわる伝説の明治版です、はい。

K　相当の会社がありましたからね。家の近くにも長谷川スキーっていうのがありましたね。

M　有名ですね。あとね、言葉ですね。

K　言葉？

M　ええ、関西、関東、東北、いろんな所の言葉が混じっているんですよね。それから、例えば、私、子どものころ遊びの人でして、よく親父に叱られました。昔の親父っていうのは子どもに対して平気で「殴るけるゾ！」と脅したものです。小学生の頃、私が兄貴とちょっと悪戯しているとね、「しゃつけるぞ！」とか言うんですよ。これは平手で打つ意味です。まだ騒いでいるとそのうちに「くらすけるぞ！」って言うんです。これゲンコツで殴る意味です。それでも騒いでいるとね「しぶくれめあわすぞ！」って言うんですが、「しぶくれめ」つまり水ぶくれが出来るほどぶん殴るぞって言う意味だけれども、こうした方言は全部どこか他所から伝わって来たんじゃないかなって思います。

K　言葉によってその郷土も変えて、郷土によって言葉も変えてですね。

M　そうですね、たまご（↱）って言う人とたまご（↗）っていう人があれば、もうこれは関西系と関東系とが混じっているし、そういう意味でもおもしろい文化を持った所だと思いますね。

K　僕の中学の国語の先生、小林勉先生って方がいらっしゃるですが、この先生は『頸城方言事典』をつくられたんですが、くびき野の辺りは言葉の累積、混在地帯だというふうにおっしゃっていまして、非常におもしろいことが沢山ありますね。

M　確かにそうですね。残念ながら、この数十年の間に喋らなくなった、喋るのが恥ずかしいという、そういう変な時代もあったんですけれど、しかし、今、私たちがこうやって二人で話していても、高田弁は出ませんよね。

K　出ないですね。

M　やっぱりね。ただ、出ないことが悪いんじゃないんではないでしょうか。出ないということ、それが何なのかどうしてなのかという、背景や根拠を確認していくことが大事ではないでしょうか。それでまずはよしというふうにしないと、「ここでおまさんたなにせってんだね」とか放送しても、この放送を聴いている今の若い人たちには、ほとんど「何言っているんだ」というふうに言われますのでね。

K　年配の人には、昔懐かしい言葉をちらりと何かの弾みに使って、それを糸口に話をして下の世代に伝えていくというのを意識的にしていただけるといいですね。

M　そうですね。

K　これまで上越の文化、言葉も含めてすべて全部地面を伝わって来たような気でいたんですけれども、今日は、いやいやそうじゃないという視点でした。海からの高いところから見ると、すぐに大陸は横、これはやっぱりあの風とか潮の流れで、陸よりもずっと近いということなんですね。

M　そうですね。やっぱり海から来るものはいろんな意味で文化をもたらして、育んでくれるわけです。ところがくびき野はおもしろいもんで、それをまた越後のヒンターランド、つまり信濃とか上野《かみつけ》の方に伝えていったんですね。この役割は大きいです。まぁ親鸞だって常陸《ひたち》まで行きますしね。ですからおもしろいんですよ。ヒンターランドというと非常に差別したような言い方ですけれどね。後背地ですからね、我々の方が前面ですから、あえて言わせてもらえばヒンターランドを豊かにしてあげたと。この地に培われたものが、かの地を豊かにしたと。

K　なるほど。

M　ですからそういう意味で、この地は特色のある場所だと言えると思いますね。

森田君夫さん（左）と著者

第7章

小川未明の愛郷心《パトリオフィル》
――戦前・戦中・戦後の作家遍歴を踏まえて

はじめに

二〇一七年四月二二日、私はＮＰＯ法人頸城野郷土資料室主催「くびき野カレッジ天地びと」（第一四期第二講、上越市本町六、高田小町）で、同地出身の文学者小川未明に関する講座を担当し、地域文化としての「愛郷心（パトリオフィル、patriophil）」を講じた（『頸城野郷土資料室学術研究部 研究紀要』Forum9、二〇一七年、参照）。講座では特に、傍証として民俗学者南方熊楠の神社合祀反対の意見書を使った。南方熊楠の思想にもこのパトリオフィルは垣間見られる。とくに彼の「神社合祀に関する意見」の中に読まれる。

「神社合祀は、第一に敬神思想を薄うし、第二、民の和融を妨げ、第三、地方の凋落を来たし、第四、人情風俗を害し、第五、愛郷心と愛国心を減じ、第六、治安、民利を損じ、第七、史蹟、古伝を亡ぼし、第八、学術上貴重の天然紀念物を滅却す。」

「第五に、神社合祀は愛国心を損ずることおびただし。愛郷心は愛国心の基なり、とドイツの詩聖は言えり[注1]。」

さて、「小川未明の愛郷心」講座終了後、聴講者から次のような内容の感想を受けた。

① 先般、東京で小川未明に関する講演会に参加した時とは違う印象を受けた。中央の学者・研究者の立場からというより、地元出身者ならではの内容に接することができ、よかったと思う。
② 講師の前向きな考えを聴くにつれ、郷土に新風が吹くような爽やかさを感じている。
③ 霊碑文中の冒頭は「詩」ではなく、「許」だと感じた。「許」には、「ほど、ばかり、ぐらい」の意味があるので、「許筆百篇」は「これまで数多くの詩歌を作ってきた」と解釈した。この漢詩を作った時期が不明だが、もし第二次世界大戦後であれば「憂国情」は「第二次世界大戦後の日本を児童文学で立て直したい想いの表れ」と解釈した。つまり、「憂国＝日本国を憂える」だ。未明《ビメイ》は、一九二六（大正一五）年、東京日日新聞に「今後を童話作家に」と題する所感を発表し、童話専念を宣言している。「敗戦日本国の中でこれから生きていく子供達と、昔子供だった大人を、児童文学の世界に誘っていくことで日本国そのものを立て直していきたい」とする「第二の童話専念宣言」と私は解釈した。

以上の感想はいずれも私への激励としてうれしく思う。ただし、最後のものについては私の報告と異なる見解を頂戴したわけなので、以下にレスポンスを記してみたい。

霊碑文冒頭の字句を「許」とみるか「詩」とみるかではたして大きな問題が生じるか否か、私にはにわかに判断できない。ただし、今回の問題に限定するならば大きな影響はないので、それは措くとする。しかし、詩作の時期を若いころとみるか戦後の老後とみるかで、「憂国」の解釈は、時代状況を反映して異なりそうにも見える。

私は、とりあえず、未明の漢詩は高田時代から上京の頃までに作られたと仮定してみた。未明は大正から昭和前期にかけて執筆された幾つかの回想記述から察して、生地である越後高田への愛郷心を懐いていたと、十分結論できる。また仮に、今回討究対象に取り上げた「憂国」執筆時期を戦後とした場合でも、(注2)戦前における彼の愛郷心は南方熊楠と似通った性質のもの、私の造語でいうと「パトリオフィル」であったと推定できるのである。この術語を軸に、小川未明の愛郷心（パトリオフィル）について、戦前・戦中・戦後の作家遍歴を踏まえて検討することが本稿の目的である。

一、大杉栄との邂逅

(一) 若き未明の漢詩傾倒

新潟県中頸城郡高城村（現上越市幸町）に生をうけ、長じて「日本のアンデルセン」「日本近代童話の父」と称えられるようになった小川未明（健作、一八八二〜一九六一年）は、そのように、一般には童話作家として知られている。恩師坪内逍遥の命名になる「未明」の自伝によると、彼は「明治十五年四月八日、高田の五分一という衰微した士族屋敷に産れた」(注3)とのことである。その跡地、現在の幸町には記念碑が建立されている。同じ高田の生まれである私は、一九六〇年代中頃、そのごく近くを通っては高田市立城北中学校（現上越市立）に通っていた。同校卒業後、私は新潟県立高田高等学校に進学するのだが、そこは未明の母校（旧制中学）でもあった。(注4)

未明は、漢学の造詣が深い父澄晴の影響で八歳ころから漢学塾に通い、成績は優秀であった。けれども数学が苦手だったらしく、のちに「益々学校というものを呪い、悪むようになった」(注5)し、「終生故郷の学校生活に対して憤怒と屈辱の念を禁じ得ない」(注6)と回想した。「私にとっては私の中学校は絞殺場であった」(注7)とまで言い切っている。二度の落第を経験したのち、「詩人たらんと」(注8)して、中学を卒業しないまま上京し、東京専門学校（のちの早稲田大学）に入学した。そこで坪内逍遥やラフカディオ・ハーンに教えを受けることになるのである。(注9)

しかし、高田中学での漢学の学習こそ、未明の自己革命を方向づける要因となったようだ。「漢学の教師だけは、私の作った漢詩を見て褒めた。(注10)」未明在学中、高田中学には漢学教師として江坂香堂がおり、ほどなく佐久間象山（一八一一〜六四年）の弟子にあたる北沢正誠《まさなり》（号・乾堂）が赴任してきた。未明は乾堂の家に寄宿し、師に漢詩の添削指導を受けた。いったいどのような内容の漢詩を教わったのだろうか。象山は漢学に通じていただけでなく蘭学を積極的に摂取した。勝海舟や吉田松陰、坂本龍馬らに教えを垂れた。その学識と精神は乾堂を介して未明にも伝わっただろうか。学識はともかく、精神については明確に結論付けることはできない。

東京専門学校に通う頃の思い出として、未明はこう記している。「私は故郷の中学にいる時から、漢学の教師に多く接し、日本の詩よりも漢詩を愛読していたから、そう云う文学よりも支那の詩――『高青邱』などの詩を愛して、日本のその頃の詩歌のようなものは余り読まなかった。けれど泣菫の『暮笛集』は好きであった。(注11)」

ここに読まれる「髙青邱《こうせいきゅう》」とは、元末明初の詩人高啓（号・青邱、一三三六〜七四年）である。彼は「帰去来の辞」で知られる陶淵明（三六五〜四二七年）に似ている。士官せず田舎生活を楽しむ人を訪ねて田園や野山を越えて旅する漢詩「尋胡隠君（胡隠君を尋ねる）」を今に伝えている。高啓自らも、中央での官職を固辞して郷里でそのように生きた。未明はこの漢詩人を称えている。

また、ここに記された泣菫とは、未明の同時代人で、明治三〇年代に詩壇の頂点に立ったといわれる薄田泣菫《すすきだきゅうきん》（一八七七〜一九四五年）である。その作品「暮笛集」には、例えば次のような詩「秋懐」が綴られている。

「山、森、畑、寺、遠き牧場、落つる日、ゆく雲、帰る樵夫、いと似つかわしき色を帯びて、ゆふべの心に溶けぞあへる。(注12)」

越後高田は、冬ともなれば曇天下、寒風や吹雪がしばしば荒れ狂う。夏ともなればフェーン現象で猛暑が居座りがちだ。年間を通じて田園生活をおくれるような風土にはない。したがって、ないものへの憧れが未明を高青邱や薄田泣菫に引き寄せたといえよう。けれども未明は、苦楽のすべてを包み込んだ地としての郷里への憧れを終生懐きつつ、その思いを文筆活動の糧としていく。その意味で、高青邱や泣菫の詩は未明の心を癒したのではなかろうか。

小川家墓地

さて、私はこれまで未明の漢学修養について多く記してきた。そのわけは、以下のようである。二〇一七年二月一七日、私は、その前日東京都下のある出版社での会合で話題になった小川未明の墓地に詣でた。小平霊園（西武新宿線小平駅近く）である。春一番の吹いた日であったが、うららかでもあり、霊園でよいひとときを過ごした。彼はなぜこの地に眠っているのか、心地よいか、など空を仰いで対話したり、考えたり感じたりした。

その対話の一つに、未明直筆の漢詩が刻まれている霊碑がある。安山岩かなにかの自然石に未明独特の読みづらい筆跡が白く色づけられている。近づいて読めば「詩筆百篇　憂国情　未明」となる。冒頭の「詩」は判読しづらく、「許」とも読めそうだったが、文意からして「詩」だと思った。さて、その意味は何か。「筆を執って数えきれないほどの詩歌をつくっているが、それは憂国の情けというものなのだ」となるのだろうか、そうだとして、ここに刻まれた「憂国」とは、何を意味するのだろうか。のちの調査で、これと同じ漢詩は、未明が通った小学校（現上越市立大手町小学校）の一室にもあることがわかり、二〇一七年六月九日に同校（大野雅人校長）を訪問し実見してみた。毛筆だったが、拓本のようにも思えた（文字のみで83×30センチ）。七言詩だから小平霊園の霊碑と同様に四・三で区切ってあると思っていたが五・二になっていた。そのような疑問があらたに浮かんだものの、故郷に深く関係した漢詩であることをますます確信した。

　未明は高田中学時代から漢詩を嗜んできたから、この詩文はその頃から上京当時までの間に生まれたのだと思われる。おそらく高田時代の作だろう。なにかメモ帳に綴られていたのではないか。正確な起草時期の確定はさておいて、若い未明＝健作にとって、国を憂う情とは、いかなる性格の感慨・沈思だったのか。そのことについて考察するには、上京後の未明が終生懐き続けた郷里、越後高田への思い、および上京後に接触した社会思想への対応を検討する必要がある。なお、ここに載せた「詩魂」は「憂国」詩と直接関係しないが、未明の心中をよく表現している。

（上）小川未明「詩魂」（上越市頸城区白田美和子氏所蔵）
（右）小川未明「詩筆百篇憂国情」

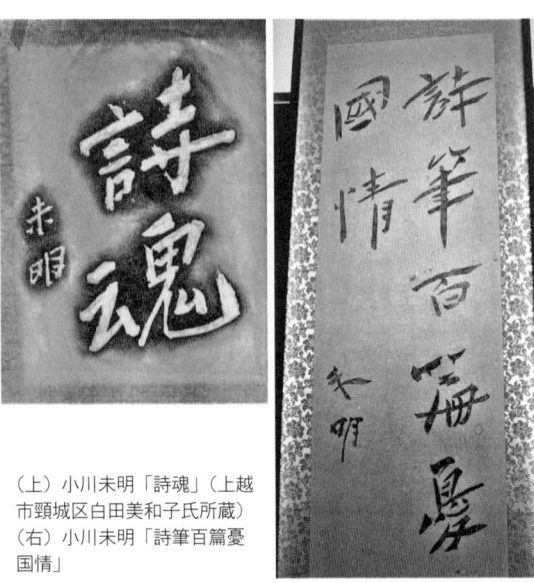

(二) 東京の小川未明と大杉栄

最初に記したように、未明は一般的には童話作家に括られるが、そのほかに「社会主義者」としての側面がある。未明は、一九〇一（明治三四）年、東京専門学校に入学するが、のちに「童話を作って五十年」で次のように語っている。

「私は田舎におった時も、貧富の懸隔があることは知っていました。毎日勤労に過している者が、米も高くて買えぬ、そういうしがない生活をしている人を見ると、ほんとうに可哀相だなと思いました。しかし東京へ来てからは、ブルジョアと無産者の生活の激しいちがいが、だんだん目について来たのです。……小説を書くのも世道人心のために筆を執らなければならぬ、と考えておりました。それだけに私は、貧富の懸隔の激しいのを見て、これでよいのかと思ったのです。(注13)」

在京中にそのような思いを抱く未明は、一九一三年に社会主義者・アナキストの大杉栄と出会い、深い感化を受ける。ロシアのクロポトキンにも関心を持ち始める。そして一九二〇年、日本社会主義同盟の創立発起人となったのである。そのことを知った父親は上京し、息子と意見を交わす。

（未明）「田舎では正直でまじめに働いている百姓が食うや食わずの貧乏をしているのに、一方では不労所得で悠々と暮らしている地主たちがいるじゃありませんか。東京へきてみても同じです。これを改めることこそ正義だと思う。世の中の理性に訴えてなんとか解決しなければならないと思っています。」

（父）「そうきけば判るな。正義のために筆を執れ。(注14)」

未明が東京で親しく接した大杉は、同時期に、未明の親友にして糸魚川出身の相馬御風にも多大な影響を与えた。一九二三（大正一二）年関東大震災に際して虐殺された大杉栄は、幼い頃からフランス語を学んでおり、フランスへの思いは生涯のものだった。御風との間で「社会革命」か「個人革命」かをめぐって数年にわたって意見交流をなしつつも、大杉は『ファーブル昆虫記』を翻訳したり、人類学者ミシェル・ルトゥルノの『男女関係の進化』を翻訳したりして、フランス文化を日本に紹介した。そのように、大杉にもまた、社会主義者であるとともに文化愛好者の側面があったのだ。(注15)

未明は、「童話を作って五十年」の中で、大杉との交流を以下のように記している。

「大杉栄氏と知合ったのは、大正二年、二女の鈴江が生れたころのことです。大杉君は私が〝早稲田文学〟に書いた作品を〝近代思想〟誌上で批評し、また私の家へ遊びに来てくれたこともあります。初めはクロポトキンの崇拝者で、アナーキストだったのですが、私の考え方も、社会機構の改革によって社会をよくするよりも、まず人類の人格を尊重し、理解してゆくほうがよいという、空想的社会主義者だったわけですから、大杉君のサンジカリズムとかアナーキズムのほうに、合うものを感じました。それで大杉君の影響を受けて、クロポトキンのものを読み、前にトルストイを読んだ時と同じように、非常に温いものを感じました。人道主義にうたれたのです。(注16)」

東京の小川未明と大杉栄との関係を基本線で確認するのに、これ以上の資料がありえようか。

二、新日本童話の時代

（二）時代思潮のうねり

明治・大正時代においてアナキストあるいは社会派童話作家として活躍してきた未明は、第二次世界大戦期に入ると、時代思潮のうねりに追従あるいは迎合して国家主義者・戦争擁護者に転向したのではないかという印象を読者に与えかねない文章を執筆することとなる。例えば、一九四二年発表の「新らしき児童文学の道」に以下のように記されている。

「然るに今度の事変は、私達に民族的の自覚を促した。私達は、誰も彼もいまや新しい世界観の上に立つて新しい文化の建設に向つて再出発をしなければならなく要請されてゐる。即ち、私達の民族的理想として東亜新秩序の建設があり、國防國家の完遂がある。それ故にすべての作家は文学行動を通し、翼賛し、協力しなければならぬのだ。（注17）」

この引用文を読む人によっては、未明は反国家のアナキストから国家主義者に転向したと判断することだろう。しかし、それは短絡的な結論である。前もって、当該時代における思想界の動向をよく観察してかからねばならない。戦前は民主主義やマルクス主義の論客だった人物が、戦時中は率先して国策に迎合して論陣を張ったとして、それだけではとうてい転向と決めることはできない。自身の生存的――宗教的も含めて――志操を堅持するためやむなく、自己の政治的志操を時代思潮と妥協させることはしばしばある。人は政治的にのみ生きているのではない。国策への迎合はある種の戦略――消極的抵抗――であって、転向とは言えない場合はたしかにある。転向と言い得るには、少なくとも政治的志操を踏み越えた生存的志操との間の葛藤がなければならないのである。（注18）参考までに、同時代の代表的思想家の一人であり、昭和研究会の一員である三木清のケースを一瞥する。（注19）近代日本思想研究者の大田亨吾「三木清による『民間アカデミー』構想と国民学術協会」からの引用でまかなう。

「『東亜協同体論』として知られているそのなかで、三木は戦時下における『知識階級』の姿勢を消極的と非難する風潮に言及したうえで、『知識階級』は自らを否定するのではなく時局に対応した自己革新を遂げる必要があると説き、戦争という現状のなかに『歴史の理性』を見出し事態の打開に結びつく新たな意味を生みだす主体として『知識階級』を位置づけようとする。また、あわせて三木は、こうした主張と対応する実践として、近衛文麿の私的な政策研究団体であった昭和研究会に関わり、このとき政府が掲げていた『東亜新秩序』建設の理念を『協同主義』として説明する作業に携わりもした。これらはいずれも現状に対する知識人としての『責務』を強く自覚するがゆえの行為であった。

このとき三木は自身も含む知識人の存在意義と活動の拠点を確保しようとするが、時局のなかにおけるこうした行動により、かえって知識人と戦争を結びつける回路を作りだしてしまう。そこでは、自立的であろうとすることによってその自立性が奪われてしまう知識人の姿が垣間見られる。戦時下の三木清からは、批判的なまなざしを持ちその脱却を志向していたにもかかわらず、国家との従属的な関係を取り除きえなかった近代日本の知識人が抱える脆さを指摘することができる。(注20)」

ここに記された「従属的な関係」「脆さ」を、私は転向と呼ばない。リスクを背負った複数の力によって生じる緊張関係を孕んでいるのである。

ほかに、内田弘「三木清の東亜協同体論」から引用する。

「三木清が東亜共同体論で、『日本知識人』と『（半植民地状態からの解放をめざす）中国民族主義』との結合を構想していたことはあきらかです。」「小林（石塚注：小林英夫）によれば、一九四〇年代なると、資本主義が行詰まりそこから発生したファシズム体制では、官僚の調査や立案では対応できないほど状況が変化し新しい情勢が生まれ、そこにファシズム体制の崩壊と社会主義への転換の実践的可能性が生まれると予見する知識人が出てきます。その予見をいだいて体制の内部に入り協力しつつ、そのチャンスをうかがっていると思う人が相当存在したのです。尾崎秀実や三木清がその代表です。(注21)」

大田論文中の引用に読まれるごとく三木は、なるほど時の国家権力に対して従属的ではあったものの、けっして転向してはいない。転向とは不可逆で、生涯の折れ目となるものであるから、未明にも当てはまらない。転向でない従属化の事例を、ここでは未明と同郷にして同時期に大杉栄と親交を結んだ相馬御風に見いだしてみる。御風は一九三八年刊『郷土人生読本』中で、はやくも次のように記していた。

「日本はつひに起った。真の日本を更正せしめ、同時に真の支那を、真の東洋を更正せしめ、ここに確固不抜な更正東洋の大平和大繁栄を将来せんとする盟主として日本は起つた。

近衛首相は日本は歴史は古いが生活力は若いと言明した。然り、実に然りである。私達は今や世界に比なき神聖な歴史と伝統とにめざめ、青年の如く若々しい生活力を以て、今こそ世界に於ける真の日本を確立し、やがて盟主となつて真の東洋を確立し、かくして普く世界の大平和確立の為に邁進すべく覚悟せねばならぬ。

今やその第一歩が踏み出されたに過ぎない。事は凡てこれからである。今回の支那事変はその序曲にすぎない。」

「戦争を通して宗教心が深められるといふ梅原（真隆「道」第一四八号所載記事――石塚）氏の見方には私も首肯することが出来る。戦争は人々を詩人たらしめると共に宗教的情緒を深める。詩は感情の高潮であり、宗教はその沈潜である。」「強きものは正しいといふ目安は、いふまでもなく日本精神からは出て来ない。正しきが故に強し、われ正しきが故に必ず勝つ――これこそ正に日本国民の信念の骨髄であらねばならぬ。[注22]」

このような論調の国策迎合文章を、あの日本国憲法制定に尽力した鈴木安蔵でさえも、一九四二年刊『政治・文化の新理念』において、以下のように記していた。

「すなはち日本が大東亜共栄圏建設の指導・中核国家たるべきことはあらゆる点よりみて絶対的客観を有してゐる。」「もはや日本は単なる一強国ではない。東亜幾億の民族の運命を担う指導国家としての日本の一挙一投足は、ただちにこれら全東亜に対し、いな全世界に対して偉大な影響をおよぼすのである。その政策は、単に自国一国の強化・発展のみを目標とするのみであつてはもはや足らないのである。全東亜協栄圏を全体として発展せしめ、同時に全世界の新秩序建設の基礎たり得べきことを中心目標としなければならない。」「元来国家は統一的集権的結合体であり、またさうであつてこそ強力たり得るのであるから、かかる三権分立体制といへども、この統一性・集権制を前提とし、その範囲内においてのみ妥当性を有し得るものであつた。[注23]」

しかし、獄中一八年組の非転向事例を持ちだすまでもなく、戦中知識人、他の多くはなるほど志操的に脆弱であった。それも間違いない。(注24) なお、戦前・戦中における社会派から国家主義への転換を仮に「転向」と表現すれば、戦前から国家主義であった人びとにおける、戦後の国家主義から民主主義への転換も「転向」となろう。戦前・戦中からの政治的支配層は、戦後にも生き残ってきたからである。あるいは、「文化勲章」などという戦意高揚的遺物は戦後ますますもてはやされてきたからである。戦後になって戦中の「転向」を非難する人びとは、戦後「転向」にも批判的に注目しているだろうか。

ほかに、戦時中、転向声明は事務的に扱われていたと思えるような例証も存在している。満鉄調査部に勤務していた石堂清倫による以下の証言である。

「一九四三年七月十七日の早朝に一群の憲兵がやってきた（満鉄調査部事件―石塚）。（中略）私は新京憲兵本部に移され、ここで本格的な尋問がはじまった。担当者は板倉軍曹といった。この事件では事実の究明は必要がなかった。事実がどうのということ自体無反省の証拠なのである。はじめのうち私は安斎ではないが頑強に抗弁した。誰しもはじめはそうなのだ。そのうちに真の『日本人』の心に立ち返り、憲兵隊とともに過去を清算することになる。（中略）重刑をまぬかれようとするなら、憲兵隊に言う通りの事実を認めるか、あるいはそれを上回る事実をみずからつくりあげ、それが日本国家にたいする叛逆であることを完全に承認し、そのうえで大幅な悔悟反省の新しい境地に達したことを断言するしかない。

そのためには、そこにいたるまでの自己の精神の根本的浄化過程を力説し、自己を告発するのは当然のことであっても、それだけでは不足であり、すすんで同僚友人の告発、いわば自己告発と相互告発の強化がただ一つ残された道である。(注25)」

「転向」声明に関する石堂の説明を、さらに拙著から引用する。

「石堂は、一九四三年六月に満鉄調査部事件で拘留されると、同年一〇月に、獄中で反省と転向の手記を書かされた。一部を引用する。『私の罪はマルクス主義に基づくものであります。それ故に私はマルクス主義を仆すことによって初めて許されるべきものと思います。（中略）私は改めて五年間の調査部生活を想起します。それは徹頭徹尾無反省と□〈利〉己主義というに尽きます。私が幾度か決意しつつも清算に欠くる所のあったのは反省が足りなかったためでありました。拘留生活を通し憲兵諸氏の態度から私は軍人精神就中生死観を□な□知りました。私は自己の生命を日本人という一点にかけて考えこれより罪の生活に入ります』。以上の『反省文』は、獄中に囚われた者の多くが書いている。みな似たり寄ったりで、ひな形があるようだ。一九四四年一二月釈放後、石堂は軍隊に入り、八月一五日を迎えた。その後の労働組合関係の運動における精力的な行動から判断すれば、『反省文』は、早期釈放を勝ち取るためのいわば消極的獄中闘争といったところである。（注26）」

さて、次には、本稿で主要な討究対象としている小川未明の事例をいっそう深くみていこう。

(二) 政治的葛藤と文化的葛藤の差異

戦中の小川未明について戦争擁護者とする議論がある。上野瞭『ネバーランドの発想―児童文学の周辺―』はその代表である。（注27）その論調は、未明思想に対して、若き日々の社会主義時代、戦中の戦争擁護時代、そして戦後の民主主義時代に区分し、時に応じてくるくると主義を転じていったと結論するものである。唖然たる、驚きの主張である。価値転倒・地位転倒の社会思想を研究する私の立場からすれば、上野の区分は、未明において交互往還的に意識化・無意識化しているものを無媒介的に切断したとしか言いようがない。暴論の類である。

人の実存は、そう単純に割り切れるものではない。善悪二項対立や善ないし悪の一元論では、歴史も社会も処理できはしない。未明の戦中における言動・記述を言質にとって上野が区別したものは、私にとっては転向ではない。自立した作家として生存的志操を堅持しようとするものの時の支配思潮に抗えず、さりとて潰されまいとその渦中に踏みとどまり、活路を見出そうと奮闘していくのである。未明の選択は、むしろ、時代環境・社会環境・土地柄環境に呼応した自然で連環的な動きなのだ。人の思想行動ないしその要因は、その時々の諸環境と関係的に決まる。私の議論においては、上野が区別するような未明の振幅は、動機的決定と結果的決定――観察する側から表現するならば「動機的解釈と結果的解釈」――が織りなす思想圏内で連環するものである。[注28] 動機的決定は高田時代から東京時代までに当てはまり、結果的決定はとくに戦争中に当てはまる。上野は、未明にとって終生切って切り離せなかった〔頸城野〕という文化的・風土的媒介を考慮しないので、動機的決定と結果的決定の相関関係を理解できないのである。日露戦争後の一九〇六年の短編「日本海」に記された「露西亜は東洋の平和を障害する國で、近きうちに日本をも侵略して、大和民族を彼らの奴隷にせんとする強敵である」も、直江津――ウラジオストックを意識した風土と連携している。[注29]

娘の岡上鈴江は、『父小川未明』中で次のように語っている。

「父は昭和十四年の秋、『報知新聞』に六回にわたって、日本的童話の提唱をかいている。（中略）

これらはいつも父が私たちに説いていた言葉で、なにも耳新しいものではない。いつの時代にも変わらぬ父の信条だと思う。」「自分が生まれた郷土、祖国を愛する念が人一倍強かった父は、また純情で単純で信じやすい性格だったから、『アジアの諸民族は欧米とは本質的に異なる特性をもっている。欧米の植民地支配下で苦しむアジアの弱小国をすくい団結して新しいアジアをきづこう』という東亜協栄圏の理念がとなえられると、強い関心を持ってその記事をのせた新聞に見入った。(注30)」

このように述懐する鈴江は、私が前節で分析した戦中知識人の「従属的な関係」「脆さ」に無自覚である。リスクを背負った「脆さ」を、未明も共有しているとみるべきである。しかしながら、鈴江がここに記した「強い関心」は、けっして転向の証ではない。参考までに、戦中のリスキーな未明を特徴づける文章を『新日本童話』(竹村書房、一九四〇年)から引用して、以下に紹介する。(注31)

「いま日本は、一面に戦ひ、一面に東亜建設の大業に着手しつつある。これは実に史上空前の非常時であるといはなければならぬ。それであるから、老若男女の別を問はず、各々分に応じて奉公の誠をいたしつつある。」(九頁)

「新らしい日本が、自由主義を揚棄しても、独伊の全体主義と軌を一つにするものではない。そして肇国の精神に立らかへって、皇道の何たるかを深く体得して、その実現を期するものと思はれる。世界無二の有難い國体と精神は、自らにして人類を救済するに足りる。」(一〇頁)

「今、自由主義時代の童話を省みるにこれには『愛』『自由』『同情』それらのものが取扱はれてゐるが、畢竟個人主義的な立場からであり、小市民的な思想に過ぎなかつた。／今日ほど慌だしい時代の変遷はない。新らしい現実は常に理論を飛躍する。

「もとより外国の場合とか、理論とかが役立つものでない。新らしい現実は常に理論を飛躍する。破壊と建設の複雑な渦中にあつては、現実を直観して、伝統的精神の中から体系を見出し新たなる建設的指導理論をつくるよりほかに道はない。この旗織の下に児童を動員する。」（一四頁）

「すでに、いまの日本は個人主義を許さない。全体の利福のために行動しなければならぬ。職能の別はあつても共に同じ陛下の赤子で、兄弟である。」（一六頁）

「先づ作家は唯物主義思想から生れたる文化を批判し、それを揚棄して、皇道精神の顕現を期さなければならぬ。文芸は一人一人の魂を浄化する作用である。そして児童らに報本反始の大義至誠と、弱きを助けて強きを挫く、すなはち日本精神を植付けなくてはならぬ。」（一八頁）

「要するに、精神的な人間を作るのも、物質的な人間を造るのも、まさにこの時代の教化にあることと思ひます。（中略）それにしても、人間的な愛情と、宗教的な博愛心とを養成することは、どの時代にも必要であつて、平和を愛し、同胞のためにつくす善良な人間を造るのは、全くこの幼年期から少年期にかけての間であることを忘れてはなりません。」（二八頁）

「眞に、良心的であつたなら、親達が、その子供たちに望むに、先づ、やさしい、親切な、正しい心を持つた人たることであるでせう。人を愛するといふこと、動物を愛するといふこと、それは、誠に平和な世の中を招来する第一条件だからです。」（二九頁）

「私は、幼年の生活に、より多くの、原始性を見出し、成人に近づくに従つて、現実となり、科学文化に親しみを感ずるのを知るのであります。

それ故に、児童文学に於ても、この二つの見解は、顕然たらなければなりません。即ち、ロマンチックなお伽噺は、幼年時代のためのものでありやや長じて、少年期のものとしては、リアリスチックな童話が、必要であることです。そして、この二つこそ、今日の少年文学を、意識的に構成しなければならぬところのものです。」（三七〜三八頁）

「今や、子供は家庭にあつての子宝でなく、国家の子宝となつたのであります。この際、何ものを措いても、先づ子供の教化を第一にしなければならぬ。

児童教化の要諦は、人格的接触にあるが、次には、児童の読物にあります。」（四二頁）

さて、社会思想史研究者である私は、三木や相馬、鈴木や小川における時代思潮との対峙を、たんに政治的な場で見るにとどまらず、文化的な場でも評価する。とくに文学者である御風と未明については そのように見る。

拙著『歴史知と学問論』第八章「学問における政治的葛藤と文化的葛藤の差異」で、私は術語「文化」につき、およそ次のように論じた。

「日本では、とりわけ明治時代になってこの術語の意味に関して次のような二分化が進んだ。一つはヨーロッパ的で高級なもの、観念的に洗練されたものとしての文化である。『文化的生活』『国民文化』などはこの典型である。これを本稿では文化の第一類型としておく。そしていま一つはアジア的で陳腐なもの、生活習慣・生業としての文化である。『縄文文化』『農耕文化』などはこの典型である。これを本稿では文化の第二類型としておく。この二分法においては、文化の第一類型は比較的に尊重されるが、文化の第二類型はともするると軽視される。」「文化とは第一類型を指すのであって、第二類型は文化ではない、あるいはせいぜい第一類型から派生した堕落だ、とする精神は、脱亜入欧的近代日本の知識人たちに共有されてきた。そして、この文化観念は二〇世紀前半に満鉄にかかわった知識人にもほぼ共有されていた。」「満鉄知識人の多くは、政治的葛藤は克服できたが、文化的葛藤についてはそれが存在することすら意識しないまま二〇世紀をすっかり生き続け没していったものと考える。そして、この文化的葛藤の克服はついに、二一世紀初の今日、われわれの世代に引き継がれているのである。[注32]」

国家的ナショナリズム（結果的・表層的）と一線を画し、その基底をなし、ときにそれと対立さえする郷土的パトリオフィル（動機的・深層的）を、私は、岡倉天心や権藤成卿、南方熊楠に見通すのだが、それと似通ったものを小川未明にも、動機的解釈を通じてかすかに感じるのである。その問題を以下において詳細に論じる。

三、愛郷心燃ゆる日々

（一）未明における「憂国」の意味

上野瞭の解釈を借りるならば、敗戦直後、未明はいま一度の「転向」をなす。民主主義的な作家活動の開始がそれを証明している。すなわち、一九四六年、児童文学者協会が創立されると、未明は初代会長に就任し、民主主義の立場に即した児童文学の再建につくす。一九五一年には芸術院賞を受賞し、五三年には芸術院会員となり、文化功労者となった。その未明が亡くなったのが一九六一年である。小平霊園に佇む未明墓碑には、自然石に直筆霊碑文が刻まれて今日に至っている。おそらく娘の岡上鈴江が選んだのであろう、先に解釈したように、鈴江は終生父未明を慈しんだのであって、未明の作家活動に読まれる矛盾ないし疑問について伝記に記す必要性を感じなかった。だが、ここでは、あらためて明治大正期に確立した社会派的な立ち位置、戦中に移行した東亜協栄圏称揚的な立ち位置、そして戦後の民主主義的な立ち位置の相互関連について詰めていきたい。それは未明霊碑に刻まれた「憂国」の解釈にも関係する。これまでの検討から言えることは、未明は政治的な活動家でなく文化的な創作者であるということだ。また、中央志向者でなく地域愛好者であるということだ。この指摘は重要である。自伝に次のくだりが読まれる。

「人と土地とは有機的な関係があるもので、国土を措いて人間はないのです。それから考えてもインターナショナルなどというのは空想です。わずか越後と東京と離れても、気候風土がちがい、人間の生活がたいへんちがいます。母はそのために死を早めたのです。[注33]」

「今から、私が小学校時代のことを考え出して見ると、まるで美しい画を見るようだ。私とお作は学校へ行くにもいつも一しょであった。帰って来てからもいっしょに遊ぶ。[注34]」

「私の故郷観は今少しく色彩的であった。私の故郷観はそんなに淋しいものではない。昔も今も異らぬ紅雲郷である。此時、血潮を流したように西の海が紅となって、夕陽が海に落ちかかった。落日の色は万有を焼き尽くす。空の色も真紅だ。海の色も真紅だ。[注35]」

「『私の故郷は、彼の海の彼方、真紅の日の沈む処だ』と此時私はこう叫んだ。…私は今でもそう思うが、彼の夕焼空を見ていて死ぬなら、死んでもいい。[注36]」

そのような回想がちりばめられた未明の自伝的叙述を読めば、彼にとっての国とは政治的な国家でなく風土的なクニに近いことが判明しよう。一九二四年の短編「私を憂鬱ならしむ」に記された「やはり年をとると、國が戀しくなりますさかい」のトーンである。[注37]意識はナショナル（national）というよりもリージョナル（regional）である。彼は越後の田舎から東京に逃れて、結果、いっそうリージョナルな意識を強めた。ときに、越後であれ東京であれ、リージョナルな生活圏を破壊しにかかるナショナルな政治経済を批判している。その方向で大杉栄の思想に親近感を懐いたのであろう。未明はアナキズムとかサンジカリズムとか、あるいは人道主義とかのキーワードを口にするが、それは未明において、文字通りではありえない。未明の個性に見合うようアレンジされている。それら術語のアンサンブルといってもいいだろう。本稿で私は、未明のためにオリジナルな概念を創る。「愛郷心《パトリオフィル》（patriophil）」である。

（二）術語「愛郷心（patriophil）」の提唱

ただし、この術語の前提となる議論を、私はすでに岡倉天心の「アジアは一つ」思想を扱った論文「岡倉天心『アジアは一つなり』のパトリ的な意味[注38]」で行なっているので、そちらから少し引用したい。

「天心本来の態度は、文化芸術にかかわるパトリオティズム（アジア郷土愛）の位相である。それはローマ的・政治的な意味での家父長主義とは相対的に別物である。『パトリ』は古代ギリシア・ローマの父権と相対的に区別される。たとえば、母権に優越する支配権でなく皇帝権＝中央集権にあらがう抵抗権である（注5）。

（注5）本稿では、『パトリ』概念を、古代ギリシア・ローマの父権（paternitas）と相対的に区別している。先史古代において母権（maternitas）に優越する支配権でなく紀元後に輪郭をあらわにするローマ皇帝権（imperium）にあらがう抵抗権とする。……本稿でいう『パトリ』を地中海史に類推すれば、それは古代エジプトにおいて初期王権よって解体されていく『ノモス』に相当する。あるいはまた、古代中国における『社稷《しゃしょく》』に通じる。とりわけ、一九三〇年代四〇年代の政治状況に影響力を有した思想家権藤成卿の主著『自治民範』に読まれる以下の議論に通じる。『君民の共に重んずる所は社稷である。社稷を重ぜざる民は民ではない。社稷を重ぜざる君は君ではない』『君を主とするから、暴君政治の弊が起る。民を主とするから、賤民政治の弊が起る』『憲法即ちコンスチチューションといふ語は、本質といふ意味である。國の本質は、社稷の外にはない』。（権藤成卿『自治民範』平凡社、一九二七年、二七八〜二七九頁）」

天心論において使用した「パトリオティズム（アジア郷土愛）」は、上述の通り私のオリジナルな概念を含んでいるが、未明論において初めて使用する術語「愛郷心（patriophil）」は概念も術語も、双方とも私のオリジナルである。「パトリオフィル」の「パトリ」は郷土を、「フィル」は愛を意味する。二語を合わせて「郷土愛・愛郷心」となる。オリジナル概念の下地にはアナキズムとかサンジカリズムとか、あるいは人道主義とかの諸概念が未明の個性に見合うよう編集された、それら術語のアンサンブルが存在している。それはまた、私の見解では政治的な概念である参加型民主主義でなく、社会的な概念である存在型民主主義を表している。未明から離れるが、私の造語になる後者について簡単に説明したい。

生存権は国家によって保障されるのでなく国家を支える人びとによって保障されるのである。この発想は、これまで意味あるものとして称揚されてきた「参加型民主主義」を超えるもので、いわば「存在型民主主義」である。「参加」と言う場合、すでに参加していく対象が他者によって用意されている。投票日が近づくと、政府や地方自治体が参政権を行使して政治に参加するよう呼びかける。そこには市民（世界市民・地球市民）はいない。国民としての市民がいるだけである。参加型民主主義のアポリアは、民主主義のパラドクスとして周知のところである。（注39）「参加型民主主義」は、軍事力を備えてプリマスに上陸したピルグリム・ファーザーズの時代から存在しているが、たいがいは、「そこをどいてくれ、おれが座るんだから」の態度で民主主義をちらつかせるだけだった。そのような態度で民主主義を日本に導入すると、たいがいは日本国憲法第九九条「天皇又は摂政及び国務大臣、国会議員、裁判官その他の公務員は、この憲法を尊重し擁護する義務を負う」が有名無実と化すのだった。それが参加型民主主義の隠された特徴なのである。

以上の議論を踏まえ、未明霊碑に刻まれた「憂国」の意味を私なりに解釈しよう。彼にとっての国とは政治的な国家でなく風土的なクニに近いことが判明する、とすでに書き記した。それから、「人と土地とは有機的な関係があるもので、国土を措いて人間はないのです」との未明の文章を引用した。なお、娘である岡上鈴江著『父小川未明』二四二ページに未明霊碑の写真はあるのだが、なにも言及されていない。だが、一九三ページに引用されている戦後の未明の言葉は印象的である。

「もし自国への愛情があるとしたならば、次代の子供に継承されるようその愛情を育てていかなければならない。（注40）」

それから、未明生誕百年を記念して発表された坂井勝司「童話のふるさと」（小川未明生誕百年記念事業実行委員会編『未明ふる里の百年』同会、一九八三年）には、こう書かれている。

「だが、未明は決してふるさとを筆の上での食いものにしていたのではない。たとえ、田舎は貧しく暗くとも、大きな声で叫べば、きっとみんながこたえてくれる人間関係を信じて、ふるさとの姿が今日的にどうなっているのか、これからどうして行かなければならないかを、作品を通じて訴えていたのである。(注41)」

おわりに

以上のことがらから推察すると、彼の意識する「憂国」とは、国家的、政治的であるよりも社会的、文化的な概念であり、権力的であるよりも非権力的で道徳的な概念であるということである。そういう意味でのクニを未明は憂うのだった。私の造語に摺り寄せて表現すれば、パトリオフィルの表出なのである。付け足すと、未明の代表作「野薔薇」（一九二二年）のモチーフにもパトリオフィルは感じられるのである。

最後に、未明を含めた戦中・戦後知識人が共有した従属的関係に鑑みて、上野が書き記した以下の文章には一理あるものと評価する。

「わたしは小川未明を問いつめているのではない。戦時下の児童文学者が、戦後に向って、自己検証のあいまいなままスライドしていった『哀しさ』を語っているのである。その一例として、未明の場合を考えているのだ。(注42)」

要するに、未明は、明治大正昭和における時代思潮の変遷の渦中で、政治的葛藤においては自己検証を疎かにしなかったものの、文化的葛藤においては自己検証を「あいまいなままスライドしていった」、あるいは無自覚だったとみられる。(注43)別の言葉で述べれば、中央参加型祖国愛（ナショナリズム）と地域存在型郷土愛（パトリオフィル）のうち、戦中の彼は後者を意識的に捉えず前者の下位に置いたのだが、本来、後者はそれだけで存在し、場合によって前者（第一類型的文化）に徹底的に抗う第二類型的文化価値を有するものだとの認識が脆弱だったのである。日露戦争後という時代ではあるが、文化に軸足をおいて国策に抗うという観点を明確にして行動に移していたのは南方熊楠であった。地域政治の主体・生活文化の主体である者たちが、熊楠のように国家に抗う構えを喪失するならば、形式としての民主主義は実質としての国家主義・全体主義に変質することになる。二一世紀の民主主義世界は、ドナルド・トランプのアメリカ合衆国を先頭に、まさしく国家主義に、排外主義（〇〇ファースト）に転じているではないか。

最後に、そのような排外主義を早くから批判していた未明の文章を、一九二六（大正一五）年に刊行された著作から引用する。「理想の世界」と題されている。

「もし、美と正義の世界が、現実に存在するものなら、それはまさしく『童話』の世界でなくてはならない。そして、この美しく、やさしく、平和なる世界の主人公はもとより子供であるが、また、美と正義と平和を愛する人々でもある。この世界ばかりは、一切の暴虐をゆるさなかつた。

また、いかなる権力も圧政も、曾てこの世界を征服することは能はなかつた。これ、わが理想の世界である。(注44)」

ここに記された〝童話〟の世界こそ、未明にとって軸足をおく場であり、そこからパトリオフィルを構築すれば、国家主義《ナショナリズム》を排撃できるのだった。文化の領域にアソシアシオンの自立空間を築くことだ！

注

（1）『南方熊楠全集』第七巻、平凡社、一九七一年、五六二頁、参照。

　ところで、この報告をもって私は、いろいろな機会を通じて、上越地方およびその近隣に関連する多士済済講座を以下のように行ったことになる。

「日韓合邦と日韓併合の峻別―川上善兵衛の思想と行動を事例に―」一九・二〇世紀古典読書会、第八六回学術報告会、二〇一〇年一二月一八日（石塚正英『アソシアシオンの世界多様化』社会評論社、二〇一五年、参照。）

「岡倉天心「アジアは一つ」の意味」NPO法人頸城野郷土資料室主催「くびき野カレッジ天地びと」第六期第一〇講、二〇一三年八月二四日（『頸城野郷土資料室学術研究部 研究紀要』Vol・1／№2、二〇一六年、参照。）

「妖怪と人とのインターフェイス」東洋大学井上円了研究センター新設記念シンポジウム井上円了の妖怪学と現代、二〇一五年三月二一日（『東洋大学井上円了研究センター年報』Vol・24、二〇一六年、参照。）

「相馬御風思想における還元（糸魚川帰住）の意味」相馬御風糸魚川帰住百年記念講演会（糸魚川市教育委員会・糸魚川地区公民館主催）、二〇一六年一一月二〇日（石塚正英『近代の超克―あるいは近代の横超』社会評論社、二〇一五年、参照。）

「小川未明の愛郷心―霊碑文に注目して―」ＮＰＯ法人頸城野郷土資料室主催「くびき野カレッジ天地びと」第一四期第二講、二〇一七年四月二二日（『頸城野郷土資料室学術研究部 研究紀要』Ｆｏｒｕｍ９、二〇一七年、参照。）

（２）本稿では「憂国情」漢詩を若き未明の作品と結論している。その根拠としてとりあえず一例を挙げておく。それは、未明生誕百年記念で出版された、小川未明生誕百年記念事業実行委員会編集発行『未明ふる里の百年』一九八三年に含まれる新潟県立高田高等学校教諭（当時）の中村昌司氏のエッセイ「小川未明（文学）の故郷」にある以下の文章である。「中学時代の健作で、見逃し得ないものは、研学会『切偲会』という地元少年グループへの参加であるが、ここでは、ふれない。ただ、校内にあっても、『高田事件』（明治一六・三）発生から、時世を反映して二〇年ごろの高田学校（高田中学校の前身）では『子供ながら総じて天下国家を憂いとしたもので国会開設待望の歌などを街頭に歌って歩いた』（「高田新聞」昭九・五・一六　川合直次談）という政治への関心が生徒間に盛り上がり、竹内金太郎、伊野宮茂長らが相よって有志による弁論部が組織され、『学術質議会』と呼んで毎週一回演説会を開いていたことである（のちの『修養会』の前身である）。」同書、八六頁。

また、同書巻末に記されている年譜、一八九七（明治三〇）年に読まれる以下の記述である。「このころ一家春日山に移る。（中略）『中学世界』には漢詩・俳句・新体詩を投稿、たびたび掲載される。『高田新聞』にも投稿する。政治や宗教・哲学などにも興味を持ち、校内の弁論大会では政治や時事問題を論じ、文芸部でも活躍した。高田の青年グループ「切偲会」にも参加し、村の旧友、中学の同窓生たちと時事問題を論じ合い、学習を共にした。」同書、二〇〇頁。

しかし、作詩の時期を戦後期あるいは最晩年とする可能性を私はまったく否定しているわけではない。その可能性にかかわる根拠を、私は、戦後に書かれた以下の文に垣間見ている。「最近の子供たちはまさに無国籍者だ。子供たちの言語・嗜好をみても、かつて見られなかった混乱がうかがえる。現在すでに植民地化している日本において、この現実を直視している我々に、もし自国への愛情があるとしたならば、次代の子供に継承されるようその愛情を育てていかなければならない。その時こそ本当の意味でのロマンティシズムの革新が実現する時なのである。（中略）フランス革命、明治維新、ロシヤ革命などにも、やはりロマンティシズムの力がひそんでいる。自然主義は終わるかも知れない。しかしロマンティシズムは永久に続いて、その目的を果たすだろう。」「童話と私」『改造』一九五四年六月。小埜祐二編・解説『新選　小川未明秀作随想70――ふるさとの記憶』蒼丘書林、二〇一五年、二五六頁。この引用文にある「自国」は個別の故郷＝高田を示していないが、故郷抜きには考えられない。子どもにとっての、子どもに継承するべき愛であるからだ。それは政治国家的な愛でなく、生活文化的な愛であると解釈できる。また、ここに記された「現在すでに植民地化している日本」の意味合いも、GHQ的政治的であるよりもハリウッド的文化的である。戦後の日本には、アメリカ発の大衆文化、青少年向き娯楽文化が押し寄せたのである。

（3）上笙一郎編『小川未明―童話を作って五十年（作家の自伝103）』日本図書センター、二〇〇〇年、七頁。

（4）小川未明の在籍時代を含む新潟県立高田高等学校（旧制中学）に関しては、以下の文献を参照。新潟県立高田高等学校百年史刊行委員会編・発行『高田高等学校百年史』一九七三年。

（5）小川未明、前掲書、八頁。

（6）小川未明、前掲書、九頁。

（7）小川未明、「麗日」前掲書、九一頁。

（8）小川未明、前掲書、九頁。

（9）森岡ゆかり『文豪だって漢詩をよんだ』新典社、二〇〇九年、ほか参照。

（10）小川未明、前掲書、八～九頁。

（11）小川未明「上京当時の回想」前掲書、一三頁。

（12）薄田泣菫『泣菫詩抄』岩波文庫、一九八三年、五四頁。

（13）小川未明「童話を作って五十年」前掲書、四三～四四頁。

（14）岡上鈴江『父小川未明』新評論、一九七〇年、一五二頁。

なお、未明のアナキズム理解に関して、以下の記述が参考となる。「この未明的なロマンチシズムの中にある思想とはどんなものかということですが、未明は晩年まで、ドイツ・ロマン派のノヴァーリスという詩人、この人の『青い花』という散文詩的な長編小説と、クロポトキン――十九世紀の無政府社会主義の思想家ですが、この人の『相互扶助論』と、この二冊の本を座右の書としてきました。これは私の勝手な推測じゃなくて、未明先生が、『クロポトキンの『相互扶助論』と、ノヴァーリスの『青い花』は、ぼくの座右の書だ。若い時に読んで、それからくり返しくり返し読んで、今でもこの二冊は大事に置いてある』と私に言われたのが昭和三十年代のはじめごろだったと思います。」「未明のアナーキズムは作家らしく、その作品によって実践されたといえます。弱い者が助け合う、弱者の連帯ですね。それが童話の中に出てきます。このアナーキズムの相互扶助の思想が、未明のヒューマニズムの根源にあるものだと私は思います。児童文学者・関英雄「未明童話の思想（一九八二年四月一七日、東京・中野サンプラザでの講演）」、小川未明生誕百年記念事業実行委員会編集発行『未明ふる里の百年』一九八三年、一五八～一五九、一六一～一六二頁。

（15）石塚正英「相馬御風とシュティルナー自我論」、同『近代の超克―あるいは近代の横超―』社会評論社、二〇一五年、所収、参照。

（16）小川未明「童話を作って五十年」前掲書、四五頁。

（17）「新らしき児童文学の道」、二反長半編『少國民文学論』昭森社、一九四二年、三四頁。

なお、戦後の文学評論においては、戦中における知識人の体制迎合について、口を噤む傾向がある。例えば未明についても、児童文学者の関英雄はこう語っている。「戦争中、一時的に、心情的な国家民族主義の立場になったことがありますが、これについて語り出すと、またいろいろと話が長くなってしまうんで、とにかく、未明が代表的な作品を一ばん多く書いた、大正期から昭和初期、というふうに限定します。」関英雄「未明童話の思想」、前掲書、一六一頁。

あるいは、戦中における知識人の体制迎合についてソフトに擁護する傾向もあった。例えば未明についても、日本児童文学会会長・滑川道夫はこう語っている。「未明の思想が、非常にいろんな屈折を通って来たことが、批判もされているんですけれども、たとえば、戦時中に、『われわれ日本人は……』というようなことですね、私も実際、少国民文化協会時代に、先生がもう熱烈な演説をなさったことを、自分の目で見ているんですけれども、その時、先生は真剣に日本が、この戦争に負けたら大変だという思いが強烈で、真剣になって、おっしゃったと思います。そういう、未明の純情さと申しますか、ひとすじな心情なんですね。だから、外側から事柄の世界を見ると思想的な激しい屈折をしていますが、やっぱり心底に一貫していたものが、人間的なヒューマニズムであったと、わたしは思っています。」（滑川道夫「未明童話における南と北の思想」〔一九八二年七月三日、上越市立大手町小学校での記念講演〕、三六～三七頁

（18）石塚正英「［巻頭言］悪党列伝」、同編『二〇世紀の悪党列伝』社会評論社、二〇〇〇年、五～八頁、参照。

（19）石塚正英『近代の超克―あるいは近代の横超―』社会評論社、二〇一五年、参照。とくに、五五頁のからの引用文が参考となろう。「昭和研究会の内外にあつまる人びとのなかには、三木清をはじめとして、ときに帝国主義的国策に追随しつつも、近衛内閣を前面に立てて、どこかでなんとかしてアジア諸民族解放・共生への回路を切り拓こうと企てた。」

（20）大田亮吾「三木清による『民間アカデミー』構想と国民学術協会」、石塚正英編『近代の超克―フクシマ以後―』理想社、二〇一三年、一一二～一一三頁。

（21）内田弘「三木清の東亜協同体論」、『専修大学社会科学研究所月報』第五〇八号、二〇〇五年、二一～二三、二五頁。なお、ここに三木自身の記述から参考資料を引用しておく。「しかし国策的立場は国民全体のものであつて、特にインテリゲンチャに固有のものではない。インテリゲンチャに固有野ものは思想の立場であり、思想と政策とは同じでなく、思想は国策に沿ふとしても、これを包んでこれを超え、国策を批判的に指導し得るやうなものでなければならぬ。現実に対する批判を含まないやうな思想はない。今日のインテリゲンチャ論の混乱は、国策的立場とインテリゲンリャ固有の立場とを意識的に混同させようとし、或ひは無意識的に混同してゐるところにある。問題をまづ正しい立場に戻して出発することが必要である。」三木清「最近の知識階級論」、『三木清全集』第一五巻、岩波書店、一九六七年、二三一頁、初出：『読売新聞』一九三八年五月一三、一四、一九日付夕刊。

「知識階級は協力すべし。だが強力は飽くまで知性の立場からの自発的な強力でなければならぬ。協力が就職運動であつたり、協力が単なる転向であつたり、強力が私党化であつたり、協力が官僚主義の再生産であつたりしてはならぬ。」三木「知性人の立場」、前掲書、二四六頁。初出：『知性』一九三八年七月。この記述からは、転向という動機は伺われない。

(22) 相馬昌治『郷土人生読本』実業之日本社、一九三八年、二八七、三二五〜三二六頁。

(23) 鈴木安蔵『政治・文化の新理念』利根書房、一九四二年、三八〜三九、五四頁。

なお、鈴木安蔵の事例については、NHK番組BSプレミアム「アナザーストーリーズ　誕生！日本国憲法〜焼け跡に秘められた3つのドラマ」第二作二〇一七年五月二日放送分によく示された。以下に紹介する。（ナレーション）「天皇の名のもとに行われた戦争、時代が軍国主義一色に塗りつぶされていくなか、鈴木もその波にのまれた。戦争を肯定し賛美する本を書いたのだ。晩年、そのことを孫の徹に語っていた。」（鹿島徹・早稲田大学教授）「『あの頃は奴隷の言葉で語らなければいけなかったんだ』というような感じです。大東亜協栄圏建設にコミットしたんですね。ええ、そういう著作が何冊かあるんですけれども、そのことをやはり深く恥じていたんだろうと思います。」

(24) 戦時中の「転向」というか体制迎合の傾向については、例えば一九四五年三月に発表された民俗学者柳田國男の文書「特攻精神をはぐくむ者」が参考となる。「古い戦史を読んで見ても、小さい地域でならば死に絶えるほど人が討死をした例は幾らも有る。しかも其為に次の代の若者が、気弱くなつたといふ地方が無いのである。勇士烈士をして安んじて家を忘れ子孫を自分の如く育て上げるだけの力が、後に残つた女性に在ることを信じて居たのである。今度はその証拠を算へ切れないほど我々は見出して居る。」月刊『新女苑』実業之日本社、第九巻第三号、一九四五年三月号、表紙の三。

そのほかの参考として、ある小学校教師の事例を紹介する。石塚正英「津田道夫編著『ある軍国教師の日記―民衆が戦争を支えた―』（高文研、二〇〇七年）を読む」（『季報唯物論研究』第一〇〇号、二〇〇七年、一四九、一五一頁）からの拙文引用である。「本書は、編著者である津田道夫の実父浅見真吉（一八九五〜

一九八四年）が、『死病にたおれる前日まで、それも一日もかかさず、若干の粗密はあれ、実に六〇年近くの長きにわたって』書き続けた日記のうち、盧溝橋事件（一九三七年）からアジア太平洋戦争をへて敗戦までの八年間分をもとに成立している。（中略）真吉は、大本営発表を信じて日記をつける。『それは浅見真吉という人間のバカ律儀さを示しているとともに、〔大本営発表〕の出鱈目さをいかんなく示している』（一八一頁）。謹言実直な田舎教師は、それだからこそしだいに軍国教師へと変貌していくのだった。一九四三年頃、久喜町でも一家に二人の戦死者をだす事例は珍しくなくなった。一九四四年二月一八日の日記にはこうある。『敵機動部隊トラック島来襲――あきれたことだ。うかうかは出来ぬ。飛行機をどしどしこしらえたらよさそうなものなのに』（二一四頁）。このくだりを読むと、真吉はまぎれもなく国家に翻弄されていることがわかる。しかし、本人は戦況の好転を待ち望むように、どこまでも国家に依存していく。また、一方では日々の食糧難に呻吟しつつも、他方では指導的軍人に育つ長男を自慢に思うことで、心身の帳尻を合わせているのだった。これは戦時統制下における大衆的実存の一種であろう。」戦時中の体制迎合を考える場合、こうした一市民の、〔日常としての軍国主義化〕をも考慮する必要があろう。

　そのほか、第二次世界大戦中のドイツにおける事例として、ナチス独裁下で統制支配をしたかかに潜り抜けるか、これを逆手にとって生き抜く民衆の行動に関する参考資料がある。拙文「《書評》村瀬興雄著『ナチス統治下の民衆生活―その建前と現実―』」（『立正史学』第五四号、一九八三年、七四～七五頁）から、関係する記述を引用する。「本書で叙述の中心となっているナチス統治下の民衆生活（バイエルン農村）にみられる『建前と現実』の問題に触れてみたい。この問題を考えるにあたっては、著者の次のような主張がまず重要である。『ナチス当局が、徹底的な画一化を欲しており、国民のロボット化に力を傾けていたことはもとより厳然たる事実である。しかしそれは政府側の希望であり、『建前』だけのことであって…『現実』には画一化はごく表面的にしか実施されていなかった。』『ナチス党員に限らず、一般に国民大衆はイデオロギーによっては動いていない。ドイツは資本主義世界の中でもっとも強力で大衆的な共産党をもっていたし、マルクス主義的労働運動はドイツこそが発生の地であった。このような社会主義の本拠地でファシズムが勝利し、その勝利を維持することができたことは、私たちにとってながく理解できないこととなっていた。現在から顧みれば、ドイツの労働者も人民大衆も、ドイツ社会民主党やドイツ共産党を、自分らの生活向上のために利用していたのであって、骨の髄からの社会主義者は非常に少なかったと考えねばならない。彼らの生活習慣が維持でき、生活の向上が望めるのであれば、政治体制が変化しても、彼らはそれを基本的には容認していた。』」バイエルンの民衆は、まさしく、その都度の利益に合致するように体制迎合を作為していたのであった。

(25) 石堂清倫「わが異端の昭和史」勁草書房、一九八六年、二四〇、二四六、二四八頁。

(26) 石塚正英『歴史知と学問論』社会評論社、二〇〇七年、一八五～一八六頁。

(27) 上野瞭『ネバーランドの発想 児童文学の周辺』すばる書房、一九七四年、一三八～一五六頁。

(28) 上記拙稿「日韓合邦と日韓併合の峻別―川上善兵衛の思想と行動を事例に―」参照。

なお、政治的には如何ともしがたくとも、文化的にはしたたかに反体制をつらぬく事例の一つとして、戦中における酒井三郎の歴史研究を記す。それは、一九四三年に刊行した『国家の興亡と歴史家』（弘文堂）にうかがわれる。酒井は本書において、あたかもヘレニズム思想家セネカのようにして、ポリビオスの古典的歴史観にメスを入れた。酒井は、一九四三年にあって軍国日本の末路を洞察する史家である。「はしがき」を執筆した日付は同年三月である。前年夏にはミッドウェー海戦敗退があり、前月にはガダルカナル島攻防戦敗退があった。翌々月にはアッツ島玉砕がまっていた。史家酒井三郎は、いったい何を意図して「国家の興亡」を上梓したのか。彼はその意図を、おそらくは、かつて卒業論文「ギボン『ローマ帝国衰亡史』に関する二三の問題」を叙述した時に抱懐したのだろうが、一九四三年という国家存亡の危機に直面して、まさしく史家の任務を痛烈に意識し、あるいはまた、「人は歴史に何を学ぶか？」と自問したはずである。かように、酒井は、権力の絶頂を迎えつつあるローマに衰亡の予兆を感じとったセネカに比肩される。「書かれた内容そのものと同時に、書いた時代がものをいう」と述べる酒井は、その言葉を自らにも向けている。すなわち、ローマ史の同時代人ポリビオス、一八世紀後半に『ローマ帝国衰亡史』を書いたイギリスのエドワード・ギボン、そして一九四三年に『国家の興亡と歴史家』を書いた酒井三郎は、同じくローマ史をテーマに歴史を叙述しているが、それぞれに異なった時代と思潮を背負い、それを自明の事としつつ、その時代を生きる史家として歴史叙述に挑んでいるのである。同時代人の未明は、酒井の姿勢を明白に共有すべきだったのだ。

(29)『定本小川未明小説全集　一』、講談社、一九七九年、四二頁。

(30) 岡上鈴江『父小川未明』新評論、一九七〇年、一八〇〜一八二頁。

(31) 小川未明「日本的童話の提唱」、『新日本童話』竹村書房、一九四〇年、九〜一〇、一三〜一四、一六、一八頁。「子供と児童文学」、同、二八〜二九、三七〜三八頁。「発足点から出直せ」、同、四二頁。

(32) 石塚正英『歴史知と学問論』社会評論社、二〇〇七年、一九五〜一九七頁。

(33) 小川未明「童話を作って五十年」前掲書、四九頁

(34) 小川未明「麗日」前掲書、七二頁。

(35) 小川未明「麗日」前掲書、九五頁。

(36) 小川未明「麗日」前掲書、九六頁。

(37)『定本小川未明小説全集　六』、講談社、一九七九年、二四五頁。

(38)『頸城野郷土資料室学術研究部研究紀要』Ｖｏｌ・１／№２、二〇一六年。なお、本論文の改訂版として本書第４章がある。

(39) 戦後民主主義が一種の全体主義に陥ってしまう可能性を指摘する論者に、政治思想史研究者の嘉戸一将がいる。彼は『北一輝―国家と進化―』（講談社学術文庫、二〇一七年）において、以下のように主張している。

「彼（北一輝――石塚注）の国家論もまた、たとえそれがいかに奇異であっても、日本近代の思想の歴史の一コマをなしており、またそれを戦後民主主義の先駆とする言説があるのも事実であり、だからこそその内実が問われなければならない。端的に言えば、個が国家という全体に融解してしまう彼の国家論は、全体主義のヴァリアントである。それが戦後民主主義の先駆として評されるとすると、戦後民主主義が全体主義的であることを意味することになるだろう。はたして、戦後民主主義は全体主義なのか。」（三二四頁）

「それ〈科学〉――石塚注）が科学性を標榜すればするほど、科学主義という教条的な信仰に迷い込み、人間にとっ

ての真理からかけ離れていくように思われる。しかも、政治がこの〈科学〉に依拠する限り、自由主義や民主主義の理念をもちだしたところで、この全体主義の前では無力だ。むしろ、ときに投票は人を顔のない数に還元し、全体主義に正統性を与えてしまい、数と〈科学〉のお墨付きを得た政治は全能性を標榜するのである。」（三二五頁）言い得て妙である。

そのほか、ナチズム研究者の村瀬興雄によれば、もともとファシズムは民主主義と同根である。彼は、民主主義的な手続きで登場したナチズムはけっしてアクシデントではないとし、これをドイツ史とドイツの風土の自然な産物として歴史的に説明する。この問題については、以下の拙著を参照されたい。「村瀬興雄教授のナチズム研究によせて」（立正大学史学会編『立正史学』第八八号、二〇〇〇年）、石塚正英『歴史知と学問論』社会評論社、二〇〇七年、所収。

(40) 岡上鈴江『父小川未明』、一九三頁。
(41) 小川未明生誕百年記念事業実行委員会編『未明ふる里の百年』同会、一九八三年、一二一頁。
(42) 上野瞭『ネバーランドの発想―児童文学の周辺―』（すばる書房、一九七四年、一五五～一五六頁。
(43) この問題については、以下の拙著を参照されたい。「戦争と学問―満鉄時代における政治的葛藤と文化的葛藤の差異―」（立正大学西洋史研究会編『立正西洋史』第二三号、二〇〇七年）、石塚『歴史知と学問論』社会評論社、二〇〇七年、所収。
(44) 小川健作『未明感想小品集』創生堂、一九二六年、六〇〇頁。

NPO法人頸城野郷土資料室は、市民の市民による市民のための郷土文化・生活文化を調査研究し、その成果を地域社会発展に役立てる方向で構想され、平成二〇年二月に新潟県知事の認証をうけ法人登記をなし、同年四月一日に創立された。本法人を構成する事業部に以下のものがある。①野外調査部（頸城野木彫狛犬調査、くびき野ストーン調査、文学碑めぐり）、②学術研究部（協同研究「文学と近代から見た直江津」、『頸城野郷土資料室学術研究部研究紀要』編集、文化財「くびき野ヘリテージ」選定）、③教育事業部（NPO学園くびき野カレッジ天地びと運営）。

ところで、上記②の前史として、くびき野ではすでに昭和二〇年代に上越郷土研究会が設立され学術誌『頸城文化』を刊行し、郷土研究者の業績を継続的に発表してきた。その意義は力説してしすぎることはない。本法人は、その足跡を前提にしている。なるほど『上越市史』をはじめとして、近年になってあらたに編集された市町村史誌のもつ学術的な意義的はすでに充分に証明されている。しかし、郷土の研究者たちが長い年月を費やして積み上げてきたローカルな業績は、行政の支えと地方税の支弁でまとめられる市町村史誌のそれとは別の意義があるといえる。そのような意味からも、本NPOの活動には、以下の特徴がある。第一に地域住民の目線からみた郷土遺産・文化財に意味を持たせる。専門研究者が認定する学術的価値のほかに、地域住民が生活上で実感する生活文化的価値に重きをおく。かような活動を介してくびき野文化の特徴・個性を学び知る人は、郷土における就労や生活において明日からの目的意識が明確になる、そのような郷土人の育成、これが本NPOの活動目的である。

ところで、くびき野には、昔からたくさんの「よそ者」が入り込んできた。中国大陸や朝鮮半島との交流を背景とする古代においては、白山信仰をもたらした越前の泰澄、妙高に熊野信仰をもたらしたかもしれない裸形上人が特筆される。また、中世に向かっては浄土真宗を根付かせた親鸞、江戸期では、一六八九年七月にくびき野を訪問した松尾芭蕉が特記されよう。そのようなくびき野にあって、海岸部の直江津(＝湊町)はフローを特質としている。それに対して平野部の高田(＝城下町)はストックを特徴としている。フローはヒト・モノ・カネが絶えず流動しており、その勢いが繁栄の動力源である。ストックはヒト・モノ・カネが蓄積されており、その伝統が繁栄の土台である。

江戸時代、北前船は北海道・東北からニシンやイワシを搬送して直江津にいたり、陸揚げしたが、それはみな新田の干しか(魚粉)となって、田んぼの肥やしにされた。そのおかげでもって米はくびき地方の特産となったのである。直江津は進取の精神に満ち、北国街道を南下するに連れ、その地には直江津のヒンターランドが広がるのだった。その勢いは、明治時代になって直江津が鉄道の要衝となるや、いっそう増すのだった。それに対して高田藩は、開府時の七五万石から江戸中・末期には一五万石に縮小し、武家屋敷には空き地が広がり、藩は気の毒なほど萎縮した。とはいえ、明治時代に軍都として再生するや、高田は近郷近在の農村部を巻き込んで発展し生活文化を豊かにし、やがて両市は、昭和四六年に合併して上越市となった。さらに平成一七年、上越市は近隣一三町村と合併して現在の上越市となったのである。

さて、平成三〇年の今日、NPO法人頸城野郷土資料室は設立一〇周年に至っている。メインの事業である「くびき野カレッジ天地びと」は通算三五〇講座を刻印している。そのなかで、私は本NPOの理事長にしてカレッジ講師として、以下のように講座を担当して今日に至っている。

●くびき野ストーン……………………………………（平成二二年度後期）
●川上善兵衛の放射道路……………………………（平成二二年度後期）
●くびき野の精神・風土……………………………（平成二二年度後期）
●愛の風と風の神……………………………………（平成二三年度前期）
●石垣の上の高田城…………………………………（平成二三年度後期）
●吉川区大乗寺址に残るラントウは黙して語る…（平成二四年度前期）
●塔とツリーの民俗史………………………………（平成二四年度前期）
●白雪姫の内臓が食べたい！………………………（平成二四年度前期）
●道祖神の信仰と民俗………………………………（平成二四年度後期）
●郷土史のトリビア―ソウルに残る日帝時代の歴史的建造物……（平成二五年度前期）
●郷土史のトリビア――韓国《ハングク》民俗村《ミンソクチョン》…………（平成二五年度前期）
●韓国とくびき野の文化交流―弥勒菩薩半跏思惟像―……（平成二五年度前期）
●岡倉天心「アジアは一つ」の意味…………………（平成二五年度前期）

●鳥居龍蔵と巨石文化―鳥居さんのドルメン―……………………………（平成二六年度後期）
●新幹線でくびき野を活性化するぞ……………………………………（平成二七年度前期）
●遊戯のおもしろ歴史―サイコロ・花札等―…………………………（平成二七年度後期）
●最新の韓国文化紀行……………………………………………………（平成二八年度前期）
●神話・伝説における「見るな、覗くな」……………………………（平成二八年度後期）
●小川未明の郷土愛―霊碑文に注目して―……………………………（平成二九年度前期）
●大工職人の雁木通り史…………………………………………………（平成二九年度前期）
●信濃・上野古代朝鮮文化の信濃川水系遡上という可能性…………（平成二九年度後期）
●南方と柳田を魅了したフレイザー『金枝篇』を読む………………（平成三〇年度前期）

そのような経緯に鑑み、創立一〇周年記念事業の一環として、私がカレッジ講座で担当した講義に関連する内容を編集して本書を刊行することとした。現地調査、資料調査にあたっては、特に以下の方々から多大なアドバイスを受けた。記して感謝する。村山和夫氏、高野恒男氏、田島慶太氏、川崎保氏、石塚伸司氏。

最後に、本NPO法人による著作物を合計五点まで刊行して下さることになった社会評論社（松田健二社長・板垣誠一郎編集人）に、あつくお礼を申し上げる。

平成三〇年二月吉日

くびき野の大鋸町《おがまち》ますやにて　石塚正英

初出一覧――――――――――――――――――――（再録するにあたり、いずれの論文・報告も補筆されている）

Ⅰ　頸城野からみた古代日韓比較文化誌

第一章　古代交通路からうかがえる頸城文化の形成▼頸城文化、第五八号、上越郷土研究会、二〇一〇年九月。

第二章　信濃・上野古代朝鮮文化の信濃川水系遡上という可能性　▼くびき野カレッジ天地びと講座第三二八講、二〇一七年一〇月。

第三章　伝播する文化の諸問題――朝鮮半島と日本列島の菩薩半跏思惟像　▼世界史研究論叢、第三号、二〇一三年一〇月。

第四章　岡倉天心『アジアは一なり』のパトリ的な意味　▼頸城野郷土資料室学術研究部研究紀要、第一巻第二号、二〇一六年四月。

Ⅱ　頸城野学へのいざない

第五章　野尻湖ナウマンゾウ発掘からすべてが始まる　▼上越かわらばん、第一〇号から第九三九号まで月二回合計六五回、新潟日報社、二〇一一年七月～二〇一四年三月。

第六章　大鋸町ますや参上　▼エフエム上越、二〇一〇年四月から翌年三月までの毎月五二回放送中、最初の三週（三回）分。

第七章　小川未明の郷土愛（パトリオフィル）――戦前・戦中・戦後の作家遍歴を踏まえて　▼くびき野カレッジ天地びと講座第三〇三講、二〇一七年四月二二日。

NPO法人頸城野郷土資料室　設立趣旨書

二〇〇五年一月、一四の市町村（上越市、安塚町、浦川原村、大島村、牧村、柿崎町、大潟町、頸城村、吉川町、中郷村、板倉町、清里村、三和村、名立町）が合併してから三年近く経過した。このような大合併の場合、政治的・経済的には利点が見られても、文化的には合理化のあおりをうけて地域切捨てが深刻化する場合があり得るのである。

これまで幾世紀にわたって、字《あざ》単位で形成されてきた頸城各地の郷土文化を、文字通りの意味での上越後地方における郷土文化へと連合する運動、すなわち「頸城野文化運動（Kubikino Culture - Movement　略称ＫＣＭ）」を開始することが肝要と思われる。この運動は個性あふれる地域文化の連合・再編成を目指すのであって、中央的な文化への統合ではあり得ないし、いわんや単一文化への融合（地域文化の切捨て）ではあり得ない。具体的な活動としては、民俗文化や歴史的建造物を文化資料として保護し、それらの基礎資料・研究資料を収集・整理し、後世に引き継いでいくことに努めたい。

そこで私たちは、「特定非営利活動法人頸城野郷土資料室」を設立し、広く市民に対して、後継者を失いつつある民俗文化や遺失・損壊の著しい郷土の文化資料を保護するために資料室を設置し、教育イベント、調査研究及び広報事業等を行い、郷土文化の保存と再編成に寄与していく所存である。

こうした活動を実施する上で、法人化は急務の課題だが、この会は営利を目的としていないので、いわゆる会社法人は似つかわしくない。また、市民や行政との協働を進めるため、ガバナンスの強化や市民への説明責任を重視し、開かれた団体として情報公開を徹底する方針であり、そのような公益的な観点からも、数ある法人格の中でも最も相応しいのは、特定非営利活動法人であると考える。

著者紹介

石塚正英（いしづか まさひで）

1949年、新潟県上越市（旧高田市）に生まれる。

立正大学大学院文学研究科史学専攻博士後期課程満期退学、同研究科哲学専攻論文博士（文学）。

1982年〜、立正大学、専修大学、明治大学、中央大学、東京電機大学（専任）歴任。

2008年〜、NPO法人頸城野郷土資料室（新潟県知事認証）理事長。

主要著書　石塚正英著作選『社会思想史の窓』全6巻、社会評論社、2014〜15年。『大工職人の雁木通り史』NPO法人頸城野郷土資料室、2016年。

地域文化の沃土《よくど》　頸城《くびき》野《の》往還《おうかん》

2018年6月10日初版第1刷発行

著／石塚正英

発行者／松田健二

発行所／株式会社　社会評論社

〒113-0033　東京都文京区本郷2-3-10　お茶の水ビル

電話　03（3814）3861　FAX　03（3818）2808

印刷製本／倉敷印刷株式会社

http://shahyo.sakura.ne.jp/wp/

社会評論社最新情報はコチラ